CUBA: AGONÍA Y DEBER

REFLEXIONES DE HISTORIA Y CULTURA, FUNDAMENTOS DE LA NACIONALIDAD CUBANA

COLECCIÓN CUBA Y SUS JUECES

EDICIONES UNIVERSAL, Miami, Florida, 2009

Elio Alba Buffill

CUBA: AGONÍA Y DEBER

REFLEXIONES DE HISTORIA Y CULTURA, FUNDAMENTOS DE LA NACIONALIDAD CUBANA

Copyright © 2009 by Elio Alba Buffill

Primera edición, 2009
Segunda edición, 2024

EDICIONES UNIVERSAL
P.O. Box 450353 (Shenandoah Station)
Miami, FL 33245-0353. USA
Tel: (305) 642-3234   Fax: (305) 642-7978
e-mail: ediciones@ediciones.com
http://www.ediciones.com

Library of Congress Catalog Card No.: 2009929996
ISBN-10: 1-59388-173-8
ISBN-13: 978-1-59388-173-3

Composición de textos: María C. Salvat-Olson

Dibujo del mapa de Cuba y foto de la portada de Matilde Roig de Fresquet
Diseño de la portada de Lázaro Fresquito Fresquet

Foto del autor en la contraportada: José Guzmán

Todos los derechos
son reservados. Ninguna parte de
este libro puede ser reproducida o transmitida
en ninguna forma o por ningún medio electrónico o mecánico,
incluyendo fotocopiadoras, grabadoras o sistemas computarizados,
sin el permiso por escrito del autor, excepto en el caso de
breves citas incorporadas en artículos críticos o en
revistas. Para obtener información diríjase a
Ediciones Universal.

A Esther, siempre Esther
y
a Cuba, a los cubanos que han caído
y a los que siguen cayendo por rescatarla

ÍNDICE

CONFERENCIAS Y ENSAYOS

Un paralelo entre dos fundadores: Félix Varela y
    Enrique José Varona. 11
Significación de Eduardo Facciolo en la historia de Cuba 29
La Guerra de los Diez Años y la formación de la
    conciencia nacional cubana. 44
Antonio Maceo y su trascendencia histórica. 55
Gertrudis Gómez de Avellaneda a la luz de la crítica de
    Enrique José Varona 67
La gran tradición de la crítica cervantina en Cuba 78
Mirando en torno de Enrique José Varona: esclarecedor análisis
    de los inicios de la República 92
Problemática de la presencia del positivismo en Cuba
    e Hispanoamérica 104
La ensayística de José Martí y Enrique José Varona 116
En torno al primer número de *La Edad de Oro* 125
Proyecciones históricas de la Constitución de 1940. 133
El ensayo en la República. 139
El reino de este mundo de Alejo Carpentier: profundo
    pesimismo ante las revoluciones 151
Playa Girón: su significación histórica 158
Humberto Piñera Llera y su fecunda labor en el exilio. 167
La mujer cubana en el presidio político marxista 182
El presidio político: voz de la dignidad del pueblo cubano . . . 192
La defensa de la dignidad humana en los escritores cubanos
    del exilio 202
El Círculo de Cultura Panamericano: cuarenta años de lucha
    por la libertad de pensar 212
Cuba: ausencia presente en el destierro de Alberto Gutiérrez
    de la Solana 226
Leví Marrero y su mensaje de fe en el futuro de Cuba 235

PRESENTACIONES DE LIBROS

Por la libertad de Cuba. Una historia inconclusa de
    Néstor Carbonell Cortina 249
Grandes debates de la Constitución cubana de 1940 de
    Néstor Carbonell Cortina 256
*En torno al nuevo orden mundial. Cuba en la órbita de
    la gran conspiración* de Ariel Remos................ 263
Ernesto Che Guevara: mito y realidad de Enrique Ros...... 269
La revolución de 1933 de Enrique Ros.................... 276

PROCEDENCIA DE LOS ESTUDIOS

Conferencias y ensayos................................ 287
Presentaciones de libros 290

CONFERENCIAS Y ENSAYOS

UN PARALELO ENTRE DOS FUNDADORES: FÉLIX VARELA Y ENRIQUE JOSÉ VARONA

El título de este trabajo pudiera producir *a priori*, una reacción un tanto escéptica. Quizás pueda pensarse que es difícil encontrar aproximaciones entre el devoto sacerdote y el filósofo positivista. Sin embargo, creemos que si nos despojamos de opiniones preconcebidas y nos dedicamos a estudiar a los dos hombres: Félix Varela y Morales y Enrique José Varona y Pera, llegaremos a encontrar, pese a diferencias de criterio que indudablemente los separaban, afinidades que los unían y que iban más allá de su esencia de genuinos patriotas, aunque ya eso de por sí constituye una importante analogía. A lograr ese propósito va encaminado este trabajo.

En el célebre discurso[1] que Enrique José Varona pronunció en la histórica ocasión en que los restos de Félix Varela y Morales fueron depositados en el Aula Magna de la Universidad de La Habana el 19 de noviembre de 1911, Varona analizó la grandeza de Varela desde tres aspectos fundamentales de su vida: el filósofo, el educador y el patriota. Este discurso tiene gran significación no sólo porque nos prueba la altísima opinión que el filósofo camagüeyano tenía sobre el autor de *Cartas a Elpidio,* sino porque, además, todo paralelo que se intente entre esos dos grandes de la patria cubana ha de tener necesariamente que incidir en dichas tres facetas de sus vidas.

Varela y Varona fueron dos grandes renovadores de los estudios filosóficos en Cuba, aportaron innovaciones sustanciales en el campo de la educación a pesar de que las circunstancias históricas fueron más propicias a Varona para poder plasmar de una manera más directa sus reformas pedagógicas y ambos son ejemplos de fecunda dedicación al mejoramiento de las condiciones de vida de su pueblo.

---

[1] Enrique José Varona. «Elogio de Félix Varela» *Estudios y conferencias*. Edición oficial. La Habana, 1936.

Tanto Varela como Varona produjeron una obra filosófica de amplitud y rigurosidad metódica. Baste mencionar las *Instituciones de Filosofía Ecléctica,* las *Lecciones de Filosofía,* la *Miscelánea Filosófica,* los famosos *Elencos* y sus *Apuntes filosóficos* para comprender la importancia de la obra de Varela. En cuanto a Varona, no sólo hay que referirse a sus conocidísimas *Conferencias filosóficas* en donde hace la más clara y amplia exposición de las ideas positivistas en la América Hispana sino también a los estudios filosóficos sueltos, muchos de los cuales publicó con anterioridad a dictar sus cursos de filosofía de los mil ochocientos ochenta y recogió posteriormente en su libro *Estudios literarios y filosóficos.* A su obra filosófica hay que añadir también, como apuntó Medardo Vitier, su libro *Con el eslabón.*[2]

Varela representó una aportación sustancial a la gran tradición filosófica cubana; tradición que tiene su punto de partida en la labor que llevó a cabo el Padre José Agustín Caballero a quien su sobrino José de la Luz y Caballero, otra de nuestras grandes figuras, le reconoció el mérito de haber hecho resonar en las aulas cubanas las doctrinas de Locke, Condillac, Francis Bacon de Verulamio y Newton y cuyo aporte al movimiento que pretendió la superación de la desvitalizada escolástica en el campo de la filosofía cubana, ha sido subrayado contemporáneamente por Humberto Piñera Llera.[3] Desde la propia cátedra del Padre Caballero, en el prestigioso Seminario San Carlos, Varela, con mayor formación filosófica que aquél, realzó un sustancial replanteamiento de las investigaciones y enseñanzas filosóficas en la Isla, lo que ha llevado a la crítica a calificarlo de verdadero organizador de los estudios filosóficos en Cuba.[4]

Las fuentes de Varela son fundamentalmente, además de Descartes, el empirismo de Locke y más esencialmente el sensualismo de

---

[2] Medardo Vitier. «La lección de Varona».*Jornadas*, México Colegio de México, Año XXXI, 1945.

[3] Humberto Piñera Llera. *Panorama de la filosofía cubana.* Unión Panamericana, Washington, 1960, 31.

[4] Véase por ejemplo Juan J. Remos, *Historia de la literatura cubana*, Miami, Mnemosyne Publishing Co. Inc., 1945, Vol. I, 171.

Condillac aunque en él hay matices que apuntan a Destutt de Tracy y Laromiguière. La mera relación de sus fuentes inspiradoras nos muestra claramente la filiación de Varela a ciertas corrientes renovadoras de la filosofía que parten del empirismo y sensualismo y que continúan con el movimiento filosófico que a principios del siglo XIX hubo de denominarse la Ideología. Estas corrientes son las que después van a nutrir el movimiento positivista al que Enrique José Varona se afilia. Recuérdese que si bien el positivismo es realmente fundado por Augusto Comte, es innegable que sus antecedentes están en el empirismo moderno de Locke. Claro que hay que agregar que en cuanto a las repercusiones del positivismo en el campo filosófico se debe hacer, como he sostenido en otra ocasión[5], sustanciales salvedades.

He ahí la primera aproximación de estos dos grandes filósofos cubanos; sin embargo, es pertinente señalar una distinción muy esencial, pues si bien en Varela su preocupación científica, su interés en los métodos reflexivos, su repudio al acatamiento excesivo a la autoridad, en fin, su simpatía por la experimentación, lo sitúan dentro de estas corrientes renovadoras, su afiliación no es absoluta. Varela aprovecha todos los postulados metodológicos para propender y difundir ese mayor conocimiento a que siempre aspiraba, pero esto no lo llevó a liberar su mente de un reconocimiento a la existencia de una autoridad sobrenatural. Varela se desvió de la escuela ideológica y de todas las corrientes filosóficas en que dicha escuela se integra, en todo lo que se refería a las bases espirituales de su concepción del universo y de la vida, es decir, en todo aquello que afectaba su fe religiosa, cuya ortodoxia mantuvo no sólo en toda su obra escrita sino en un apostolado vital que subrayó para la historia con la reafirmación de sus creencias en el instante de su muerte. En resumen, que como se ha dicho, Varela distinguió claramente entre filosofía y teología.[6]

Esta ortodoxia del Padre Varela ha sido objeto de infundados ataques y ha tenido que ser defendida, como ha señalado Rosaura

---

[5] Ver mi libro *Enrique José Varona: crítica y creación literaria*. Madrid, Hispanova de Ediciones, 1976.

[6] Mercedes García Tudurí. «En torno a la filosofía en Cuba». *Cuba Diáspora*, Anuario de la Iglesia Católica, 1975, 47.

García Tudurí[7], por Monseñor Eduardo Martínez Dalmau y el Padre Gustavo Amigó. Recientemente Joseph y Ellen McCadden han publicado un buen documentado libro titulado *Father Varela. Torch Bearer from Cuba*[8] en el que se subraya la labor apostólica de éste en los Estados Unidos. En un breve pero sustancial prólogo de dicho libro, Monseñor Raúl del Valle ha precisado muy nítidamente la esencia de la posición religiosa de Varela cuando afirmó: «En sus ideas filosóficas y políticas, en su pensamiento teológico y social, y en sus métodos de apostolado, el Padre Varela fue un genuino precursor del movimiento de renovación católica del siglo XX que ha culminado felizmente en el Concilio Vaticano II y en el movimiento ecuménico que anima la Iglesia en nuestros días».[9]

Pero hecha esta salvedad necesaria entremos, para subrayar la afinidad antes apuntada, a determinar las fuentes de Varela analizando la evaluación que la critica ha hecho de las mismas. Ya en el célebre discurso de José Manuel Mestre de 22 de septiembre de 1861, titulado «De la filosofía en La Habana»[10], el destacado profesor de la Universidad Nacional indicó la importancia de Varela como propagador de las ideas de Descartes y subrayó el empleo que nuestro filósofo hizo del método cartesiano. En 1955, Rosaura García Tudurí dedicó un medular estudio a esta materia en el que, partiendo de las tres pesquisas de Descartes: la Ontológica, Gnoseológica y la Metodológica, evaluó con rigor y método hasta qué punto participó Varela en los resultados de dichas pesquisas cartesianas, deteniéndose en las aproximaciones y diferencias de Varela con el gran autor del *Discurso del Método*. Véase como definió la Dra. García Tudurí el resultado de su análisis:

---

[7] Rosaura García Tudurí. «Influencia de Descartes en Varela». *Revista cubana de filosofía*. Vol. III, Enero-abril, 1951, Núm. 11, 28.

[8] Joseph and Hellen McCadden. *Father Varela. Torch Bearer from Cuba*. New York, The United States Catholic Historical Society. 1969.

[9] Rev. Raúl del Valle. Prólogo. Pág. X en Joseph and Hellen McCadden. *Father Valera. Torch Bearer from Cuba*.

[10] José Manuel Mestre. «De la filosofía en La Habana», *Enciclopedia de Cuba*. Tomo V. 501.

Sintetizando todo lo antes expuesto, podríamos situar a Varela dentro de la corriente moderna del pensamiento en el siglo XIX, asumiendo una actitud personal de cierta originalidad. En primer término es un cartesiano en cuanto al método, pero no en cuanto a la posición idealista de la doctrina.[11]

En el discurso de Varona de 1911 a que aludí al principio, éste destacó la influencia en Varela de Descartes y señaló como otras fuentes los filósofos ingleses Locke y Reid y al francés Condillac de quien subrayó la honda huella que dejó en la enseñanza francesa y la repercusión que esta enseñanza tuvo en los países de habla hispana. Varona alude al hecho de que la obra de la primera etapa de Varela no revela familiaridad alguna con las escuelas alemanas y que hay que esperar a artículos de la emigración, especialmente el consagrado al sistema de Kant, para encontrar prueba de ese contacto. Lleno de admiración, Varona enfatizó que este trabajo sobre Kant demostraba que «su invariable anhelo de saber no se amortigua con los años».[12] Varona, buscando desde luego, lo que le atraía por su afinidad, se detuvo en la preocupación científica de Varela señalando que le acompañó durante toda su vida, pues aún en los años de destierro efectuó traducciones de obras puramente científicas. Coincidiendo con la opinión de Varona, señaló posteriormente Medardo Vitier que «el adelanto que alcanzan a fines del siglo XVIII y principios del siglo XIX las ciencias físicas y naturales colora fuertemente la hechura mental de Varela».[13] Vitier recomendó a los que estudiaran la obra filosófica del Padre Varela, que debían atender a la formación científica que tuvo pues eran muchos los factores que habían intervenido en ella, ya que Varela enseñó física, escribió textos sobre estas materias, estaba muy al tanto de lo que se conocía en su tiempo y recibía libros y revistas de Europa en varios idiomas –que leía en compañía de discípulos aventajados– pues la habitación de Varela era un verdadero taller de trabajo.

---

[11] Rosaura García Tudurí *Ibid.* 35.

[12] Enrique José Varona, *Ibid,* 412.

[13] Medardo Vitier. Prólogo a *Miscelánea filosófica* de Félix Varela Morales. Habana, Universidad de La Habana, 1944. XX.

En relación a las fuentes de Varela, Vitier, en su *Filosofía en Cuba*, siguiendo a Hernández Travieso, subrayó la importancia que en el insigne sacerdote y patriota tuvo la influencia de su maestro Juan Bernardo O'Gaban, sobre todo en lo que se refería a su adhesión a Locke y Condillac.[14] En otra de sus obras fundamentales, *Las ideas en Cuba*, el propio Vitier enfatiza la otra influencia magisterial que recibió Varela y que también apuntaba a esa tendencia renovadora, es decir, la del Padre José Agustín Caballero.[15] En el prólogo a la edición que de la *Miscelánea filosófica* de Varela publicó en 1944 la Universidad de La Habana[16], el mismo Vitier precisó más claramente la cercanía de Varela al movimiento de la Ideología destacando el hecho de que eran las ideas de Locke y Condillac las fuentes de esa corriente y deteniéndose en consecuencia en la importancia de la repercusión que en Varela había tenido Destutt de Tracy.

Adrián G. Montoro, aludiendo precisamente a las fuentes varelianas, ha señalado el hecho[17] de que el empirismo de Condillac era insuficientemente radical y no avanzaba hasta las últimas consecuencias y que esto permitió que sacerdotes católicos como O'Gaban y Varela se consideraran discípulos más o menos fieles de Condillac, sin dejar de ser cristianos ortodoxos. Montoro razonaba que el desarrollo de las ideas de Condillac por Hume llevó a éste último a un empirismo radical en que las categorías de causa y de sustancia se destruían, planteando una disyuntiva irreconciliable entre empirismo y teología católica. También Montoro alude al hecho histórico del escaso acceso que los pensadores cubanos tuvieron a la filosofía alemana[18]; es decir, Kant y el movimiento idealista alemán: Fitche, Schelling, Hegel y Schopenhauer, y subraya que el predominio absoluto del pensamiento

---

[14] Medardo Vitier. *La filosofía en Cuba*. Instituto Cubano del Libro. La Habana, 1970, 345.

[15] Medardo Vitier. *Las ideas en Cuba*. Instituto Cubano del Libro. La Habana, 1970, 193.

[16] Félix Varela y Morales. *Miscelánea filosófica*. Prólogo de Medardo Vitier. La Habana, Universidad de La Habana, 1944. Pág. 18.

[17] Adrián G. Montoro. «La filosofía en Cuba». *La enciclopedia de Cuba*. Vol. V, 486 y siguientes

[18] *Ibid.*, 487.

francés en Cuba es la causa esencial del rumbo seguido por la filosofía cubana durante todo el siglo XIX. Afirma Montoro: «...del sensualismo de Condillac (Varela) al positivismo de Littré y de Taine (Varona), pasando por la ideología (Luz y Caballero)».[19]

Humberto Piñera Llera[20] ha visto que lo que hay en Varela es una actitud de resguardo, de preventiva reacción frente al innatismo. Piñera destaca que esa preocupación de Varela por el conocimiento empírico lo une a toda la filosofía moderna y esto – en nuestra opinión – lo acerca indudablemente a Varona, que fue un devoto del conocimiento emanado de la experiencia. Por otra parte, Piñera, al aludir a que Varela no fue un sensualista ortodoxo, indica como razones, además de su condición y formación religiosa, el hecho de que Varela no era un hombre de un solo bando, es decir, Varela fue un filósofo que sometió todas las ideas que estudió a una cuidadosa evaluación y esto también lo aproxima innegablemente a Enrique José Varona. Recuérdese que Varela había proclamado que la mejor de todas las filosofías, era la ecléctica. Su espíritu independiente no se afilió absolutamente a ninguna escuela filosófica y aunque, como ya se ha dicho, tiene una gran influencia del Sensualismo y de la Ideología, no se consideró nunca un mero seguidor de esas ideas.

Igualmente, Varona, pese a su vinculación con el Positivismo, no puede clasificarse como un positivista ortodoxo. Fue, como típico representante del positivismo hispanoamericano, un positivista heterodoxo. Ya hemos estudiado en otros trabajos las razones que justifican esta afirmación. Lo que quiero destacar aquí, a los efectos de este estudio, es el hecho de que Varona presentó objeciones a ciertos aspectos de las ideas de los pensadores que más influyeron en él, es decir, Augusto Comte, Emilio Littré, Hipólito Taine, John Stuart Mill y Herbert Spencer. Pese a su entusiasmo por el cientificismo, el positivismo y el evolucionismo, Varona hizo reparos a los voceros de las escuelas positivistas francesa e inglesa, es decir, analizó críticamente el positivismo francés y el evolucionismo inglés. Esto se debió a que

---

[19] *Ibid*, , 487.
[20] Humberto Piñera Llera. *Panorama de la filosofía cubana.*, 41.

Varona, al igual que Varela, sometió siempre las ideas ajenas a una evaluación rigurosa. Su seriedad metodológica y su serenidad reflexiva, que tanto le caracterizaron, forman también parte de la personalidad intelectual de Varela.

Recuérdese que Varela defendió la libertad filosófica de pensar y reservó a la fe las cosas divinas, dejando en lo humano, la razón y la experiencia, como los instrumentos necesarios para el logro de la verdad. En su *Elenco* de 1816, examen I, proposición 26, dice que: «la autoridad es el principio de una veneración irracional que atrasa la ciencia» y en la proposición 27 agrega que: «Los Santos Padres no tienen autoridad alguna en materia filosófica». Es decir, que gracias a esa distinción clarísima entre las esferas filosóficas y teológicas, pudo Varela enfrentarse al campo de la filosofía con una actitud de evaluación crítica que lo hace acercarse a Varona pese a las diferencias que separan a ambos en lo que a creencia religiosa se refiere.

En efecto, pese a todas estas aproximaciones, Varela y Varona disienten completamente en todo aquello que linde con el plano metafísico. «Dios –proclamó Varela– es un ente perfectísimo» y agregó: «su existencia la publica abiertamente la naturaleza; la comprueba el consentimiento de los pueblos, y la evidencian las razones metafísicas; la verdadera filosofía supo siempre cual era su origen, le confesó y acató, mas los falsos filósofos han querido dirigir sus débiles saetas al trono del Eterno cuya simplicidad, unidad, justicia y providencia sostendré siempre contra los embates de hombres tan alucinados».[21] Por el contrario, Varona dio muestras bien evidentes de no aceptar una explicación teológica a la formación del universo; recuérdese tan sólo su conferencia «La metafísica en la Universidad»[22] en la que con ocasión de impugnar el krausismo, proclamaba que no podía coincidir con el criterio krausista de una mente divina derramando su ciencia ilimitada e incondicional en la ciencia humana y agregaba que la teología, que supone la existencia de un plan perfectísimo conforme

---

[21] Citado por José Manuel Mesa. «De la filosofía en La Habana». *Enciclopedia de Cuba*. Tomo V, 504.

[22] Enrique José Varona. «La metafísica en la Universidad», *Estudios literarios y filosóficos,* 303 y siguientes.

al cual se ha desarrollado y rige el universo, nada aclaraba; claro que esta distinción fundamental en el plano teológico, tuvo necesarias repercusiones filosóficas y éticas.

Pero tanto Varela como Varona no fueron hombres que se dedicaron sólo al cultivo del conocimiento abstracto, sino que trataron, con todos los medios que tuvieron a su alcance, de lograr aplicar todo su caudal de conocimiento al mejoramiento del pueblo cubano. Esto hace que volvamos a encontrar otros aspectos de sus vidas en que la cercanía se intensifica: Varela y Varona han sido dos de nuestros más grandes educadores.

Fue el propio Enrique José Varona, quien en su aludido discurso de la Universidad de la Habana calificó a Varela y Morales de «eminente educador del pueblo cubano, el insigne educador de nuestro pueblo, hombre tan honroso, que ninguno puede ser más alto»[23], señalando que la obra especial del Padre Varela fue el demostrarnos que la educación es y debe ser para el pueblo. Varela fue uno de nuestros grandes fundadores, uno de nuestros forjadores de la conciencia de la patria y en eso fue maestro ejemplar. En ese aspecto también Varona fijó, con palabras insuperables, la gran importancia de la labor educadora de Varela. Dijo así Varona:

> ¡Cuánto hizo en ese sentido el Padre Varela! Él fue iniciador del movimiento más glorioso que en este orden registra la sociedad cubana, gracias a él se difundieron, se esparcieron, penetraron por todos los ámbitos del país los rayos de la luz; porque él hizo surgir en torno suyo multitud de egregios continuadores de su obra; y todo el primer período de nuestra historia en el pasado siglo puede sintetizarse en Cuba en la labor de aquellos titanes que se propusieron derrocar el carcomido pero resistente edificio de la sociedad colonial para sustituirla con la obra gloriosa de un pueblo que siente,

---

[23] Enrique José Varona. «La metafísica en la Universidad». *Estudios literarios y filosóficos*, 411

que piensa, que quiere labrarse a sí mismo mejores destinos. Ésa fue su obra y ésa la obra de sus sucesores.[24]

Félix Varela Morales realizó en su obra y en su cátedra del Seminario San Carlos una defensa de la educación experimental y un ataque a los sistemas verbalistas y memorialistas que caracterizaban la enseñanza escolástica en Cuba. Dijo Varela en sus «Observaciones sobre el escolasticismo»: «No pudiendo el escolasticismo ser fecundo en doctrinas, pues no debía presentar otras que las de los maestros, procuró serlo en voces, en fórmulas, en reglas y en abstracciones deducidas como con pinzas del texto de los grandes hombres».[25] Estudiando esta actitud del ilustre sacerdote ante el escolasticismo, Humberto Piñera ha señalado tres razones fundamentales para oponerse a él y que eran a saber: la vaciedad e inutilidad de las llamadas disputas, la práctica silogística que se había convertido en un espectáculo banal y el desastroso influjo del escolasticismo en la vida social cubana, que impedía el desarrollo de la mente del joven, acostumbrándolo al recurso fácil pero perjudicial de las frases y fórmulas estereotipadas.[26]

Un estudio del fundamental discurso de ingreso de Varela en la Sociedad Patriótica de La Habana, de 20 de febrero de 1817, demuestra bien a las claras su optimismo ante la educación y lo hondamente que sentía la necesidad de la reforma educacional, pues veía en todo el proceso educativo un fin moralizante. Así proclamaba: «El hombre será menos vicioso cuando sea menos ignorante. Se hará más rectamente apasionado cuando se haga más exacto pensador».[27] Más adelante, en este mismo discurso, volviendo sobre su crítica constante a la enseñanza memorística que predominaba en Cuba, argumentaba la necesidad de que en la enseñanza primaria se sustituyera el sistema

---

[24] _____ *Ibid.*, 414-415.

[25] Félix Varela Morales. *Op.cit.*, 97.

[26] Humberto Piñera Llera. Op. Cit., 44-45

[27] Félix Varela Morales. «Educación y patriotismo». *Cuadernos de cultura*. La Habana, Publicaciones de la Secretaría de Educación. Dirección de Cultura, 1935, 15.

imperante por una enseñanza totalmente analítica, aunque adaptándola a la tierna edad de los educandos y recomendaba la formación de una obra elemental para la primera educación que debía ser lo más breve y clara que fuera posible.

Varela también comprendió la necesidad de reforma que tenía la enseñanza superior. Su labor cubrió en estos aspectos no sólo los cambios que introdujo en sus cátedras del Seminario San Carlos y la siembra de ideas innovadoras en la mente de los que fueran sus discípulos, sino que en ocasión de encontrarse en Madrid como Diputado de la Isla a las Cortes Españolas, presentó una solicitud a la Dirección General de Estudios de dicha ciudad el 14 de mayo de 1822[28] en la cual hizo un informe del estado general de los estudios superiores en La Habana y al amparo del entonces recientemente publicado decreto de reforma de la enseñanza universitaria de fecha 29 de julio de 1821 solicitó que fueran refundidos el Real Colegio Seminario de San Carlos de La Habana y la Real y Pontificia Universidad de San Jerónimo debiendo, según su opinión, permanecer en existencia solamente el primero. En el informe, el Padre Varela aprovechó la ocasión para comparar el estado de los estudios en ambos centros docentes criticando la ausencia de espíritu de reforma que existía en la Universidad de La Habana y los textos anticuados que se usaban en la misma. En la propia solicitud, subrayó la labor que venía realizando la Sociedad Patriótica y sostuvo que siempre se podría contar con el apoyo de la misma en estas labores de reforma. Una lectura cuidadosa de esta solicitud nos hace evidente el interés del Padre Varela en que los estudios universitarios adquirieran mayor seriedad y rigurosidad, acogieran las corrientes intelectuales más modernas y se intensificara la enseñanza de materias científicas, que ya se habían iniciado en el Seminario aunque sin lograr todo el apoyo material que para su adecuada implantación se requería. La iniciativa del Padre Varela quedó, como otros intentos de reforma de cubanos ilustres, sepultada por la intransigencia y el marasmo de la burocracia de la corona española.

---

[28] Véase Francisco González del Valle. «Varela y la reforma de la enseñanza universitaria en Cuba». *Revista Bimestre Cubana*. Vol. XLIX. 1942. Marzo-abril. Núm. 2, 199-202

Varona, por el contrario, como se sabe, tuvo la oportunidad histórica de llevar a cabo la reforma no sólo de la segunda enseñanza, sino de la universitaria, cuando se le dio esa misión por el gobierno interventor norteamericano que precedió a la instauración de nuestra República. Llevado por sus ideas filosóficas, Varona enfatizó el estudio de las ciencias experimentales en el bachillerato y estableció nuevas carreras universitarias fundando las escuelas de Pedagogía, de Ingeniería Civil y Eléctrica, Cirugía Dental y Derecho Público; reorganizó las escuelas de Filosofía y Letras y de Ciencias, preparando la futura creación de las escuelas de Agronomía y Medicina Veterinaria. Ya en otros trabajos he tratado de analizar la naturaleza de esta reforma, que vino a resolver grandes problemas de la enseñanza cubana, problemas que ya habían sido señalados por Varela y por José de la Luz y Caballero en relación al exceso de enseñanza teórica y a la carencia de oportunidad de selección en carreras profesionales que tenía el estudiante cubano. Sin embargo, creemos que Varona, condicionado por sus ideas positivistas, se excedió en el carácter pragmático de la reforma y olvidó un tanto el cultivo de las Humanidades, él que fue un genuino humanista. Sobre esto se ha discutido mucho. Es verdad que Jorge Mañach tuvo razón cuando llamó a la reforma de Varona «terapéutica de urgencia»[29], añadiendo que la culpa de los efectos innecesarios de dicha reforma, especialmente en el bachillerato, lo habían tenido los cubanos que no supieron construir sobre las bases que él había creado, que dejaron pasar décadas para reformar lo que necesariamente había sido una labor iniciadora que requería por su naturaleza subsiguientes rectificaciones. Sí, Mañach tenía razón, pero no por ello, y eso no le quita un gramo a la grandeza de Varona, ni le rebaja su sincero afán de mejorar las condiciones de su patria, no por ello, repito, se puede desconocer que el humanista Varona, llevado por su positivismo, se excedió en el ataque a las Humanidades.

Que Varona fue reconocido como maestro, no sólo lo proclamó ante la Historia la juventud cubana que fue en busca de su orientación siendo ya éste un octogenario, en momentos trágicos de nuestra vida

---

[29] Jorge Mañach. «El filosofar de Varona». *Homenaje a Enrique José Varona*. La Habana, Ministerio de Educación, 1951, 393.

republicana, sino también toda una serie de grandes figuras de la cultura cubana que se llamaron con orgullo sus discípulos. Pero el magisterio de Varona rebasó las fronteras de su Patria para alcanzar dimensión americana. Germán Arciniegas subrayó su genuino carácter de maestro de América en un breve pero emotivo ensayo «Cien mil estudiantes en busca de un maestro».[30] Ya se sabe que la relación de los hombres de pensamiento en la América Hispana que han expresado públicamente su admiración por Varona incluye lo más granado de nuestra historia cultural. Baste citar a ese efecto, la carta que le dirigiera José Enrique Rodó en ocasión de enviarle su ejemplar de *Ariel*. Dijo así Rodó al comenzar su carta:

> La respetuosa admiración que su alta personalidad intelectual me ha impuesto siempre, y a la que concurren no sólo los indiscutidos merecimientos de usted, sino también mi entusiasmo de americano por cuanto glorifica y enaltece nuestra América, me mueve hoy a enviarle un ejemplar de mi último libro, que sea como el homenaje en que se haga sensible esa admiración muy sincera.[31]

Y al final de la misiva, agrega, hablando realmente para la historia: «Usted puede ser, en realidad, el Próspero de mi libro. Los discípulos nos agrupamos alrededor de usted para escucharle como los discípulos de Próspero».[32]

La defensa que ambos hicieron de los derechos de la mujer a una educación integral es otro punto que traigo a colación por la importancia que el mismo tiene en la problemática social contemporánea y porque demuestra cómo el afán de justicia y el profundo espíritu democrático que animó a estos dos cubanos excepcionales, los acerca-

---

[30] Germán Arciniegas. «Cien mil estudiantes en busca de un maestro». *Homenaje a Enrique José Varona en el centenario de su nacimiento*. La Habana, Ministerio de Educación, 1951, 200-203.

[31] José Enrique Rodó. «Carta a Enrique José Varona». *Homenaje a Enrique José Varona en el centenario de su nacimiento*. La Habana. Ministerio de Educación, 1953, 297.

[32] *Ibid.*, 297.

ron extraordinariamente. Dijo Varela en uno de sus *Elencos*: «Uno de los atrasos de la sociedad proviene de la preocupación de excluir a las mujeres del estudio de las ciencias o a lo menos no poner mucho empeño en ello, contentándose con lo que privadamente por curiosidad, pueden aprender, siendo así que el primer maestro del hombre es su madre, y que esto influye considerablemente en el resto de su educación»[33], palabras que tendrán después una repercusión trascendental en la obra de Enrique José Varona que fue un defensor inquebrantable del derecho de la mujer a una completa educación. Véase lo que desde las páginas de su *Revista Cubana*, esa revista que tan fecunda labor realizó en plena colonia en la formación de una nueva conciencia de patria, señaló Varona: «Todo lo que hay, pues, de común en ambos sexos debe cultivarse del mismo modo; y nadie abogará hoy por ninguna limitación en lo que se refiere al desarrollo de la inteligencia de una niña ni al cultivo atinado de su sensibilidad».[34]

La importancia de la labor educadora de estas dos grandes figuras fue destacada por un pedagogo eminente de Cuba, Alfredo M. Aguayo, quien dedicó dos ensayos sustanciales. Me refiero desde luego, a sus trabajos «Las ideas pedagógicas del Padre Varela» y «Enrique José Varona, educador de un pueblo».[35] En el primero Aguayo establece la relación directa entre las ideas filosóficas de Varela y su función educadora y subraya que a pesar de que Caballero y O'Gaban importaron las nuevas ideas, no se desprendieron del formalismo escolástico y que fue Varela el que dio ese decisivo paso en la historia de la educación cubana. Negando Varela la noción de las ideas innatas,

---

[33] Félix Varela y Morales. «*Doctrina de Lógica, Metafísica y Moral. Enseñadas en el Real Seminario San Carlos de la Habana, por el Pbro. D. Félix Varela en el primer año del curso filosófico*». Transcrito en Antonio Bachiller y Morales. *Apuntes para la historia de las Letras, etc. en Cuba.* Tomo II, 174.

[34] Enrique José Varona. «Las niñas en la segunda enseñanza». *Revista Cubana.* Mayo de 1887.

[35] El primero aparece recogido en la revista *La instrucción primaria*, 1911, 140-155; el segundo está incluido en el libro del Dr. Aguayo *Tres grandes educadores cubanos: Varona, Echemendía, María Luisa Dolz*, Habana Cultural S.A., diciembre de 1937, 13-34. Una reelaboración bastante amplia de este trabajo fue publicada con el título de «La pedagogía del Dr. Varona» en el *Homenaje a Enrique José Varona en el centenario de su nacimiento*, 342-353

separándose en eso de Destutt de Tracy, afiliándose a Condillac, el eminente sacerdote sostuvo que los conceptos del entendimiento no eran más que signos verbales de los que se valía el ser humano para expresar el resultado de sus calificaciones. Aguayo consideró que la lógica para Varela consistía en la descomposición de las ideas, es decir, en simples operaciones analíticas que son las bases de todos nuestros conocimientos. Aguayo asimismo, destacó la verdadera vocación de maestro que tenía Varela y subrayó que su *Máximas morales para el uso de las escuelas,* sus *Cartas a Elpidio*, su *Miscelánea filosófica* y muchos de sus artículos periodísticos, estaban saturados de un amor entrañable a la juventud. El técnico pedagogo que fue Aguayo no dejó de admirar el hecho de que el digno Presbítero llegara inclusive a estudiar el carácter del método que debía emplearse en la educación y aunque reconoció que Varela cayó en un error, el que llamó jacobinismo pedagógico, o sea, el tener una absoluta fe en la transformación del hombre por la educación, a la que ya nos hemos referido al hablar del optimismo de Varela. Aguayo justificó este error porque en definitiva se trataba, según su opinión, de una equivocación común a la intelectualidad de la época. Concluyó su estudio calificando a Varela de padre de la pedagogía cubana y de inspirador y primer exponente del sistema de educación de su país.

Igual apreciación positiva tiene el estudio de Aguayo sobre Varona. También del insigne filósofo cubano puede decir Aguayo que creó un sistema pedagógico dotado de unidad interna, congruencia y trabazón. Le admira además la independencia de criterio. Dice al efecto: «A pesar de su naturalismo crítico, Varona se aparta con frecuencia de la pedagogía positivista y a veces adopta actitudes y sostiene principios en abierta oposición con las enseñanzas de la escuela».[36] Del mismo modo vio en Varona una capacidad de captación de las corrientes pedagógicas más avanzadas de su época y un genuino intento de importar a su patria las ideas que en el campo de la educación parecían indicarle el más eficaz camino a seguir en el mejoramiento del hombre. El énfasis de Varona en los estudios cientí-

---

[36] Alfredo M. Aguayo. *Op.cit.,* 15.

ficos tan del gusto de Varela, diríamos nosotros, es también motivo de estudio por Aguayo.

Por último, cabe anotar un tercer aspecto de unión de estos dos hombres extraordinarios. Ambos representan dignos ejemplos de verdadero patriotismo. Ambos levantaron su voz en plena colonia para hablar de los derechos del hombre. Ambos se enfrentaron a los miopes gobernantes españoles de sus respectivas épocas y reclamaron lo que la dignidad del pueblo cubano exigía. Ambos escogieron el exilio digno transidos de nostalgia y tristeza, pero saturados de noble grandeza, en estas tierras de Norteamérica, que siempre han sido refugio de los cubanos que han preferido la libertad de la conciencia al silencio aniquilante que impone el rigor del opresor de ocasión y aquí realizaron una extraordinaria tarea de divulgación de los empeños de independencia de su pueblo. Desde las páginas de *El Habanero*, Varela definió las razones morales y políticas que avalaban la independencia de la tierra querida; desde las páginas de *Patria*, en cuya dirección sucedió al Apóstol de la independencia cubana, José Martí, Varona reiteró décadas más tarde, el mismo mensaje de libertad. El que haya leído las páginas políticas de Varela y Varona, sabe como en ellas la emoción de la patria quedaba dominada para dejar correr el razonamiento convincente, como el énfasis polémico se refrenaba para dejar cabida al estudio sociológico y al ensayo político. Ambos fueron hombres de pensamiento que pusieron lo mejor de su intelecto en la defensa de su pueblo, hoy, como en los momentos en que ambos vivieron, luchando sólo por el reconocimiento de sus legítimos derechos. Desde su cátedra de Derecho Constitucional del Seminario San Carlos, el Presbítero Varela, al comentar todo el engranaje jurídico en que se sustentaba la liberal Constitución española de 1812, heredera de los principios nobles que inspiraron la Revolución Francesa y no de sus intransigencias radicales que la llevarían a negar sus máximas inspiradoras, Varela sentó las bases de su pensamiento político. Su defensa de los derechos fundamentales del ser humano tenía que llevarlo necesariamente a su convicción de la justicia de la independencia de la Patria. Habló Varela con lengua valiente y honesta que le nacía de la rectitud de su conciencia como hablaría años después

Varona. Los dos fueron enamorados de la libertad y la dignidad humanas y denunciaron lo que de horrible tuvo la esclavitud del hombre por el hombre.

El siglo XIX cubano no sólo contempló la formación de nuestra identidad cultural, sino también el sacrificio de los hijos de la naciente nación para lograr su independencia. Fundadores fueron Varela y Varona porque en su magisterio derramaron generosamente la luz de su sabiduría, formando conciencia de pueblo, no sólo con su ejemplo, sino con el fruto que hicieron germinar en sus discípulos. Varela prefirió morir en San Agustín antes que claudicar de sus ideas. Varona se fue saturando de pesar por las frustraciones de la República, por la que tanto luchó, pero nos legó con la honestidad de su ejemplo, una crítica acerba a muchas de nuestras claudicaciones.

Dijo nuestro Apóstol José Martí sobre Enrique José Varona: «Fundar, más que agitar, quiere Varona, como cumple aun en las épocas más turbulentas, a aquéllos a quienes el desinterés aconseja el único modo útil de amar a la patria, en Cuba –como en todas partes– menesterosa de espíritus creadores» y agregó sobre el gran camagüeyano: «Más que estremecer sin sentido ¡fortificar, sembrar, herir como una red de almas la tierra!».[37] «Patriota entero» llamó en otra ocasión nuestro Martí a Félix Varela Morales y añadió que «cuando vio incompatible el gobierno de España con el carácter y las necesidades criollas, dijo sin miedo lo que vio y vino a morir cerca de Cuba, tan cerca de Cuba como pudo»[38], calificándolo con esa genial captación de esencias que tenía el Apóstol de nuestra libertad, de «santo cubano».[39]

Varela y Varona son pues dos cubanos ilustres que tienen afinidades sustanciales que los hacen dignos del reconocimiento agradecido

---

[37] José Martí. «Seis conferencias de Enrique José Varona». *El economista americano*. New York, enero de 1887.

[38] ____ *Obras completas*. La Habana, Editorial Nacional de Cuba, 1963. Tomo II, 96.

[39] ____ *Ibid.*, 97. Sobre la labor fundamental de Varela en el proceso de fijación de nuevas concepciones sobre las que se asentaría la naciente Cuba, véase Rosario Rexach *El pensamiento de Félix Varela y la formación de la conciencia cubana*. La Habana. Sociedad Lyceum, 1950.

de sus contemporáneos. La patria, dijo Martí, es fusión dulcísima y consoladora de amores y esperanzas y es una noble manera de hacer patria esta labor que realiza la Sociedad Cubana de Filosofía en el Exilio al cultivar nuestros amores. De su cultivo, saldrá el ejemplo que engrandecerá nuestro futuro con el renacimiento de la genuina Patria cubana.

SIGNIFICACIÓN DE EDUARDO FACCIOLO EN LA HISTORIA DE CUBA

I   Facciolo y su época.

Como todos mis compoblanos conocen, Eduardo Facciolo Alba fue un reglano ejemplar que ofrendó su vida por la causa de la libertad de su patria publicando clandestinamente en 1852 el periódico independentista *La Voz del Pueblo Cubano* por lo que fue condenado a muerte por las autoridades de la metrópoli española y ejecutado después de un juicio sumarísimo. Facciolo había nacido en Regla el 7 de febrero de 1829 y era hijo de Carlos Facciolo, que era natural de Cádiz y no genovés como se ha dicho por algunos de los estudiosos de su hijo, dato que fue comprobado al consultarse el libro de registros de la Parroquia de la Virgen de Regla, iglesia donde el niño fue bautizado el jueves 5 de marzo de 1829. La madre María de los Dolores Alba era también natural de Regla y pertenecía a una familia que ya entonces tenía hondas raíces reglanas.

Cuando Facciolo nace, a finales de la tercera década del siglo XIX, ya en Cuba se había iniciado un fecundo proceso de formación de la conciencia nacional. En el mismo, intervinieron dos factores fundamentales, el primero fue una constante preocupación de nuestros más altos pensadores de importar a Cuba las ideas que vibraban en el mundo en defensa de la dignidad humana, para que el pueblo de la colonia sintiera la influencia de la Revolución Norteamericana de 1776 y de la Revolución Francesa de 1789 que habían recogido las ideas de libertad, igualdad y fraternidad humana. Esta labor de traer a la colonia el pensamiento de la Ilustración se hace muy fecunda en el período de gobierno del culto don Luis de las Casas, a fines del siglo XVIII, en el que coincidió la presencia en la isla del muy gratamente recordado Obispo Juan José Díaz de Espada. En esa época, se distinguieron por su patriótica labor en beneficio de la colonia, Francisco de Arango y Parreño, Tomás Romay, el Padre José Agustín Caballero y otras figuras valiosas, a las que siguieron más tarde, hombres de la categoría intelectual y moral del Padre Félix Varela,

José de la Luz y Caballero, Domingo del Monte, José Antonio Saco, etc.

El segundo factor en este proceso fue el ansia de libertad y justicia que se fue despertando en el pueblo cubano ante la autocrática actitud de los gobernadores generales de la isla que desconocieron los intereses de los naturales del país y con su intransigencia política dieron motivo a las iniciales rebeldías y a la sangre derramada por los precursores y primeros mártires, baste citar a Joaquín de Agüero o a Narciso López, entre los que Eduardo Facciolo tiene una muy especial significación pues su muerte está estrechamente relacionada con la defensa de la libertad del pensamiento.

Facciolo no fue el joven de pocas luces que llevado por ansia lucrativa se comprometiera en una empresa peligrosa, como alguna sectaria prensa española de la colonia le achacara para agregar a la ignominia de su fusilamiento, el intento de reducir la significación histórica de su sacrificio. Hay factores que desvirtúan tal interpretación, como son el hecho de que Facciolo tenía que estar consciente del peligro que corría, llevando a cabo la publicación de ese órgano de prensa que recogía el ansia de libertad de su pueblo en un régimen tan intolerante como el vigente en la Cuba de esa época. Él se entregó a esa empresa tan peligrosa inspirado solamente por su extraordinario amor a su patria y se mantuvo imperturbable ante el peligro que corría desplazando la imprenta en donde se imprimía el periódico, oculta dentro de un féretro, ante las mismas barbas de autoridades coloniales y delatores oficiosos, en las calles de la capital de la colonia. Hay que tener en cuenta también, que se trataba de un joven que, como el propio Regente y los Oidores de la causa que se le siguió, reconocieron en las actas del proceso, tenía de sobra «como soltero cuanto necesitaba a cubrir sus necesidades y aún lo superfluo de la vida». Es decir, que este tipógrafo laborioso que apenas contaba con veintitrés años al morir, disfrutaba de una familia que lo quería, una profesión y un buen número de conexiones que su hombría de bien y su inteligencia natural le había ganado entre cubanos destacados de su época y sabía muy bien los riesgos que conllevaría su decisión de participar en la publicación de un periódico clandestino.

Joaquín Llaverías en su esclarecedor estudio *Facciolo y La Voz del Pueblo Cubano* documenta con las oportunas referencias a las fuentes del Archivo Nacional, que Facciolo fue un estudiante aplicado pues aparecía primero como alumno de la tercera clase del maestro Justo Juanicó y posteriormente ya estaba en la octava clase de la propia Escuela Elemental de Regla que dirigía Juan Coca y Quintana.

Terminados sus primeros estudios, el joven Facciolo pasó a aprender el oficio de cajista en la Imprenta Literaria de Domingo Patiño. Los historiadores han destacado que ese trabajo en la imprenta de Patiño, español como su padre, pudiera haber sido un intento de éste de alejarlo de esos amigos cubanos con los que el joven Eduardo compartía sus ideas y con los que criticaba constantemente los excesos e injusticias de la administración colonial de la isla. Posteriormente, Facciolo trabajó en varias imprentas de la Habana y ganó reconocimiento de competente tipógrafo. Era un joven de figura «agraciada» como lo describiría Juan Bellido de Luna al historiador Vidal Morales y Morales, pero además tenía un carácter risueño y desde muy joven sintió arder en su pecho el amor por su patria, del que diera al morir tan ejemplar muestra. Temprana prueba de sus preocupaciones cívicas fue su protesta en plena adolescencia por el fusilamiento del poeta Plácido, que fue la causa de una severa amonestación que recibió de su padre y de su padrino, que con gran temor, reaccionaron ante su osadía juvenil.

En 1844, Facciolo empezó a trabajar en la imprenta donde se publicaba el *Faro Industrial de la Habana*, periódico que tenía ya tres años de existencia y que había sido fundado bajo la inspiración de un grupo de escritores muy destacados entre los que señalaremos a modo de ejemplo dos figuras estelares de la intelectualidad cubana de todos los tiempos, Cirilo Villaverde, el famoso autor de *Cecilia Valdés*, una de las cumbres de nuestra novelística romántica del siglo XIX y Antonio Bachiller y Morales, el eminente historiador y ensayista, cuya obra en tres volúmenes *Apuntes para la Historia de las letras y de la instrucción pública en la isla de Cuba,* es cita obligada de todos los estudiosos de la cultura cubana. Este periódico fue visto con recelo por los Censores oficiales del Gobernador de la isla y después de una vida llena de contratiempos con la administración colonial fue suprimido por el Gobernador De la Concha en 1851 y en el proceso, se llegó a dictar orden de prisión contra John S. Trasher, un joven norteamericano de ideas independentistas a los que el gobierno español atribuía la genuina dirección de ese periódico y con quien Facciolo había trabado una buena amistad al calor de los comunes anhelos de independencia para Cuba que los unía.

Presionado por su familia y por el acontecer político, el joven Facciolo decidió refugiarse en Regla donde con la ayuda económica de su padre abrió una cigarrería precisamente en la casa donde había nacido. Allí, recibiría la visita de Juan Bellido de Luna que al invitarlo a participar en la publicación de un periódico clandestino para hacer propaganda a la causa de la independencia de la isla, daría un giro inusitado a su vida que lo convertiría en el primer héroe del periodismo cubano en la lucha por la libertad de la patria.

II. La impresión del primer periódico independentista cubano

Como hemos apuntado anteriormente, Eduardo Facciolo, pese a su juventud, ya sentía arder en su espíritu el amor a la patria, por lo que, entusiasmado, aceptó la invitación de su compoblano Juan Bellido de Luna, para publicar en plena capital de la colonia un periódico que favoreciera la causa independentista. Lo primero que Facciolo inmediatamente hizo, dada su experiencia, fue darle a Bellido una lista de los materiales que se necesitarían e indicó el tipo de modelo de imprenta que por su sencillez pudiera ser trasladada fácilmente para burlar a las autoridades españolas.

Instalada la imprenta en un cuarto de un segundo piso de una farmacia de la calle Mercaderes de la Habana, gracias a la cooperación de un amigo de Bellido, Ramón N. Fonseca, Facciolo procuró la ayuda de dos amigos, jóvenes como él, Florentino Torres y Juan Antonio Granados y compuso e imprimió la primera tirada de *La Voz del Pueblo Cubano,* que constó de dos mil ejemplares, con fecha del 13 de junio de 1852. El número fue redactado en su totalidad por Juan Bellido de Luna, tenía solamente una hoja de un tamaño de 30 por 20 centímetros y estaba compuesto a dos columnas. El periódico, pasó de mano en mano de patriotas que soñaban con la independencia de la isla y de esa manera circuló extraordinariamente, no sólo en la colonia sino también en el extranjero.

En el artículo de ese número, «Situación del país», se denunciaba el estado de agitación en que vivía el pueblo cubano sufriendo constantemente los «ultrajes, desaires y atropellamientos» del gobierno metropolitano y destacaba que el antiguo resentimiento había crecido «con el deseo de vengar la sangre de sus hermanos, derramada en los cadalsos y en los campos de batalla». Se refería desde luego, a los iniciadores y primeros mártires y a los fracasados intentos que constituyeron los dos desembarcos del General Narciso López y sus huestes, uno en Cárdenas en 1850 y otra en Bahía Honda en 1851. También el artículo lamentaba «los millares de cubanos desterrados y prófugos en países extranjeros, por las ideas que hoy están arraigadas en todos los corazones de los patriotas verdaderos». Es decir, vibraba espontáneamente en este periódico clandestino, el ansia de justicia de un pueblo que ya se había manifestado en todas las conspiraciones que se habían producido o que se estaban organizando y la que, cada vez se expresaría con mayor energía.

Surge *La Voz del Pueblo cubano,* grito heroico de cubanía, en medio de un desarrollo histórico a cuya luz adquiere su genuina significación ya que, como siempre ocurre cuando un pueblo se redime, la gesta épica cubana que produjo la independencia estuvo inspirada en el proceso ideológico que la precedió. Esta crítica al gobierno metropolitano por la explotación económica e intolerancia política a que sometía al pueblo cubano, este sueño de libertad e independencia, esencia espiritual del hombre, que palpita en las páginas de este periódico independentista clandestino, se manifiesta más desarrollado, años después en «El Manifiesto de la Junta Revolucionaria de la Isla de Cuba» que Carlos Manuel de Céspedes redactó cuando inició en su finca «La Demajagua» la Guerra de los Diez Años, en el que dio las razones históricas y socio- políticas que fundamentaron el conflicto bélico que comenzaba. Asimismo estas razones e ideales se sustentan también en algunos de los más conocidos ensayos políticos del apóstol de la libertad cubana, como «El Presidio político en Cuba» y «La república española ante la revolución cubana» y reaparecen en los dos documentos que precisaron más lúcidamente la base ideológica de la Guerra de 1895, el *Manifiesto de Montecristi* de José Martí y *Cuba contra España* de Enrique José Varona.

Según señala Guillermo Ceballos y Parejas en su *Apuntes biográficos de Eduardo Facciolo,* después de la publicación del primer número, Facciolo y Bellido de Luna, decidieron trasladar el baúl disimulado como sarcófago en donde estaba la imprenta, de los altos de Mercaderes 18 para Teniente Rey 4, en donde había un almacén de azúcar de la propiedad del hermano de Bellido de Luna que se llamaba Francisco y allí, Facciolo hizo la forma del segundo número del periódico.

No obstante, temerosos de ser descubiertos por la extraordinaria campaña de investigación ordenada por el Gobernador de la Isla, acordaron desplazar de nuevo la imprenta y llevarla a Regla, a la casa de Juan de Hiscano, de conocidos sentimientos patrióticos, con cuya cooperación y la de Julián Romay y Antonio de Luna, Facciolo efectuó la impresión de dos mil ejemplares del segundo número, que tenía fecha del 4 de julio, es decir tres semanas exactas después de la del primero.

En cuanto al contenido de este segundo ejemplar cabe señalar que en uno de los artículos se hacía burla del Gobernador de la Isla, el General Valentín Cañedo, por su fracasado intento de encontrar la imprenta en que se publicaba el periódico y se le recordaba que el pueblo de Cuba le había apodado jocosamente General Salchicha por haber intentado exterminar a los pobres perros callejeros de la Habana con carne envenenada. En otro trabajo se arengaba al pueblo cubano a iniciar la lucha por la independencia de la patria y también se incluía en un aparte, un poema al General Narciso López de autor anónimo, que posteriormente se ha atribuido a José Agustín Quintero.

La aceptación entusiasta que tuvo en el pueblo cubano, la indignación del gobernador, que ordenó numerosas persecuciones y detenciones y la acogida favorable de la prensa norteamericana, con la consiguiente repercusión internacional, motivaron a Bellido, que actuaba como director y a Facciolo que funcionaba como el editor, a publicar un tercer número, no obstante estar ambos conscientes de que el peligro de ser descubiertos aumentaba cada día. Facciolo, con el dinero que su madre le dio, compró una imprenta y la trasladó a una casa de la calle Galiano, para donde llevó asimismo desde la casa de Teniente Rey, el baúl-sarcófago con la imprenta clandestina. Con más experiencia conspirativa, Bellido aconsejó a su joven amigo que no montara ni imprimiera en la casa de Galiano el tercer número pues corría mayor riesgo de ser descubierto y aconsejó que se buscara a un cajista competente para tal propósito. Así lo hizo Facciolo, pero no pudo imprimir el periódico en el hogar de ese técnico, pese a que le había llevado el baúl, por temores de los familiares de aquél, y de nuevo el valiente reglano trasladó la peligrosa carga a la casa de su pueblo donde se había impreso el segundo número, y allí, el cajista, cumpliendo su promesa, pudo al fin, formar e imprimir el tercer número, cuya tirada fue esta vez de tres mil ejemplares, con la misma tónica de ataque a las autoridades españolas de la Isla y de la metrópoli. Asimismo, se hacía un llamado a los españoles que residían en Cuba a que se unieran a los separatistas para derrocar el régimen dictatorial, que todos sufrían.

    La publicación del tercer número desató una férrea persecución a todos los que el gobierno le atribuía antecedentes separatistas. Bellido de Luna fue señalado como uno de ellos. Buscado por la policía, embarcó precipitadamente para Boston el seis de agosto de 1852 en una fragata inglesa. En esa situación de crisis, la Junta Revolucionaria decidió publicar el cuarto número y Facciolo heroicamente aceptó la encomienda. Pudo formar el periódico, pero esta vez fue sorprendido antes de que pudiera imprimirlo. Su cita con la Historia ya estaba hecha.

III. La localización de la imprenta clandestina y el procesamiento del héroe.

    La extraordinaria persecución desatada por el gobierno colonial en la Isla con la consiguiente prisión de numerosos destacados cubanos conocidos por su militancia independentista, motivaron a la Junta Revolucionaria Cubana a intentar la continuación de la publicación de

La Voz del Pueblo Cubano, con la esperanza de que la salida de un nuevo número del periódico clandestino, traería como posible consecuencia, que el gobierno de la Isla, desconcertado, dejara salir de las prisiones a todos esos cubanos que había encarcelado pensando que estaban involucrados en la publicación de ese periódico. A ese efecto, dos miembros de la Junta, Bermúdez y Valiente, se entrevistaron con otro simpatizante de la independencia de Cuba, Andrés Ferrer, para que éste sustituyera a Juan Bellido de Luna, que había tenido que huir al extranjero y coordinara con Eduardo Facciolo la publicación y distribución del cuarto número del periódico.

Efectuada la entrevista entre estos dignos patriotas, Facciolo y Ferrer decidieron, pese al peligro que sabían que iban a correr, proceder a la impresión y distribución de la cuarta edición. La urgencia de publicar el periódico y distribuirlo rápidamente para debilitar las acusaciones del gobierno isleño a tantos independentistas encarcelados, tal vez determinó que el heroico reglano pasara por alto las oportunas reservas que Bellido de Luna le había hecho, en cuanto al montaje y la impresión del tercer número, es decir que no efectuara los mismos en un lugar público como era la casa de la calle Galiano a donde había trasladado la imprenta que había comprado. Esa audacia juvenil que su ardor patriótico alimentaba, lo llevó a preparar el cuarto número allí mismo, lo que quizás fue la causa de que en la tarde del 23 de agosto de 1852, cuando apenas Facciolo había acabado de montar el periódico, del cual había sacado una sola prueba, las autoridades españolas irrumpieran en su imprenta, detuvieran a todas las personas que estaban en el local, tres que estaban en la acera frente a la puerta y cinco dentro de la casa, incluyéndolo a él y localizaran la sencilla máquina en la que se imprimía *La Voz del Pueblo Cubano.*

Las actas del proceso incoado demuestran que los primeros que llegaron al lugar fueron los alguaciles de los barrios habaneros a los que les competía la investigación, acompañados por un vecino del barrio, Luis Cortés, que algunos de los conspiradores cubanos consideraron que había sido el delator. Al poco tiempo después, llegaron al local, el Jefe de la Policía, el Secretario Político y numerosos guardias. Eduardo Facciolo, con gran serenidad, al ver que uno de los funcionarios españoles tenía gran dificultad en leer el texto directamente del molde, lo que resulta normal para quien no tenga la experiencia del oficio, les confirmó que se trataba precisamente del periódico clandestino que buscaban y le entregó un papel todavía húmedo, confirmándole que era la primera y única prueba que se había tirado. Ante el interrogatorio al que se sometió a Facciolo en esos primeros momentos, éste contestó que el material ocupado no era suyo y que lo tenía en calidad de depósito, y procedió a identificar como sus empleados a los que estaban dentro del recinto y a expresar que no conocía personalmente a los tres que se encontraban frente a la puerta, aunque justificó la presencia de uno como empleado del director del periódico *El Almendares* que se imprimía allí, que había venido a recoger ejemplares de ese periódico para llevárselos a su director y a otro que había venido preguntando por una persona que él no recordaba en ese momento y alegó desconocer a la tercera persona arrestada, que resultó ser Emilio Johnson, nacido en Bahamas, cuyo nombre más nunca apareció en el proceso, y al que los amigos de Facciolo pronto identificaron como el espía que Cortés empleó para encontrar la imprenta clandestina. A esta acusación contribuyó el hecho de que a Johnson se le diera la libertad antes de trasladarse todos los otros detenidos al Castillo de «La Punta» donde sufrieron de inicio, incomunicación absoluta.

Las investigaciones policiales fueron ampliando el número de cubanos a los que se consideraban en la causa iniciada, autores o cómplices de la publicación del que fue llamado periódico subversivo *La Voz del Pueblo*. Encabezaban la lista de los acusados, Juan Bellido de Luna, Andrés Ferrer y Eduardo Facciolo. Este último, con conocimiento de que ya tanto Bellido de Luna como Ferrer habían escapado de la posibilidad de caer en las manos de las autoridades españolas, modificó su primera declaración diciendo que en su imprenta se había presentado un desconocido ofreciéndole 18 onzas para que le tirase los ejemplares de *La Voz del Pueblo*, cuya forma o plancha que se le había ocupado, no había tenido tiempo de leer. Más tarde, volvió a declarar por tercera vez, para precisar que el individuo al que aludió en su segunda declaración era de apellido Ferrer y que desconocía su nombre y el lugar donde residía. Y agregó, para quitarles a sus empleados toda responsabilidad, que él personalmente se había ocupado de la composición del papel entre el domingo y el lunes y que había tirado al suelo los originales de los artículos. En realidad, ciertos aspectos de estas declaraciones suyas, en especial, las que trataban de eliminar el peligroso motivo político que podía conllevar la pena de muerte y reducía su participación como inspirada por un desmedido afán de lucro, pudieron haber sido hechas cediendo a la presión y a los tristes requerimientos de sus atormentados padres que se resistían a perder a su joven y adorado hijo o también podían deberse a su propio convencimiento del inminente riesgo que corría, por ser el único de los tres acusados principales que había sido apresado y porque si bien la mayoría de los otros encausados no lo perjudicaron en las declaraciones, hubo dos, que llenos de terror por la pena de muerte que se cernía sobre todos ellos, le imputaron al joven reglano toda la responsabilidad de los hechos.

Facciolo, en mi opinión, llegó a comprender que la acusación y las pruebas acumuladas en el proceso eran muy sólidas y pese a la agonía que le producía el dolor de sus padres que le imploraban que hiciera todo lo que fuera necesario para salvarse, decidió seguir lo que le dictaba su conciencia y le reclamaba su dignidad. Hizo una cuarta declaración, sabiendo que con ella, hablaba para la Historia y escogía la muerte digna en el patíbulo. Prescindiendo de sus testimonios anteriores, se declaró responsable de los hechos que se le atribuían y confesó que él, personalmente, había compuesto y tirado con anterioridad dos números del periódico clandestino. Con la grandeza de alma que le caracterizaba, les quitó toda la responsabilidad a sus empleados pues afirmó que les había ocultado todo lo concerniente a esa publicación patriótica. Se negó valientemente a revelar los nombres de los que escribieron los artículos de *La Voz del Pueblo* Cubano y de los numerosos compatriotas que habían llevado a cargo la distribución de los ejemplares en la isla y se encargaron de enviar los diferentes números del periódico al extranjero. Con entereza y serenidad se enfrentó a amenazas y posibles castigos físicos en la prisión y conscientemente ofrendó su vida a la causa de la independencia de la patria.

Terminado el proceso, el Fiscal consideró en sus conclusiones, convicto y confeso a Facciolo, del crimen de traición con las más agravantes circunstancias. El abogado de oficio que en definitiva tuvo a cargo su defensa, el Teniente de Infantería Manuel Peña, probablemente no leyó completamente el sumario, o no se le concedió el tiempo necesario para hacerlo con rigurosidad, pues en su defensa en el Juicio, se limitó a implorar piedad del Tribunal y destacar la juventud del acusado, presentándolo como un ignorante, incauto, fácil víctima de influencias poderosas y puso énfasis como motivo de su conducta en la utilidad pecuniaria a la que Facciolo había aludido en uno de sus primeros testimonios, desconociendo prácticamente su última e importante declaración en el proceso, testimonio en el que Facciolo, como ya hemos dicho, reconoció con valentía ejemplar la veracidad de las acusaciones que se le habían hecho y al propio tiempo protegió a todos su compañeros en tan patriótica empresa.

IV. Su muerte: resumen de una vida heroica.

El Consejo de Guerra de la Comisión Militar, estuvo integrado por siete oficiales de alta graduación del Ejército español y condenó a muerte a Facciolo con grandes reservas pues de los siete miembros, tres, los Comandantes Bernardo Villamil, Felipe Dolsa y Baltasar Gómez, recomendaron en su lugar, teniendo en cuenta la extrema juventud del acusado, la pena de diez años de confinamiento en las prisiones militares españolas de África y la subsiguiente condena al exilio de por vida. Al referirse a la edad de Facciolo, como factor atenuante para la reducción de la pena pedida por el fiscal –el reo tenía solamente veintitrés años– estos dignos oficiales apelaban a la caridad cristiana y quizás, allá en el fondo de sus almas, como representantes de la tierra del Mio Cid Campeador, sentían una inconfesada simpatía ante la actitud valiente y heroica del prócer reglano al asumir la total responsabilidad de la publicación del periódico *La voz del pueblo cubano,* intentando con esta sublime decisión, obtener la exoneración de todos los otros procesados en la causa. Pero además de la opinión de estos tres magistrados, el Asesor del propio Jurado, Manuel González del Valle, llevado por su claro sentido jurídico y su reconocida experiencia profesional, había hecho constar en el proceso su criterio acerca de lo impropia que resultaba la pena de muerte que el fiscal había pedido para Facciolo. En el fondo, se trataba de la aplicación del principio de Derecho Penal que postula que la sanción debe ser siempre adecuada al delito cometido.

El Auditor Castor de Cañedo, tomando por fundamento todos estos antecedentes favorables a Facciolo que obraban en la causa, no pudo prescindir, como explicó textualmente, «en su conciencia y recta imparcialidad, de estas razones y circunstancias» y recomendó al Capitán General de la Isla que se convocara al Consejo de Revisión, para que se evaluara la sentencia en cuanto a lo relativo a la pena de muerte de Facciolo. El gobernador, General Valentín Cañedo designó al Regente y dos Oidores de la Real Audiencia Pretorial para que conocieran de esa apelación, pero éstos confirmaron la sentencia de muerte del joven, alegando su confraternidad política con Bellido y con Ferrer y su directa y fundamental participación en la creación del periódico clandestino. Es decir, este Tribunal de Revisión, desconoció todos los antecedentes que beneficiaban al reo que constaban en la causa y argumentó que no podía considerar como motivo de atenuación de la sentencia de muerte, el débil alegato del abogado de oficio, de que Facciolo había actuado por motivaciones económicas, porque el acusado, opinaron los magistrados, era una persona solvente, ya que era dueño de una imprenta en la Habana y una cigarrería en Regla. Es decir, este Tribunal Superior, desconoció o no quiso enfrentarse a los argumentos fundamentales sobre la adecuación entre el delito impugnado y la sanción que se le pretendía aplicar al acusado y al propio tiempo, tampoco entró a considerar los factores que aconsejaban la aplicación de una pena de prisión en substitución de la máxima de muerte, teniendo en cuenta la edad del acusado, específicamente señalados por los tres miembros disidentes del Tribunal.

Ratificada la condena fatal, los padres de Facciolo intensificaron la peregrinación ante las autoridades españolas que habían iniciado desde la detención de su hijo, implorando clemencia para él. En vano intentaron con súplicas y ruegos al displicente general Cañedo, salvar la vida de su joven y amado hijo. Este gobernante, conocido como el General Salchichas, mote con el que, como ya hemos apuntado, el pueblo de la Isla lo denominaba –haciendo gala de ese choteo cubano que Jorge Mañach estudiara tan lúcidamente un siglo más tarde– había dado ya muestras inequívocas de incompetencia, autoritarismo, violencia y odio desenfrenados durante su breve gobierno. Por otra parte, Cañedo no podía perdonar el sentimiento de frustración e impotencia que le habían producido las sucesivas ediciones de *La Voz del Pueblo Cubano*. A esto se unía, el resentimiento que le embargaba a él y a sus lugartenientes, por el hecho de que Juan Bellido de Luna y Andrés Ferrer hubieran escapado de sus manos vengativas. Además a estos factores se agregaba la presión extraordinaria que los gobernadores ya estaban sintiendo de los sectores españoles más radicales de la isla para que se persiguiera sin vacilaciones a los que denominaban criollos sediciosos, presión que crecía a medida que se hacía más evidente la fecunda labor de los independentistas cubanos.

De ahí que ni el ruego del padre atormentado, el español Carlos Facciolo, haciendo referencia a su vida de lealtad a su patria, ni el llanto inconsolable de su sufrida madre, la cubana Dolores Alba, que de rodillas le suplicaba, no la libertad para su hijo, sino que le conmutara la pena de muerte por prisión, cambiaron la decisión del Capitán General de que la ejecución del joven cubano se llevara a cabo. La muerte del hijo destruyó a la esperanzada madre. Sumida en desesperación y angustia por la terrible pérdida, se enfermó de los nervios y llegó a perder la razón.

Eduardo Facciolo mantuvo en los momentos de su ejecución, la misma entereza y serenidad que mostró durante su detención y todo el proceso judicial. Contaron los testigos de su aplomo y dignidad al oír el alegato del fiscal pidiendo la pena máxima y al leérsele tanto la sentencia de muerte del Tribunal del Consejo de Guerra como la confirmación de la misma por el Consejo de Revisión. El nefasto 28 de septiembre de 1852, después de haber permanecido «altivo y sereno» en las últimas veinticuatro horas de su vida, salió de su celda acompañado de religiosos que le daban auxilio espiritual, para morir en el patíbulo que se había levantado en la explanada de la Punta. Cuentan que subió al tablado con la frente muy levantada y mirando fijamente al horizonte.

Había muerto el primer mártir del periodismo cubano y su sangre regaría, con la de los otros iniciadores de la lucha por la libertad de pensar y expresarse y por la independencia patria, la fecunda tierra de la isla de palmeras. La formación de la conciencia nacional cubana que se había iniciado desde muchos años atrás, se consolidaría en ese siglo XIX tan brillante y fundamental en todos los aspectos de nuestra historia. No había transcurrido un año de su muerte, cuando en la propia ciudad de la Habana, a poca distancia de ese parque de La Punta donde fue ajusticiado el héroe, nacía en una modesta casa de la calle de Paula, José Martí, el apóstol de la Independencia cubana, otro hombre que también miraría el horizonte, viendo siempre la luz divina que ilumina la libertad y la dignidad humana. Dieciséis años después del ajusticiamiento, en 1868, se iniciaría en la finca «La Demajagua», la Guerra Grande, que el padre de la patria, Carlos Manuel de Céspedes y el legendario triunvirato de Bayamo (Francisco Maceo Osorio, Francisco Vicente Aguilera y Perucho Figueredo) forjaron y que sellaría en una década de lucha heroica, la inquebrantable voluntad del pueblo cubano a ser libre. En ella, los discípulos del dulce Maestro José de la Luz y Caballero, con el bayardo Ignacio Agramonte al frente, le dieron en Guáimaro, una genuina formación democrática a la república en armas. Cuarenta y tres años después de la muerte del joven reglano, el sublime poeta de *Los versos sencillos* iniciaba la Guerra de 1895, en la que esa voluntad de libertad de nuestro pueblo, guiada por el genio militar de Máximo Gómez y Antonio Maceo, nos haría libres de la corona española.

Había muerto el primer mártir del periodismo cubano, como lo reconoció la clase periodística en tiempos de la República, esa república que alcanzó grandes logros sociales, jurídicos, técnicos, científicos y culturales y en la que la prensa tuvo una participación extraordinariamente valiosa.

Estamos iniciando no solamente un nuevo siglo sino un nuevo milenio y hace más de cuatro décadas que la libertad de pensar y expresarse, por la que Eduardo Facciolo ofrendó su vida, ha desaparecido en nuestra patria, pero el pueblo cubano sigue incansablemente luchando por el renacer de la república inspirada en el amor como quería el Apóstol, en su famoso *Manifiesto de Montecristi*. En estos tristes años de violencia y terror del nefasto régimen marxista, éste ha tratado y continúa intentando borrar nuestra historia y desconocer los sacrificios y grandezas de nuestro digno pasado. Pero como siempre, la violencia desbordada no podrá detener el ansia de libertad que radica en el alma humana. Para todos los cubanos y para los reglanos en particular, el recuerdo de la vida y la muerte de Eduardo Facciolo Alba es y será fuente de fe en nuestro destino de libertad y amor.

LA GUERRA DE LOS DIEZ AÑOS Y LA FORMACIÓN DE LA CONCIENCIA NACIONAL CUBANA

El 10 de octubre de 1868, se inicia la primera epopeya del pueblo cubano en busca de su ansiada independencia política de la metrópoli española. Emancipada la América continental de la corona de España un siglo antes, solamente Cuba, Puerto Rico y las Filipinas, quedaban como las últimas principales colonias del otrora poderoso imperio hispánico, cuyos monarcas se habían vanagloriado con certeza de que en sus dominios nunca se ponía el sol. El repique de las campanas de «La Demajagua», el ingenio de Carlos Manuel de Céspedes, el Padre de la Patria, fijaría para la historia una contienda bélica que por diez años se mantendría vigente. Su fracaso obedeció a una gran multiplicidad de factores, entre ellos la división de los patriotas cubanos, no solamente en la isla sino también en el exilio, la férrea voluntad de los gobernantes de la península de no perder la que consideraban la joya más preciada de la corona española y los excesos de violencia cometidos por algunas de las autoridades coloniales. No obstante, a pesar de la derrota, esta guerra selló con la sangre de sus héroes, el destino de independencia del pueblo cubano, pues años después, se constituía la naciente república, como resultado de la Guerra de Independencia de 1895, que soñara y concibiera el apóstol de nuestra emancipación, José Martí.

Pero el 10 de octubre de 1868, el famoso grito de Yara, no fue una explosión espontánea sino la plasmación de un proceso histórico al que habían contribuido nuestros pensadores más eminentes. En efecto, cuando los tres miembros del triunvirato de Bayamo, Francisco Maceo Osorio, Francisco Vicente Aguilera y Perucho Figueredo, se reunieron en esa ciudad heroica y comenzaron a planear esta lucha por la independencia, ya vibraba en el alma cubana un anhelo de libertad, una apetencia de patria.

La formación de la conciencia nacional fue consecuencia de un proceso de siglos, que el 10 de octubre recoge y plasma en un momento fundamental de la historia de Cuba. Ella es producto de una corriente intelectual cuyas raíces se remontan a la influencia de la Revolución Norteamericana de 1776 y de la Revolución Francesa de 1789, que recogen las ideas de libertad, igualdad y fraternidad, que están vigentes en el pensamiento de los enciclopedistas, que sientan las bases jurídicas de la democracia representativa en el Contrato Social de Juan Jacobo Rousseau, en la Ley del Equilibrio de los poderes públicos de Montesquieu y en los discursos de Washington, Jefferson y Franklin, que proclaman los derechos inherentes a la dignidad humana. Y fue precisamente un Capitán General de la Isla de Cuba, Don Luis de las Casas, un hombre de gran cultura, el que hace llegar a Cuba esas ideas de la Ilustración en su fecundo período de gobierno. El Gobernador Las Casas se rodeó, por primera vez en la historia colonial, de una serie de brillantes cubanos, de un grupo valioso de criollos que hasta entonces habían sido desconocidos por las autoridades españolas, de una pléyade de nacionales, que levantándose en contra de todos los factores negativos que imperaban en la colonia, habían efectuado aportaciones sustanciales al desarrollo cultural y económico de la isla.

Entre los que prepararon el camino de la toma de conciencia nacional se destacaron, por estudiar y por preocuparse en mejorar las condiciones en que vivía el pueblo cubano, Francisco de Arango y Parreño, con sus medulares ensayos sobre la industria azucarera y tabacalera; Tomás Romay que planteó la necesidad de los estudios científicos en una tierra abandonada y el Padre Agustín Caballero, que en las aulas del Seminario San Carlos, hablaba de Descartes, el filósofo de la duda metódica y que en el campo pedagógico luchó por la libertad de análisis y se enfrentó a la intransigencia del escolasticismo, en ese tiempo poderosa en la Isla.

La aparición de ese grupo de cubanos que estaban en contacto con las más altas manifestaciones del pensamiento universal fue un tanto milagrosa dada las condiciones sociales y económicas de la isla en aquella época. Cuba, como con agonía denunciaría después Varona, era una mera factoría para enriquecer a los gobernadores de la isla y a todos los detentadores del poder político en la colonia y para servir los grandes intereses de los amigos de la administración en la península.

La semilla de la Ilustración germinaría fecundamente y produciría una serie de notables figuras del pensamiento cubano que con devoción y sacrificio dieron aliento y fuerza, primero al desarrollo del proceso de formación de una conciencia nacional y con ello a la lucha por la dignidad y libertad del pueblo cubano. Entre ellos, hay que mencionar al Padre Félix Varela, el primero que nos enseñó a pensar, que en la Cátedra de Derecho Constitucional del Seminario San Carlos de la Habana, se atrevió a hablar de democracia representativa, de derecho de sufragio, de respeto a la soberanía popular y que tuvo que pagar con su vida de exiliado en este país, su derecho a tener dignidad y a soñar con la libertad de su pueblo.

También se debe mencionar a José Antonio Saco, quien pese a las dudas que tuvo de las capacidades políticas de nuestro pueblo, amó entrañablemente a su patria y analizó su problemática sociológica. Baste recordar su estudio sobre la vagancia en Cuba y su voluminosa *Historia de la Esclavitud*.[40] De igual manera, no se puede dejar de nombrar a José de la Luz y Caballero, maestro ejemplar, uno de nuestros más eruditos fundadores, quien consideró que lo que más necesitaba la patria en el momento histórico que le tocó vivir era crear ciudadanos capaces de luchar por forjarla y llevó a cabo esa evangélica y a la vez épica empresa, en las aulas del Colegio El Salvador que él fundó, que fue forja de mambises y héroes. Muy ligados a la labor de José de La Luz y Caballero en la Sociedad Económica de Amigos del País, institución que tanto luchó por el desarrollo cultural y económico de la colonia, estuvieron Antonio Bachiller y Morales y Domingo del Monte. El primero, además de su honda preocupación cubana, se destacó en los campos de la educación, la historia y la bibliografía y el segundo, Domingo del Monte, unió a su labor cívica una gran tarea cultural, combatió la esclavitud y aunque en sus escritos tuvo la

---

[40] José Antonio Saco, *Historia de la Esclavitud desde los tiempos más remotos hasta nuestros días*. París-Barcelona. Tipografía Lahure-Imp. De Kugelmann-Imp. de Jaime Jepus, 1875-1877. 3 tomos.

moderación de Saco ante los iniciales propósitos independentistas fue, por medio de sus famosas tertulias literarias y en sus constantes contactos con la intelectualidad cubana como lo demuestra la lectura de su *Centón Epistolario,* uno de los más grandes propulsores de cultura de su tiempo.

La extraordinaria labor de esa defensa de los intereses cubanos que estos fundadores efectuaron por medio de la Sociedad Económica de Amigos del País y otras instituciones, ocasionaron las iras de gobernantes intransigentes de la isla como los Generales Tacón y O'Donnell, lo que unido a la presión de los hacendados atemorizados por una posible sublevación de esclavos, fue el origen del nefasto proceso de la Conspiración de la Escalera, que se caracterizó por una violencia desbordada, en el que se prescindieron de las más elementales garantías judiciales. Aunque luchando al principio con el anexionismo a la gran nación del norte, en donde se movían sectores poderosos afines a ese movimiento, lo cierto es que en Cuba, el separatismo fue ganando paulatinamente adeptos y creciendo con la muerte de cada uno de los iniciadores y primero mártires, como Joaquín de Agüero o Narciso López, que ondeara en Cárdenas por primera vez, la que sería después la bandera de la Cuba irredenta y republicana.

Otra figura que también es muy representativa de ese amplio y fecundo grupo de fundadores de la nación cubana en esa época, fue José María Heredia y Heredia, el Cantor del Niágara, otro cubano peregrino de la libertad, como Varela o Saco, figura cimera del Romanticismo hispanoamericano, que en versos inmortales, cantando nostálgicamente a las palmas de su patria, hizo robustecer en generaciones de jóvenes el firme propósito de conquistar la libertad de su tierra o morir en su demanda. Recuérdese que un libro en que se recogieron sus discursos políticos de México, se tituló muy significativamente *Prédicas de libertad.*[41]

Esa lucha por la libertad soñada por siglos se plasma en el levantamiento del 10 de octubre de 1868 que Carlos Manuel de Céspedes salva de ser abortado ante acontecimientos inesperados. En efecto,

---

[41] José María Heredia y Heredia, *Prédicas de libertad.* Selección y prólogo de Francisco G. del Valle. La Habana, Secretaría de Educación. Dirección de Cultura, 1936.

aunque esta heroica epopeya fue originalmente planeada para el 24 de diciembre de ese año, fue adelantada para mediados de octubre por temor a que el gobierno español de la isla, en conocimiento de la conspiración, pudiera impedir su inicio. Así, el recibo por manos mambisas de un telegrama de las autoridades de la Habana, ordenando a los jefes militares de Bayamo la captura de Céspedes y de los jefes del movimiento en esa ciudad, determinó que se tocaran las campanas del ingenio «La Demajagua» el 10 de octubre para llamar a la independencia de la patria. Treinta y siete cubanos rodeaban a Céspedes cuando, reuniendo a sus esclavos les dio la libertad. Gesto histórico que mostraba su genuina concepción de la igualdad entre los seres humanos y destacaba la autenticidad de la posición ética de la revolución de independencia cubana, que confluía con el pensamiento expresado años antes por Varela y Saco y que ratificarían dos luminarias de nuestra inteligencia, Enrique José Varona y José Martí. Con esta declaración, los patriotas cubanos daban verdadera dimensión universal a las ideas de libertad, fraternidad e igualdad.

En el acta de independencia con la que se inició la sustentación jurídica del conflicto, se nombra Capitán General a Carlos Manuel de Céspedes, cargo que conllevaba la jefatura del movimiento revolucionario. Habiéndose dado traslado de los acuerdos a Francisco Vicente Aguilera, éste, con la devoción patriótica que le caracterizó, se trasladó a sus posiciones de Las Tunas con el objeto de apoyar la insurrección, pues comprendió que el levantamiento estaba justificado por las circunstancias, aunque él personalmente hubiera deseado lograr antes un apoyo material importante del exilio cubano en los Estados Unidos, que hubiera permitido a la Revolución contar de inicio con un buen suministro de armamentos,

Es muy interesante destacar –y esto subraya la relación que venimos estudiando entre la gesta épica y el proceso ideológico que la sustentó– el hecho de que en el Manifiesto de la Junta Revolucionaria de la Isla de Cuba que Céspedes redactó y que inmediatamente dio a la publicidad, se denunció, haciéndose eco de lo que venían señalando nuestros más destacados pensadores durante el proceso colonial, el régimen de explotación, en el aspecto económico y de intolerancia, en el plano político, al que el gobierno metropolitano español, con la ayuda de sus autoritarios Capitanes Generales, tenía sometido al pueblo cubano, Además en dicho manifiesto, vibran los ideales de libertad, igualdad y fraternidad en los que se inspiraron las revoluciones del siglo XVIII. Hay un espíritu de comprensión humana y tolerancia que caracteriza a este documento y que proclama los derechos del hombre, el sufragio universal, el respeto a la vida y la propiedad privada, no solamente de los cubanos sino también de los españoles, y la liberación de los esclavos con el correspondiente pago a sus propietarios. Es decir, hay un mensaje de amor y de respeto al derecho ajeno, un decidido propósito de creación de un Estado de Derecho que plasme las apetencias del pensamiento cubano a través de los siglos y que hace a este documento un antecedente muy importante del famoso Manifiesto de Montecristi de la Guerra de 1895, que inspirara el apóstol de la independencia cubana, José Martí.

La revolución inició su marcha con muy buenos auspicios. Aguilera se levantó en Las Tunas en apoyo del llamado de La Demajagua; Perucho Figueredo dio a Céspedes la grata noticia de que la Junta de Bayamo había reconocido su jefatura, y éste, agradecido por las muestras de unidad y deseoso en consolidarla, designó a los triunviros de Bayamo, Aguilera, Maceo Osorio y Figueredo, miembros del nuevo Gabinete de Guerra creado en el Manifiesto Revolucionario y a Perucho Figueredo además, Teniente General en Jefe de su Estado Mayor. Y para mayor euforia de los mambises, doce días después de iniciada la guerra, Bayamo se rendía a las tropas de Céspedes, que entraban en la histórica ciudad a los acordes del Himno de Bayamo, que se convirtió en nuestro Himno Nacional y del que fue autor el propio Perucho Figueredo. Y más tarde, cuando la ciudad no se pudo defender más ante la concentración de tropas españolas que para recuperarla dispusieron las autoridades de la isla, la dignidad de sus propios vecinos les hizo sostener la tea incendiaria y así, ante el mundo sorprendido y transido de admiración, la quema de Bayamo transformó la derrota bélica en una victoria moral, pues puso de manifiesto que la conciencia nacional del pueblo cubano era ya una magnífica realidad y que ese pueblo estaba dispuesto a lograr su independencia, cualquiera que fuere el sacrificio que se le exigiere y el tiempo que durara su agonía.

Muy rápidamente se extendió la contienda, pues en noviembre del mismo año, el levantamiento se produjo en las planicies camagüeyanas y en febrero del año siguiente fue Las Villas, la que se unió a la pelea. Mientras tanto en la indómita Oriente, ya luchaban en la manigua revolucionaria, Donato Mármol, Máximo Gómez, Antonio Maceo y sus hermanos, Calixto García, Flor Crombet, Vicente García, Francisco Vicente Aguilera y Bartolomé Masó.

Al mismo tiempo, los intentos pacifistas del Gobernador Domingo Dulce fracasaban ante el radicalismo reaccionario de los sectores más recalcitrantes de la población española en la isla, abroquelados en el Casino Español de la Habana y en el cuerpo de voluntarios. Estos últimos atacaron una función de bufos en el Teatro Villanueva de la Habana el 21 de enero, en represalia a expresiones públicas en favor de los mambises que se habían producido la noche anterior y realizaron muchos desmanes contra la población indefensa. Balmaceda, aprovechando la situación de tensión que se vivía en la Isla, aumentó la violencia de la persecución a los insurrectos y ordenó el fusilamiento de todos los que pudieran considerarse colaboradores, es decir inició la llamada Guerra de Exterminio. Dulce, incapaz de enfrentarse a las hordas desbocadas de voluntarios, salió de la isla, mostrando así el fracaso de todo intento de conciliación.

Producto de la iniciativa de Ignacio Agramonte, el valiente e idealista abogado camagüeyano, se convoca la Asamblea Constituyente de Guáimaro, que se inicia precisamente el 10 de abril de 1869, al cumplirse los seis meses de comenzada la contienda bélica. Conforme a la preocupación jurídica que emanaba del Manifiesto inicial de la Junta Revolucionaria, la primera Carta Magna de la República en Armas, uniría bajo una jefatura común todas las fuerzas rebeldes y dotaría al movimiento de una base jurídica en concordancia a los principios de libertad, igualdad y fraternidad, que habían inspirado todo el proceso ideológico de la toma de conciencia nacional

En la Asamblea de Guáimaro se enfrentaron dos corrientes de ideas, la representada por los jóvenes camagüeyanos Ignacio Agramonte y Antonio Zambrana, portaestandartes del movimiento romántico que proclamaba el respeto a la libertad y redactaron el proyecto de Constitución creando un Estado de Derecho, en el que el presidente estuviera subordinado al democrático Poder Legislativo y de otra parte, la que sustentaba el Jefe de la revolución Carlos Manuel de Céspedes, que con mucha más edad y más experiencia en la vida que aquéllos, abrigaba muchas dudas de que fuera recomendable el debilitamiento de la autoridad del Ejecutivo, fundamentalmente cuando el esfuerzo bélico requería, por su naturaleza, rapidez en las decisiones. La oratoria brillante de Agramonte arrastró la opinión de los delegados de la Asamblea Constituyente que al fin querían convertir en norma del estado cubano las hermosas aspiraciones de su pueblo expresadas por sus grandes fundadores en una lucha ya centenaria y la República en Armas surgió así fundada en el más absoluto respeto a los principios democráticos. En efecto, se creó una organización estatal, que tenía ciertas características que lo acercaba, aunque no en su totalidad, a lo que en Derecho Constitucional se ha llamado sistema parlamentario de gobierno.

La Asamblea Constituyente eligió a Carlos Manuel de Céspedes como Presidente de la República y al General Manuel de Quesada como General en Jefe del Ejército. Céspedes tuvo la grandeza de aceptar el triunfo en Guáimaro de todas las ideas de Agramonte y Zambrana a lo que también contribuyó su formación jurídica y el hecho de que estaba convencido de que era imperioso mantener la unidad de todas las fuerzas combatientes, pero las diferentes perspectivas y las rencillas que surgían por motivos personales y recelos regionales, iban a conspirar contra la buena marcha del proceso revolucionario. División que a la postre iba a entorpecer y debilitar el auxilio que al esfuerzo bélico brindaba el exilio de Nueva York, Tampa y Cayo Hueso.

El Jefe del Ejército, el General Manuel de Quesada, empezó a enfrentar la resistencia a sus directrices encaminadas a unificar al ejército para concebir planes generales de campaña, pues las tropas de las distintas regiones no querían abandonar sus respectivas zonas, pues muchos de los soldados y oficiales habían trasladado a sus familias a la manigua irredenta y temían que los traslados de tropas ordenados dejaran a sus seres queridos indefensos ante el avance de las huestes españolas, que por otra parte estaban impelidas por las inhumanas órdenes del General Valmaseda a actuar con violencia contra las esposas e hijos de los mambises. Estas tensiones entre los cubanos, determinaron la separación de Quesada de su cargo por la Cámara de Representantes, lo que incrementó el distanciamiento de Céspedes, con figuras de ese cuerpo que constantemente lo criticaban, como Rafael Morales García.

Y así la guerra de independencia comenzó a enfrentarse a un gran número de infortunios, aunque la firme voluntad de lucha del pueblo cubano con el sacrificio de muchas vidas valiosas pudo ir prolongando la contienda. Una gestión diplomática en favor de la independencia cubana que falló, fue la iniciativa de Rawlings, el Ministro de Guerra del presidente norteamericano Ulises Grant, el héroe militar de la Guerra de Secesión, que contrariamente a la actitud de indiferencia ante la gesta cubana de sus antecesores en el cargo, apoyó la iniciativa de su ministro. En efecto, Rawlings comenzó, con la cooperación de José Morales Lemus, el representante de la revolución cubana en Nueva York, una gestión con el gobierno español de Prim, para lograr un armisticio en la Isla que propiciaría un plebiscito que, de ser favorable a la independencia, la produciría, mediante el pago de ciento veinticinco millones de indemnización a España, que pagaría el gobierno de la república cubana en armas con la garantía del gobierno norteamericano. Este proyecto, pese a tener al principio la buena acogida de Prim, sorprendido de la ineficacia del poderío militar español ante la osadía y valentía del ejército mambí, fracasó en definitiva, por el intento del gobierno de España de negociar solamente con los Estados Unidos y desconocer a los patriotas cubanos.

Un hecho que produjo un gran daño a la causa independentista fue el proceso que se le siguió a Carlos Manuel de Céspedes, y que en definitiva produjo su destitución. Esto engendró un recrudecimiento en las luchas fraticidas entre los cubanos. Con este doloroso acontecimiento se inició una continua sucesión de presidentes en la república mambisa que destruyó la moral de las tropas, pese a los logros militares que producían los ejércitos en que se destacaban nuestros héroes como Máximo Gómez, Antonio Maceo, Ignacio Agramonte, Calixto García, Flor Crombet, Julio y Manuel Sanguily, Guillermo Moncada y otras figuras dignas de la épica clásica, que alcanzaban en batalla los atributos de los protagonistas de *La Iliada* o *La Odisea*. Bien pronto los antagonismos se reflejaron en el exilio, como se hizo evidente con la división en New York , entre los seguidores de Quesada y Aldama para nombrar el sustituto del estoico Morales Lemus, a la muerte de éste, lo que produjo una deplorable reducción de la ayuda que a la lucha armada brindaba el exilio cubano desde este país.

Pronto los patriotas cubanos sufrían la muerte de tres de las más grandes figuras de esta hazaña portentosa: Carlos Manuel de Céspedes, el Padre de la Patria, e Ignacio Agramonte, el Bayardo de la revolución cubana, manchaban con su sangre la campiña mambisa y Francisco Vicente Aguilera, el más destacado de los triunviros de Bayamo moría en New York, ante la consternación del exilio, pero sus muertes, como la de los miles de cubanos que cayeron en esa gloriosa Guerra de los Diez Años, contribuyeron a consolidar para siempre la conciencia nacional de un pueblo irrevocablemente entregado a la lucha por su independencia.

A estos factores se unieron otros que provenían de los excesos de la intransigencia de la metrópoli: la continuación de la guerra a muerte y sus draconianas sanciones a los familiares de los cubanos que fueran capturados en los campos insurrectos; la injusta ejecución del poeta Juan Clemente Zenea; la violación de todos los principios de Derecho que constituyeron los fusilamientos de los expedicionarios del Virginius y de los estudiantes universitarios de la Escuela de Medicina. Todas estas condiciones conspiraron contra la causa de la independencia cubana y produjeron el pacto del Zanjón, aunque hubo un intento de sostener la guerra, pues como se ha dicho muchas veces, la Protesta de Baraguá fue un esfuerzo de la dignidad cubana de mantener la heroica contienda.

Pero ya el camino de la libertad estaba trazado. La Guerra de los Diez Años conduciría al pueblo cubano a la Gesta de 1895. Ya Enrique José Varona en su conferencia «El poeta anónimo de Polonia»[42] en plena Habana, podía hablar, frente a las mismas autoridades españolas, del derecho de los seres humanos a ser libres y a aspirar que su patria también lo fuera y recibir el aplauso agradecido y desafiante de una entusiasta concurrencia; ya los tonos líricos y ardientes de la oratoria patriótica de José Martí, podían tener emotivas resonancias en sus discursos en los Liceos de Regla y Guanabacoa en la provincia habanera. El proceso de formación de la conciencia nacional que había partido del pensamiento filosófico y político de nuestros fundadores había germinado en una apetencia profunda del pueblo cubano.

Martí con su aliento espiritual volvió a señalar el camino de la redención de Cuba. Con la aportación de los obreros más humildes del exilio cubano, levantó la base económica necesaria para reiniciar la revolución armada, en la que contó con la ayuda de los héroes de la Guerra de 1868. La invasión de Occidente, obra en la que se unió precisamente la capacidad militar de dos de estas figuras epónimas, los Generales Máximo Gómez y Antonio Maceo y el ansia de libertad del pueblo cubano, fue el factor determinante para que a la postre el gobierno español adquiriera la certeza de su inmediato fracaso, aunque aprovechara, por soberbia, la coyuntura de la intervención norteamericana para capitular ante las tropas de los Estados Unidos y no ante el ejército mambí. Pero ya el destino de libertad de Cuba estaba consumado.

---

[42] Enrique José Varona. «El poeta anónimo de Polonia» en *Estudios y Conferencias*. La Habana, 1936, 331-352.

ANTONIO MACEO Y SU TRASCENDENCIA HISTÓRICA

Antonio Maceo y Grajales es una de las figuras fundamentales de la Historia de Cuba. Su vida, dedicada en su integridad a la causa de la independencia nacional, su participación extraordinaria en la epopeya que le dio al pueblo cubano la libertad, la incorruptibilidad ética que caracterizó su conducta cívica, la reciedumbre de su carácter, la valentía personal de que dio muestra en tantas ocasiones, hicieron legendaria su figura y elevaron su jerarquía como hombre y como ciudadano a la categoría de héroe épico.

Antonio Maceo nació en Santiago de Cuba, el 14 de junio de 1845. Provenía de una familia muy laboriosa, que ya había adquirido la casa en que él nació con las ganancias del comercio de su progenitor. La fecha de su nacimiento nos indica que antes de venir Maceo al mundo, ya se había iniciado el lento pero firme proceso de formación de la conciencia nacional en la isla alargada y sufriente que era la perla más preciada de la corona española.

En efecto, el período del gobernador Don Luis de las Casas en los finales del siglo XVIII, trajo a Cuba las nuevas ideas del Iluminismo. Las Casas, hombre de cultura neo-clásica trató de darle participación en las esferas económicas, sociales y culturales a un grupo muy valioso de criollos que, como Felipe Poey, Francisco Arango y Parreño, el Presbítero José Agustín Caballero y otros cubanos de reconocida jerarquía intelectual, se habían destacado en diferentes ramas del saber y que, a pesar de sus logros, habían sido desconocidos, fundamentalmente por su condición de cubanos, por los previos capitanes generales de la isla. Coincidió felizmente, el gobierno de las Casas, con la presencia en Cuba, del Obispo Espada, también un típico representante de las ideas de la Ilustración, que caracterizó su apostolado religioso con una muy meritoria labor de difusión de la cultura europea, saturada de afán de conocimiento y transida de ideas renovadoras.

Aunque los sucesores de Las Casas volvieron a la posición conservadora e intransigente que había caracterizado la gobernación de la metrópoli en la colonia cubana, las consecuencias de esta apertura ideológica de tolerancia se hicieron sentir en la centuria siguiente, pues en ese período, tuvo gran desarrollo la genuina preocupación por el destino de la colonia, de los criollos de la isla. Lo que va a tener fecunda germinación con posterioridad, en Félix Varela Morales, José Antonio Saco y José de la Luz y Caballero, etc., en un proceso que va apuntando cada vez más intensa y claramente a la formación de una conciencia nacional, que forma elites intelectuales cubanas de tan probada devoción patriótica, como las que integran figuras como Carlos Manuel de Céspedes, Ignacio Agramonte, Manuel Sanguily, Enrique Piñeyro, Enrique José Varona y José Martí pero que también fecunda el ansia de libertad e independencia y el amor a la patria de los grandes sectores del pueblo cubano pues influye en los criollos ricos y en la naciente aunque débil clase media, al mismo tiempo que en los estratos más humildes de la sociedad cubana, ya citadinos o campesinos.

Por eso la revolución de independencia de Cuba, aunque iniciada en 1868 por figuras muy representativas del patriciado cubano, se convirtió muy pronto en genuina lucha de todos los sectores más representativos de ese pueblo, lo que fue captado por el genio martiano al fundamentar las bases de la guerra necesaria del 95 en una amplia y comprensiva base popular y democrática. Por eso, Antonio Maceo Grajales, un cubano de clase media baja, de limitada formación académica, pero de una inteligencia natural extraordinaria, que unió a su fortaleza física, a su valentía personal, a su innata comprensión humana, una preclara capacidad analítica, un amor acendrado por su patria, una fe inquebrantable en la moralidad de la causa redentora, pudo convertirse en la figura épica más representativa de la Revolución de Independencia de nuestra patria. Por eso, hoy estamos aquí, en esta Asociación Pro-Cuba de Elizabeth, en una fría tarde otoñal, un grupo de cubanos que tenemos la patria muy vigente en nuestros corazones y en nuestras mentes, conmemorando los ciento siete años de su gloriosa muerte en el Cacahual de San Pedro, tras su vida ejemplar de entrega a Cuba. Por eso estamos aquí, reitero, entibiando nuestras almas desoladas y tristes con el fuego consolador de su inquebrantable fe en el alto destino de su patria, actitud del héroe que todavía nos sigue dando aliento sin límites. Maceo ascendió por su prodigiosa entrega a su patria, peldaño a peldaño, de simple soldado a Mayor General de las fuerzas insurrectas, llegó a ser el Lugarteniente General del Ejército de Liberación de la Revolución Cubana y por su genio militar y su valentía ilimitada realizó esa hazaña bélica que fue la Invasión de la Isla al frente del ejército mambí, desde Baracoa hasta Mantua, luchando con fuerzas militares desproporcionadamente superiores a las huestes con las que contaba.

Antonio Maceo es una figura que reprodujo en la realidad histórica las grandes cualidades que adornaron a los personajes más excelsos que la literatura épica mundial había concebido en el transcurso de los siglos. Tuvo la valentía y la capacidad de hacer hazañas tan portentosas como las de los héroes de *La Iliada* y *La Odisea* de Homero o de *La Eneida* de Virgilio, para aludir a los más altos modelos de las Épica de la Edad Antigua, la griega y la latina; mostró también excepcional calidad ética y profunda sensibilidad humana que en nada reducía su virilidad y su fortaleza de carácter, sino que al contrario, lo dotaba de una dimensión superior, ya que como el Rodrigo Díaz de Vivar, el Mio Cid Campeador del poema épico de la Edad Media española, el gran gladiador en la Guerra de la Reconquista de España de la invasión de los moros, su corazón estuvo siempre lleno de amor por su familia. Recuérdese el famoso verso del Poema del Cid: «de sus ojos llorando, volvía la cabeza e íbalos mirando», en que el autor anónimo de ese poema describe la escena del llanto del gran guerrero cuando al salir al exilio por mandato injusto del rey, solamente le entristecía el hecho de que dejaba atrás, aunque afortunadamente bajo la protección de la Iglesia, en el Monasterio de Cardeña, a su esposa Doña Jimena y a sus hijas Doña Elvira y Doña Sol. Basta aludir a la ternura desbordada de las cartas de Maceo a su madre ejemplar Mariana Grajales o a su dulce y querida compañera de toda su vida, su esposa María Cabrales, recordar su incontenible pesar cuando recibió la noticia de la muerte en combate de su querido hermano José, para poder establecer el paralelo del héroe cubano con el Cid en la escena famosa de su salida al destierro. Pero también Maceo, como los inolvidables Caupolicán y Lautaro, inmortalizados en las páginas de las dos manifestaciones más logradas de los poesía épica renacentista latinoamericana, *La Araucana* de Alonso de Ercilla y Zúñiga y *El Arauco Domado* de Pedro de Oña, supo inspirar su vida en un ideal superior, la defensa de la libertad de su pueblo, entregándose en cuerpo y alma a una lucha épica que tenía como sublime propósito materializar la independencia de la patria en la que había nacido.

Por eso, cuando Carlos Manuel de Céspedes lanza el grito de libertad en su ingenio «La Demajagua» y proclama la liberación de sus esclavos, sentando sobre bases rigurosamente éticas la guerra de independencia que se inicia, Maceo ya era un hombre en que se anidaban al mismo tiempo, dos sentimientos encontrados.

Por una parte el joven Antonio sentía llena su existencia con la alegría de su reciente matrimonio con la mujer que iba a ser el amor de toda su vida, la buena, luchadora, comprensiva, sacrificada, siempre leal y siempre amiga, además de devota amante, María Cabrales. Felicidad que se había agrandado con el nacimiento de una hermosa hija y la tranquilidad y el placer de que su honesto bregar en las labores agrícolas, acrecentaba el patrimonio familiar que, la laboriosidad de sus padres Marcos y Mariana, con la ayuda de todos sus hijos, había hecho que se extendiera de la propiedad del comercio de Santiago de Cuba y de la casa familiar en esa ciudad y ya abarcaba campos de labranza, en zonas muy cercanas.

Es decir, disfrutaba de la paz y la tranquilidad que solamente el amor de una familia unida y una vida de trabajo laborioso puede ofrecer, pero al mismo tiempo, había en su alma sencilla y noble, una angustia que bullía profundamente en la aparente quietud de su vida apacible y fecunda, que surgía de comprender el dolor de su pueblo al que siempre se le supeditaba a leyes encaminadas a proteger los intereses de la metrópoli. De muy joven, había oído las largas conversaciones de su padre, con su padrino, el licenciado Ascencio Asencio y Ayllón sobre el triste destino de Cuba, más tarde, Antonio, ya muy interesado en los asuntos de la patria, se mostraba muy deseoso de escuchar los cuentos de su progenitor sobre lo que hablaba de política con sus amigos cuando éste regresaba de las reuniones de la logia masónica a las que asistía. Su clara inteligencia, sus firmes convicciones morales que una madre tan digna y tan cubana como Mariana Grajales había cuidado en cultivar, le permitían otorgar significativas resonancias a las luchas de Narciso López y a los sufrimientos de los iniciadores y primeros mártires de la revolución de independencia cubana.

Además a Antonio Maceo le dolía en lo hondo, y lo llenaba de indignación y de ira, las extremas condiciones de penuria y abuso a que el régimen esclavista sometía a sus hermanos de raza. El sabía por el ejemplo de sus padres, que el trabajo y el esfuerzo propio podía ser remunerador sin necesidad de claudicar moralmente ni de explotar a otros seres humanos y no entendía cómo se podía justificar la degradación a que estaban sometidos los sufrientes negros esclavos ni cómo se podía despojar a nadie de esa libertad, que él sentía tan adentro de sí, de esa maravillosa sensación de ser libre que lo lanzaba a deambular por el hermoso campo cubano, que lo impelía a disfrutar del lujurioso verde de nuestras praderas y de la dulce intimidad a que nos incita el incomparable azul de nuestro cielo.

Esa sabiduría espontánea que le había dado su carácter abierto y cordial, con el que se había asomado a la vida de muchos amigos y conocidos, esa sobriedad ética que era valioso legado del hogar de los Maceos, esa capacidad analítica, que Dios le había otorgado al nacer, a las que se unía una fe fervorosa en el destino de su causa, serían muy valiosos elementos de su extraordinaria dimensión cívica pero por otra parte constituirían sustanciales factores que lo ayudarían en su prodigiosa carrera militar a los que se uniría una extraordinaria intuición que siempre se hizo patente en los acaeceres de la guerra y una valentía excepcional que nunca fue osadía irresponsable porque como buen comandante tuvo siempre en cuenta la seguridad de los hombres bajo su mando.

Antonio Maceo fue un militar disciplinado que tuvo conciencia de que el respeto a las leyes de la república en armas eran consustanciales al triunfo definitivo de los ideales separatistas. Su experiencia bélica bien pronto le hizo patente que el excesivo poder que disfrutaba el Poder Legislativo de acuerdo con los postulados de la Constitución de Guáimaro podía poner en peligro, por las vacilaciones que producía en las direcciones señaladas por el gobierno civil a la dirigencia militar, el feliz desenvolvimiento de la guerra, pero se limitó como buen soldado a cumplir las órdenes recibidas y cuando las diferencias de orientaciones ideológicas se hicieron más intensas, más se concentró en la lucha, pues sabía que en esos momentos históricos, eran las victorias militares de los cubanos, los únicos medios de hacer prosperar el ideal libertario y que el exceso de divisiones, de luchas personales, de diferencias y suspicacias regionalistas estaban condenando al proceso revolucionario a un triste fracaso.

Aprendió de la experiencia y el genio militar de Máximo Gómez, pero con respeto supo discrepar de él y convencerlo con las razones adecuadas cuando resultó necesario, como sucedió en la campaña de Guantánamo en la Guerra de los Diez Años, durante el ataque al cafetal «La Indiana», pues al ordenar Gómez, el retiro de las tropas cubanas, dada la feroz resistencia que los mambises estaban sufriendo, Antonio Maceo, le mostró al General que debían continuar la ofensiva pues se temía que la avanzada cubana que había penetrado en el campo enemigo, no pudiera obedecer la orden de retirarse porque tenía muchos heridos, entre ellos, su hermano José y logró con su batallón, después de tener la autorización de Gómez, el triunfo en esa batalla y con ello, no sólo se ganó la batalla sino que se pudo rescatar a José y sus compañeros de lucha.

Las hazañas de esa prolongada y famosa campaña de Guantánamo le valió a Maceo que Máximo Gómez designara al joven coronel, en reconocimiento a su talento militar y a su probada valentía, jefe de las operaciones y diera cuenta de sus grandes logros al gobierno. El Presidente Carlos Manuel de Céspedes escribió una hermosa carta a Antonio Maceo y después al conocerlo personalmente, quedó impresionado por su juventud, genuino candor y responsabilidad, a tal punto que un poco tiempo después, al tener grandes discrepancias con el General Gómez, ocasionadas en gran parte por diferencias políticas y en no pequeña medida, por las asperezas ocasionales del gran estratega dominicano, lo destituyó y nombró a Antonio Maceo, como su sustituto temporal, creándole al joven coronel un conflicto moral extraordinario, que lo turbó en extremo, pues se sentía vacilar entre declinar la encomienda de sustituir a Máximo Gómez, dado la devoción, afecto y agradecimiento al viejo general que tanto le había enseñado y que con tanta distinción siempre lo había tratado, y el deber de aceptar el nombramiento del Presidente, debido a su carácter temporal, pues como militar sentía que debía cumplir las órdenes de la más alta autoridad de la República y facilitar de esa manera, para el beneficio de la guerra, la rápida y ordenada transmisión del alto mando. Maceo, en definitiva hombre respetuoso del Derecho, con profundo dolor acató la orden de Céspedes y sustituyó al admirado y venerable amigo, hasta que en menos de dos semanas, pudo al fin, entregar el cargo a quien iba a sustituir definitivamente a Gómez, el laureado general Calixto García, bajo cuyas órdenes continuó Maceo su triunfal campaña de Guantánamo. García, como su antecesor Máximo Gómez, admirado por la valentía, la responsabilidad y el talento militar de su joven y brillante asistente, también lo ascendió, en esta ocasión a Brigadier General.

Maceo pues, fue un militar que siempre trató de mantenerse al margen de las divisiones sectarias. Así vemos lo alejado que se mantuvo, cuando se produjo la destitución del Presidente Carlos Manuel de Céspedes con motivo de sus discrepancias políticas con el Poder Legislativo. Maceo, creía firmemente, y ahí está su epistolario que lo confirma plenamente, que las condiciones en que se desenvolvía la guerra, exigían un fuerte Poder Ejecutivo que tuviera estrecha relación con los jefes militares y dejaba para después de lograda la independencia y la plasmación en la paz, el establecimiento del equilibrio de poderes en la nueva república, pero al propio tiempo, creía que su deber como jefe militar en esas difíciles circunstancias era concentrarse más en la lucha armada porque se daba cuenta que todos estas discrepancias políticas, que entrañaban luchas irreconciliables y enfrentamientos de diferentes criterios, conspiraban muy negativamente al desarrollo de los propósitos bélicos. Igual conducta observa en la sedición de Las Lagunas de Varona. Antonio Maceo se mantiene otra vez al margen, su preocupación vuelve a concentrarse en luchar contra el enemigo. Para él, los intereses supremos que había que proteger eran la estabilidad de la república en armas y el triunfo futuro de la guerra de emancipación.

Esa conducta de rigurosa responsabilidad, esa grandeza espiritual, esa entrega absoluta a su patria, esa valentía personal que tanto lo caracterizó, ese talento guerrero, fue reconocido por la Revolución independentista y ya en 1878, antes de que terminara la guerra, fue ascendido a Mayor General. Con la Protesta de Baraguá, él representó la digna intransigencia cubana frente al Pacto del Zanjón, constituyó su patriótica conducta el último reducto de rebeldía cubana. Fue su protesta, históricamente, un mensaje que nos llega a través de un siglo y que nos dice a los cubanos de hoy que sólo manteniendo la fe en la justicia de nuestra causa, el pueblo cubano sufriente y abandonado, puede triunfar; que solamente rechazando claudicaciones y diálogos deshonrosos e infecundos con los actuales intransigentes e ilegítimos gobernantes marxistas de Cuba, la causa cubana puede avanzar, porque nada verdadero y fecundo puede surgir de los mismos; que únicamente levantando el espíritu de lucha y logrando la unidad, el pueblo cubano podrá recuperar la república que nos legó el machete glorioso de Antonio Maceo.

El exilio de Antonio Maceo fue de constante bregar, primero para continuar la guerra, después para reiniciar la cruzada de independencia, que para él había sido interrumpida pero nunca perdida. Se había perdido la guerra, pero la llama que consumía el alma del titán de bronce no se apagó sino que con la derrota, explotó como una erupción volcánica y lo incitó a iniciar lo que sería un largo, triste, angustioso pero fecundo peregrinar para volver a encender el fuego en otras almas cubanas, más débiles, menos saturadas del gran amor patrio que vibraba en lo profundo del ser del hijo primogénito del matrimonio de Marcos y Mariana.

Sufre dolores y sinsabores en su recorrido por las islas antillanas. Solamente la República Dominicana bajo la presidencia de Luperón es remanso de acogida en su triste peregrinar. Va a Honduras como a Panamá para ganar el pan de su familia pero, esté donde esté, su mente, su alma, estará siempre en Cuba. Participa en numerosos proyectos emancipadores, tiene discrepancias con Martí, a quien le admira su devoción cubana, el fuego purificador de su palabra enardecida, la brillantez y sinceridad de sus misivas, pero de quien discrepa en ese afán del apóstol de suprimir de inicio en la nueva república, el mal del caudillismo que, según Martí, enfermaba y consumía «nuestras dolorosas hermanas repúblicas de América», ya que Maceo creía sinceramente que tal criterio podía conllevar la reproducción en la nueva república en armas, de las divisiones y luchas interiores que según él, habían sido las causas del fracaso de la Guerra de los Diez Años. Después surgen discrepancias entre Maceo y Máximo Gómez pero, cada revés que se sufre, cada intento de liberar a Cuba que fracasa, si bien en muchos produce horribles desalientos, es para Antonio Maceo, motivo para iniciar nuevos proyectos.

Al fin, la revolución que concibe Martí avanza apoyada por las clases más humildes del exilio, que separan de sus mínimos ingresos sus contribuciones para la gran causa de la libertad cubana y Antonio Maceo, con su grandeza moral de siempre, olvida sus pasadas diferencias con Martí y con Gómez y se une a la revolución redentora. Sin tener en cuenta que se desconoció su jerarquía, Maceo obedeció la orden del Apóstol de la libertad de Cuba, aunque ésta lo hirió profundamente y se embarcó en la goleta *Honor*, en la expedición que comandaba no él, sino Flor Crombet, a quien Martí había designado, por circunstancias que están muy ligadas a la mayor posibilidad que tenía Crombet para llevarla a cabo. Y es con esta expedición, con la que Maceo desembarcó al fin en Cuba y se incorporó a la lucha de independencia

La participación de Antonio Maceo en la Guerra de 1895 vuelve a perfilar la figura del héroe épico que ya había trazado su ejecutoria en la contienda de 1868. Maceo sigue siendo el soldado respetuoso de la norma jurídica y de la legítima autoridad, pero ahora ya es el Mayor General Antonio Maceo Grajales. Su brillante carrera en la pasada guerra, lo había convertido en el famoso Titán de Bronce, héroe y gloria de la patria. Su posición descollante como una de las grandes figuras de la Revolución le obligan a no callar en lo que considera problemas fundamentales en la organización del proceso revolucionario aunque leal siempre a los supremos intereses de la patria, acate en toda ocasión las disposiciones de las más altas autoridades de la República. Si en la reunión de la Mejorana discrepa con vigor del planeamiento de amplia base democrática que Martí sueña para la república en armas, al día siguiente, cuando Martí y Gómez se encuentran con él en su campamento, el diálogo es reflexivo y orientador.

Unido a Máximo Gómez, asombra al mundo con la extraordinaria invasión en que recorre portentosamente la isla desde Baraguá en el extremo este de la provincia de Oriente hasta el pueblo de Mantua, el municipio más occidental de la provincia de Pinar del Río y en su consecuencia, de la isla. Realizaron la hazaña con apenas unos cuatro mil hombres y recorrieron un territorio de más de mil setecientos kilómetros donde trataron de interceptarles el paso, innumerables divisiones de un ejército que excedía a los doscientos mil soldados y llevaron a cabo tan extraordinaria epopeya en sólo noventa y dos días. El nombre inmortal de Antonio Maceo quedó en la historia unido a sus grandes éxitos militares, Mal Tiempo, Coliseo, Calimete, Ceja del Negro. Su brillante triunfo militar no lo pudo contener ni la famosa trocha militarmente fortificada de Júcaro a Morón, ni la de Mariel a Majana.

Lograda la invasión, permaneció en Pinar del Río con el objeto de separar las numerosas divisiones españolas pues los generales de la corona se veían con ello obligados a distribuirlas en todo el territorio de la isla, que ya formaba parte en su integridad de la Cuba irredenta y realizó en la provincia más occidental otra triunfadora campaña contra tropas enemigas inusitadamente superiores. Dejando su ejército bajo la dirección de muy fieles y aguerridos subalternos burló, con un pequeño grupo de sus más cercanos ayudantes y soldados, la trocha de Mariel a Majana pasando en un pequeño bote por la misma entrada del puerto de Mariel, a pocos pasos del torreón militar que protegía el lugar. Reagrupó las fuerzas mambisas de la Habana y cuando se aprestaba a atacar la ciudad de Marianao para llamar todavía más la atención de la prensa y de la opinión internacional –que después de la Invasión y de sus grandes éxitos militares se concentraba en la guerra de independencia cubana– cayó mortalmente herido en un lugar conocido como el Cacahual de San Pedro. A su lado, intentando recuperar su cadáver, murió también su ayudante, Panchito Gómez Toro, el hijo del general Máximo Gómez.

Su sangre fecundó la tierra de su patria. Había perdido la revolución su más formidable adalid. Su cadáver, no reconocido por los españoles, fue sepultado en lugar secreto por los atribulados mambises para salvar sus reliquias para su pueblo, que en la república fijaría el aniversario de su muerte como el día de duelo nacional y que convertiría su tumba levantada en El Cacahual de San Pedro, en lugar de peregrinación ética y de devoción patriótica.

El General Antonio fue ejemplo de inquebrantable amor a Cuba y su significación alcanza la categoría de fundador de la patria. Siempre su supremo interés fue el mantener con todo vigor la lucha armada porque sabía que la libertad de su pueblo, la independencia de su patria, tendría que depender solamente de la firme voluntad de los cubanos y no de ningún interés extranjero. De ahí su correcta posición mantenida durante las dos guerras de independencia de alejarse de toda polémica o discrepancia puesto que creía firmemente que al polarizarse las facciones en el campo insurrecto o en el exilio, lo que en definitiva hacían era debilitar las causa cubana, en cuanto a la isla, reduciendo la moral de la tropa y creando una atmósfera de derrota y frustración y en referencia al exilio, disminuyendo el apoyo económico de la emigración para el envío de expediciones con los correspondientes suministros de armas y soldados, que tanto necesitaba la revolución para continuar la lucha. Su preclara inteligencia, grandeza de alma y probado amor a Cuba le hicieron comprender que dada su jerarquía histórica, la interesada propaganda de la metrópoli estaba preparada para utilizar la pigmentación de su piel con el objeto de intentar desvirtuar al genuino movimiento independentista y calificarlo como una sectaria guerra racial. Sufrió incluso el prejuicio de determinados sectores de su propio pueblo, pero, Maceo, consciente de la significación histórica de lo que él representaba con su triunfo y el reconocimiento que disfrutaba, para los sentimientos de fraternidad e integración democrática en que debía asentarse la patria, aunque nunca abandonó la defensa honesta y luminosa de la gente de su raza y denunció con valentía lo que de negador de la esencia humana había en el régimen esclavista, tuvo en lo personal, tolerancia extrema y sufrió con dignidad los ataques solapados y cobardes, que realmente originaban, el prejuicio, la envidia y la intransigencia

En estos terribles momentos que vive la patria, en que nuestras libertades han desaparecido; en los que Cuba sufre un dictatorial régimen que incluso violó nuestra soberanía, sometiéndose vilmente a una potencia extranjera; en estos aciagos tiempos en que la sangre de nuestros mártires se ha vertido nuevamente; en los que, como a finales de la centuria decimonona, miles de cubanos sufren prisión por el sólo delito de atreverse a hablar y pensar sin hipocresía; en los que el exilio, a pesar de los años transcurridos en la cruenta lucha, sigue pensando en la patria y por tanto la mantiene vigente, el recuerdo de la figura venerable y señera de Antonio Maceo adquiere todavía una mayor significación. Aprendamos en su ejemplo esclarecedor, bebamos en el manantial de su fe patriótica, inquebrantable y firme aún en los momentos más angustiosos de su existencia y sigamos luchando cada uno en la medida de su fuerza, cada uno por los medios a su alcance, con la confianza de que nuestra patria, volverá a ser en un futuro, sea cual fuere el sacrificio que su pueblo tendrá todavía que efectuar, la tierra de libertad, amor y fraternidad para todos los cubanos, que la vida de ésa, nuestra gran figura épica, nuestro venerado Titán de Bronce, nos legó. En definitiva, ningún dictador de ocasión, ni ninguna falsa teoría negadora de la esencia espiritual del ser humano, podrá impedir que se cumpla nuestro destino histórico.

GERTRUDIS GÓMEZ DE AVELLANEDA A LA LUZ DE LA CRÍTICA DE ENRIQUE JOSÉ VARONA

I. Los trabajos de Varona sobre la Avellaneda

Enrique José Varona, el destacado crítico cubano, estudió a Gertrudis Gómez de Avellaneda en un artículo de fecha 1º de febrero de 1883 publicado en la revista *Palenque literario*[43] con motivo de la muerte de la insigne poetisa y en un discurso[44] pronunciado en el teatro Payret de La Habana el 23 de mayo de 1914, con ocasión del centenario de su nacimiento. El trabajo de 1883 ha sido prácticamente desconocido por la crítica, mientras que el discurso de 1914 ha merecido una mayor atención. Aunque en el estudio del 83 encontramos ciertos matices que denuncian la perspectiva positivista, es innegable que es en el discurso de la Universidad donde Varona realiza el análisis de la vida y la obra de la Avellaneda siguiendo con cierta rigurosidad el método positivista que fue tan sustancial a su labor crítica. La conferencia, pues, constituye uno de los más notables ejemplos de la crítica positivista en Hispanoamérica.

II. El artículo de 1º de febrero de 1883

En este estudio Varona comienza por subrayar la oscuridad que rodeó la muerte de la destacada poetisa y el contraste que esto representaba con una vida tan llena de gloria y de laureles. Ese silencioso apagarse de una existencia tan mimada por la fama, hacía a Varona meditar sobre las «vicisitudes humanas» y destacar que ese fin estaba en concordancia con su vida tan extraordinaria.

---

[43] Enrique José Varona. «Gertrudis Gómez de Avellaneda». *El Palenque literario*. La Habana. Tomo IV. Núm. 4, 76-78.

[44] Enrique José Varona «Sobre la Avellaneda». *Estudios y conferencias*. La Habana. Edición oficial, 1936, 423-437.

El crítico cubano señaló la terrible lucha que la Avellaneda tuvo que afrontar desde niña a consecuencia de su afición excesiva al teatro y a la poesía, lo que conllevó que tuviera que enfrentarse a la oposición de los suyos. Destacaba el hecho de que la poetisa provenía de una antigua familia de Puerto Príncipe de principios de siglo y que sus parientes «trataron por todos los medios a su alcance, de torcer el rumbo de su actividad intelectual, confinándola en los estrechos límites de la educación que por aquel entonces recibían en su pueblo natal las jóvenes de su clase».[45] Esta referencia de Varona nos trae el recuerdo de la famosa «Respuesta a Sor Filotea de la Cruz» donde Sor Juana había planteado el conflicto que experimentaba un naciente talento femenino ante las costumbres y tradiciones que pretendían negar a toda mujer el cultivo de su inteligencia.[46]

Nuestro crítico ve surgir de ese conflicto inicial de la vida de la poetisa cubana, extraordinarias y constantes consecuencias pues su carácter ofreció siempre una mezcla de cualidades contrapuestas que la llevaron desde «los arranques más vigorosos al desfallecimiento más completo».[47] Su vida –que fluctuó entre la opulencia de los salones, los amores impetuosos pero desgraciados y su propensión a la exaltación religiosa– da la clave a Varona para comprender por qué la «Avellaneda fue antes que todo y sobre todo un insigne poeta lírico».[48]

Varona vio en la capacidad de la Avellaneda de impresionarse enérgicamente por las cosas grandes, algo de temple masculino. Es decir, encontró en la impetuosidad de su carácter una vecindad con la energía varonil así como en su volubilidad, el predominio de su feminidad. Tal contraste lo resume en una frase: «De ahí el vigor de su

---

[45] Enrique José Varona, Op. cit., 76.

[46] Varona fue muy sensible a esa tragedia femenina y en más de una ocasión su pluma salió a la defensa del derecho de la mujer a su completo cultivo intelectual. Fue en su tiempo un defensor del naciente movimiento femenino. Recuérdese tan sólo su discurso de ingreso a la Academia Nacional de Artes y Letras de Cuba en 1915. Véase Enrique José Varona. *Textos escogidos.* (Edición de Raimundo Lazo). Mexico. Editorial Porrúa, 1968, 61-62.

[47] Enrique José Varona. Op. cit., 76.

[48] Enrique José Varona. Ibid., 77.

expresión y la vaguedad de su sentimiento».[49] Para Varona, la forma de sus versos es siempre espléndida, magnífica; la entonación, épica; la versificación, con sonoridad de bronce; los asuntos, grandiosos: «las revoluciones de los imperios, el triunfo del cristianismo, las fuerzas prepotentes y misteriosas de la naturaleza, la gloria y el genio del hombre vencedor por la virtud y la inteligencia».[50]

En este trabajo Varona emite un juicio que reproduciría casi textualmente treinta y un años después en su ya aludido discurso de la Universidad de La Habana. Dijo así: «la Avellaneda cultivó casi todos los géneros literarios, y si no sobresalió igualmente en todos, ha podido mostrarse a la altura de los más notables poetas castellanos de nuestra época en la poesía dramática y casi sobrepujarlos a todos en la lírica».[51] En resumen, nuestro crítico está afirmando en 1883 lo que reproduciría en 1914, o sea, que la Avellaneda fue en su tiempo el primer poeta lírico de la lengua castellana. El hecho de que tres décadas separen esos trabajos indica claramente cuán firme era su convicción acerca de la excelencia de la gran poetisa que, como él, naciera en el legendario Camagüey.

El análisis de ese trabajo permite apreciar cómo en el mismo ya se encuentran esbozados elementos que después desarrollaría muy adecuadamente en su conferencia de la Universidad. Aquí asoma la influencia taineana en la evaluación que hace de la repercusión del ambiente y de la época en la obra de la Avellaneda; también está, aunque solamente apuntado, el criterio psicobiográfico de Sainte-Beuve; además aparece la comparación de la Avellaneda con grandes figuras femeninas de la literatura universal.

III. El discurso de 23 de mayo de 1914. Evaluación en función del criterio sociológico de Taine

Comienza Varona su estudio con un recuento autobiográfico, haciendo confesión de que fueron los versos de Doña Gertrudis los

---

[49] Enrique José Varona. Ibid., 77.
[50] Enrique José Varona. Ibid., 77.
[51] Enrique José Varona. Ibid., 78.

que le iniciaron en una nueva existencia, la existencia del arte. Pero después de describir su deslumbramiento de adolescente ante la obra de la poetisa, inicia la evaluación de la escritora siguiendo el método sociológico que preceptuara Hipólito Taine en su famoso prólogo a su no menos conocida *Historia de la Literatura Inglesa,* que es considerado, con razón, el fundamento teórico del método positivista. Señala el crítico cubano que todo ser humano es el producto en todas sus manifestaciones íntimas o externas, de dos factores: el que en sí lleva y el del mundo que lo rodea. Está aludiendo, cuando menciona el factor personal a la herencia, a la raza, a la que se refería Taine. En el factor ambiental incluye los otros dos apuntados por Taine, el medio y la época. Por tanto, para comprender a la Avellaneda es forzoso fijarse, afirma Varona, en esos importantes y decisivos elementos de su personalidad.

A continuación procede nuestro crítico a analizar el factor externo y aquí estudia no sólo el medio, la ciudad de provincia, Camagüey, y el país, Cuba, en donde vivió la insigne poetisa sus primeros veintidós años; y España, en donde transcurrió fundamentalmente el resto de su vida, sino también la época, la primera mitad del siglo XIX.

Reconoce que el momento histórico en que nació la Avellaneda es extraordinariamente interesante, pero subraya que el haber venido al mundo ésta en una ciudad mediterránea de Cuba, le representó un alejamiento de las grandes transformaciones que se verificaban en el mundo, ya que en aquel momento Puerto Príncipe, que así se llamaba todavía Camagüey, no se encontraba enlazada con las costas de la isla, ni tan siquiera por vía férrea. Varona destaca la diferencia sustancial que en aquella época caracterizaba a las más avanzadas ciudades del litoral cubano y las ciudades internas como Camagüey.

Nuestro crítico analiza la procedencia familiar de la Avellaneda. Pertenecía, dice, por parte de su madre a vieja familia de solar camagüeyano, de la que hubo heredado principios y sentimientos que tuvieron destacada significación en su vida. A esta circunstancia añade Varona la desfavorable posición en que se encontraba la mujer en ese ambiente para lograr su superación intelectual, ya que a su pesar, el gran crítico cubano reconoce que estaba muy atrasada la instrucción de las camagüeyanas en esos años. A ello se unía otro factor condicionante, la vida de la Avellaneda se desarrolla, dice Varona, sufriendo la acción constante y deletérea de aquella terrible institución social que fue la esclavitud de la raza negra en Cuba.

Nuestro crítico subraya lo poco propicio que resultó el ambiente en estos primeros veintidós años de su vida, ya que sólo encontraba en ese período la raíz del íntimo fervor religioso que parte tan notable había de tomar después en los grandes momentos de su vida. También reconocía que fue en su adolescencia y juventud cuando fueron depositándose en su espíritu las primeras manifestaciones de la repulsión, del horror a la esclavitud que como muy bien señaló se haría patente en su novela *Sab* a la que calificaba de una de las más celebradas obras de la destacada escritora.

En efecto, en la novela, *Sab*, su protagonista, el joven mulato esclavo, representando la generosidad y nobleza de ser humano, sirve para poner de manifiesto las iniquidades que la esclavitud conllevó y su secuela de injusticia, dolores y amarguras. Juan J. Remos[52] ha sostenido que en estricto sentido no se trata de una novela abolicionista pues el protagonista no es la encarnación de la protesta, pero es indudable que toda la obra está cargada de un subyacente mensaje de condenación para el sistema esclavista. Téngase en cuenta que todo el régimen social y económico de la Cuba de la época descansaba fundamentalmente en la vigencia de la esclavitud, esa organización cargada de barbarie que sólo podía mantenerse por medio de la violencia y el miedo. Régimen que originaría las insurrecciones de esclavos de 1839 a 1845, surgidas pocos años después de la salida de la Avellaneda de la isla pero que ponían bien a las claras, por la existencia del estado de rebelión de los esclavos y por la cruenta represión a que fueron sometidos los rebeldes, los factores ambientales que tan hondamente hirieron la sensibilidad de Doña Gertrudis. Se trataba de una realidad dolorosa que se convertía en materia literaria, ya fuera en el soneto «El Juramento» de Plácido, ya en los perfiles antiesclavistas de las novelas *Francisco* de Anselmo Suárez Romero, *Cecilia Valdés* de

---

[52] Juan J. Remos. *Historia de la literatura cubana.* (Miami: 1945. Vol. II), 152.

Cirilo Villaverde y la propia novela *Sab* de la Avellaneda a la que hemos aludido previamente.

En cuanto al fervor religioso, que tiene sus raíces según Varona en esta primera parte de su vida, hubo de manifestarse muy ampliamente en la obra poética de Doña Gertrudis. Tres años antes del discurso de Varona ya Menéndez y Pelayo[53] había señalado, entre las principales fuentes de inspiración de la Avellaneda, el amor divino. Baste sólo mencionar entre las numerosas poesías religiosas de la gran poetisa «Canto triunfal», «A la Ascensión», «Miserere», «Las Siete Palabras y María al pie de la Cruz», «Dios y el Hombre», «Soledad del alma» y su famosa «Dedicación de la lira a Dios». Todas ellas, sin ser poesías místicas, expresan su devoción religiosa.

Pero volvamos al estudio de Varona. A continuación de evaluar los factores condicionantes de la primera etapa de la vida de la Avellaneda en Cuba, éste realiza el análisis de los que condicionaron la segunda fase que transcurre medularmente en España, pues como se sabe sólo regresó a Cuba una, vez, permaneciendo en la isla por un corto tiempo (1859 a 1863). Destaca Varona la impresión que en la sensible muchacha tuvo que producir el cambio de ambiente cuando a los veintidós años abandonaba Camagüey y se trasladaba a España. Nuestro crítico procede a realizar una evaluación de la España del momento en que la Avellaneda arriba a sus costas, haciendo notar que su llegada coincide con un momento singularmente crítico de la historia política y social de España. Desde luego está aludiendo a los conflictos surgidos en ocasión de la muerte de Fernando VII, que producirían la primera guerra carlista. La dinastía española, afirma el crítico cubano, había sufrido una gran sacudida y surgía la convicción en los españoles de que podían. aliarse las instituciones a las que todavía rendía culto el pueblo, con las nuevas ideas que llegaban un poco retrasadas a España, pero que contenían un mensaje de libertad.

Claro que todos estos cambios habrían de reflejarse en la literatura. Varona alude a la gran influencia que estaba produciendo el romanticismo, al que conceptuaba no sólo como movimiento literario, sino

---

[53] Marcelino Menéndez y Pelayo. *Historia de la poesía Hispanoamericana.* (Madrid 1911. Tomo I), 268.

como gran movimiento de ideas que había penetrado en España y conmovía todas las conciencias y abría nuevos y espléndidos horizontes al país. Por ello destaca que nunca pudo presentarse a un espíritu nuevo y ansioso de luz, de nuevas ideas, de nuevos horizontes, como Doña Gertrudis, una situación más admirablemente adaptada a moverla hondamente y apasionarla. En fin, que el romanticismo produjo en la Avellaneda una impresión singular desde el punto de vista literario.

Aquí Varona hace una salvedad, pues nos habla que la influencia del romanticismo en la Avellaneda está limitada a ciertos aspectos de su obra literaria, es decir, a la forma y no al fondo de la misma. Dice textualmente:

> Porque si en la forma podemos reconocer la impresión indeleble de esta doctrina, no así en el fondo, en que continúa todavía visible en ella la tradición de la vieja poesía castellana que en sus versos sonoros se robustece y se acendra.[54]

Cabe preguntarse, sin embargo, si Varona ha pasado por alto el hecho de que el romanticismo tendía a una temática tradicional para hacer la afirmación precedente. En defensa del eminente crítico cubano hay que señalar que éste estaba muy consciente de que en el romanticismo se amalgamaban la renovación en la forma y la vuelta a una temática tradicional, y existen textos de Varona que corroboran esto plenamente, pero de todas maneras se trata de una afirmación no debidamente fundamentada.

IV. El aporte del criterio psicobiográfico de Sainte-Beuve

Sentadas las bases de lo que el crítico cubano llama la atmósfera literaria en que según él se vigorizó el portentoso genio de la Avellaneda que ya se anunciaba, éste entra a considerar las condiciones personales de la poetisa. Aquí aporta al estudio el criterio psicobiográfico de Sainte-Beuve con lo que no hacía más que seguir los cánones preceptuados por la perspectiva positivista.

---

[54] Enrique José Varona. Op. cit., 428.

Recuérdese al efecto que Hipólito Taine en su aludido prólogo a su *Historia de la Literatura Inglesa,* reconoció la importancia que el método psicobiográfico de Sainte-Beuve tenía en el propósito por el propio Taine asignado a la crítica literaria de encontrar al hombre íntimo que palpitaba dentro del hombre visible y de su obra. En efecto, Taine se consideró a sí mismo discípulo de Sainte-Beuve y muy a las claras señaló las deudas que su método crítico tenía con las ideas de Stendhal y Sainte-Beuve.[55]

Desde este punto de vista señala Varona como nota clave de la personalidad de la Avellaneda su carácter profundamente apasionado. Esta, afirma, es una escritora en prosa o en verso, en quien palpita siempre un profundo sentimiento. Ese fondo pasional, dice el crítico cubano, se manifestaba en su orgullo y en su religiosidad. También señala que las mayores de las grandes crisis de su vida estaban representadas por esa divergencia de sentimientos, por la pugna de ambos y por la alternada victoria de unos sobre el otro. Además nuestro crítico subraya el gran conflicto de su vida cuando indica que un profundo dominador sentimiento de amor llenó casi toda su juventud, de amor –dice– por un hombre frío si no indiferente, que miraba con temor y a veces con reconcentrada desconfianza de sí mismo, la superioridad inmensa de la mujer que amaba.

En resumen, pese a la vida apasionada de Gertrudis Gómez de Avellaneda, pese a los amores casi adolescentes en la provinciana Camagüey, a los compromisos matrimoniales rotos, a los dos matrimonios, a su amor tormentoso por el poeta Tassara, fue su amor por Cepeda la fuente inspiradora de gran parte de su poesía amorosa. Hecho que Ramón Gómez de la Serna también reconoció cuando en su prólogo a una antología poética de la Avellaneda señaló que la mirada de ese hombre, Cepeda, actuó como alimento y acicate de su inspiración durante toda su existencia.[56]

Esta situación vital se refleja en la obra poética de la Avellaneda ya que, según Varona, muchas de las efusiones que presenta la obra de

---

[55] Hipólito Taine. *History of English Literature.* (New York: 1965. Vol. I), 10.

[56] *Gertrudis Gómez de Avellaneda. Antología.* Prólogo y edición de Ramón Gómez de la Serna. Espasa Calpe. Argentina, S. A. Buenos Aires, 1945, 10.

ésta no son producto del artificio literario, sino que constituyen genuinas expresiones de la profunda y verdadera pasión que la dominaba. Ese carácter hondamente apasionado es un elemento sustancial de acuerdo con su opinión, para su excelencia como poetisa lírica.

En efecto, una revisión, aunque sea muy panorámica, de su poesía amorosa confirma las afirmaciones del crítico cubano. Baste citar sus dos poemas titulados «A él», que por contraste se inician, uno, con un típico canto al despertar romántico: «En la aurora lisonjera / de mi juventud florida», y el otro con un profundo acento de desilusión: «No existe lazo ya / todo está roto», pero en los que se reflejan el dolor y la amargura que conlleva la vida amorosa de la poetisa; dolor presentido en el primero de los poemas aludidos y expresado angustiosamente en el segundo. Tanto estos poemas como su famoso «Amor y orgullo» están llenos de resonancias autobiográficas. En ellos, como en su soneto imitando a Safo y en sus Elegías, se reflejan las pasiones y los dolores de su vida.

V. Importancia literaria de la Avellaneda según Varona

Varona continúa su conferencia exaltando el genuino lirismo de Doña Gertrudis y aunque reconoce que lo que va a decir pudiera resultar apasionado o exagerado, incurre en generalizaciones donde sobreestima la grandeza lírica del siglo XIX de tal manera que produjo una respuesta de Pedro Henríquez Ureña[57], en la que el destacado crítico dominicano salió a la defensa de la lírica del Siglo de Oro. Claro que un estudio de la obra de Varona revela su gran estimación por la lírica y el teatro del Siglo de Oro, pero no hay dudas que, contrariamente a la objetividad que caracteriza su obra crítica, las afirmaciones en cuestión resultaban –como él mismo presintió que pudieran considerarse– exasperadas y apasionadas.

Pero independientemente de las repercusiones de este aspecto de la conferencia, lo que interesa destacar aquí es lo que ya dijimos al estudiar el artículo de 1883, es decir, la gran apreciación que nuestro crítico exhibió por la poetisa cubana, de la que, comparándola con

---

[57] Pedro Henríquez Ureña. «En defensa de la lírica española». *El Figaro*. La Habana, 1914. XXX, 20, 235.

Quintana y Espronceda, dice que ninguno le excede y ella en muchos puntos los supera, ya que considera su escala afectiva más rica y flexible.

Varona también comparó a la Avellaneda con tres destacados poetas hispanoamericanos, Heredia, Bello y Olmedo, y aunque reconoce los méritos de aquéllos, considera que como poeta lírica la Avellaneda los supera a los tres. Concluyendo esta parte de la conferencia afirma: «Por eso me he atrevido a decir, y porque traduce perfectamente mi creencia, que es en su tiempo la Avellaneda el primer poeta lírico de la lengua castellana.»[58] Palabras que, como también ya hemos señalado, reflejan el producto de una convicción y no una mera exaltación oratoria y que repetiría casi textualmente cuatro años más tarde, con ocasión de su conferencia sobre Luisa Pérez de Zambrana, en donde hizo referencia a la Avellaneda calificándola como la más excelsa poetisa que ha vertido sus rimas en lengua castellana.[59] Este criterio preludia el proceso de revalorización de Doña Gertrudis que siguió a la etapa de olvido en que la obra de ésta había caído.

La última parte de la conferencia estuvo dedicada a subrayar los méritos de la escritora cubana como dramaturga, considerando que estaba en primera línea entre los poetas dramáticos de su tiempo y que era muy excepcional su posición entre las mujeres que antes y después han llevado sus obras a la escena. Por último nuestro crítico comparaba a la Avellaneda con otras grandes mujeres que ocupan un lugar destacadísimo en la literatura universal como son las novelistas Aurora Dupin y María Ana Evans, más conocidas por sus seudónimos, George Sand y George Eliot y las poetisas Ackermann y Browning.

El discurso, al mismo tiempo de representar el reconocimiento de las grandes calidades literarias de la poetisa cubana por una gran figura de la intelectualidad hispanoamericana, en momentos en que la crítica literaria había tendido un manto de silencio sobre la obra de Doña Gertrudis constituyó, como apunté al principio, uno de los

---

[58] Enrique José Varona. Op. cit, 431.

[59] Enrique José Varona. «La más insigne elegíaca de nuestra lengua», 441.

estudios más importantes de la crítica positivista en la América Hispana sólo comparable a la conferencia del propio Varona sobre Cervantes y a los estudios de Rodó sobre Juan M. Gutiérrez, Rubén Darío y Montalvo.

En el discurso que hemos analizado, Varona, siguiendo los criterios orientadores de Taine y de Sainte-Beuve, aunque aplicándolos sin fidelidades rigurosas que no se avenían a la independencia intelectual que tanto le caracterizara, trató de encontrar en los factores ambientales y personales, las bases que justifican e interpretan la labor creativa de la eximia escritora. Es indudable que su estudio arroja mucha luz a la interpretación de la obra de ésta. El discurso evaluado constituyó uno de los puntos de partida del proceso de revalorización que la crítica hispana ha efectuado de la obra de la destacada literata cuya muerte, hace un siglo, estamos conmemorando en este Simposio.

LA GRAN TRADICIÓN DE LA CRÍTICA CERVANTINA EN CUBA

Un preámbulo necesario

El Quijote y Cervantes han sido objeto de estudios muy valiosos en la América Hispana, ya que muy destacados ensayistas y críticos hispanoamericanos, se han sentido atraídos al estudio de nuestras raíces, entusiasmados por el brillante desarrollo cultural de la Madre Patria, del que el insigne Manco de Lepanto es sin duda, muy representativo. Entre las grandes figuras literarias de la América española, que han mostrado un especial interés en esos estudios, se pudiera señalar como ejemplos al ecuatoriano Juan Montalvo; al nicaragüense Rubén Darío; al mexicano Alfonso Reyes; a los argentinos Jorge Luis Borges, Domingo Faustino Sarmiento y Leopoldo Lugones; al uruguayo José Enrique Rodó; al venezolano Andrés Bello; a los colombianos Miguel Antonio Caro, Rufino José Cuervo, Antonio Gómez Restrepo y Germán Arciniegas y a los cubanos, Enrique José Varona, José de Armas, más conocido por su seudónimo Justo de Lara, José María Chacón y Calvo y Jorge Mañach. Esta valiosa evaluación del tema del cervantismo en América hispana ha sido hecha muy cuidadosamente en el siglo XX por Francisco Rodríguez Marín en *El Quijote y Don Quijote en América*[60]; Juan Uribe Echevarría en *Cervantes y las letras hispanoamericanas*[61] y en *Cervantes y América*[62] de Emilio Carilla, por sólo citar algunos de los textos más ampliamente reconocidos.

Una de las primeras manifestaciones de la preocupación cervantina en Cuba fueron los artículos de autor anónimo que aparecieron en junio de 1790 en la Habana, en *El Papel Periódico*. Otro ejemplo

---

[60] Francisco Rodríguez Marín, «*El Quijote* y Don Quijote en América», *Estudios cervantinos*, Madrid, Patronato del IV Centenario de Cervantes, 1947, 93-138.

[61] Juan Uribe Echevarría, «Cervantes en las letras hispanoamericanas», *Cervantes y el Quijote*, 2, Ediciones de la Universidad de Chile, 1949, 431-526.

[62] Emilio Carilla, *Cervantes y América*, Universidad de Buenos Aires, 1961.

destacado lo constituyó el discurso que, por designación de la Real Academia Española, Tristán de Jesús Medina, el ensayista y eclesiástico cubano, pronunció sobre Cervantes en las honras de la Iglesia de las Trinitarias de Madrid, el 23 de abril de 1861, el que tuvo tan gran resonancia en la capital española que motivó, según ha señalado Juan J. Remos, que se lanzara la especie de llevarlo a un sillón de la ilustre corporación. Otro aporte fue la conferencia del Presbítero Emilio de los Santos Fuentes y Betancourt en la que se acercó a Cervantes, esencialmente desde el punto de vista estético, que fue recogida en su libro *Frutos primaverales,* publicado en La Habana en 1875, pero fueron sin duda algunos miembros muy destacados de la generación de ensayistas y críticos de la segunda mitad de siglo XIX, los que dieron a la preocupación cervantina en Cuba, extraordinaria relevancia, grupo del que formaron parte Enrique Piñeyro, autor del ensayo «En honor del Quijote», Esteban Borrero Echevarria, con su libro *Alrededor del Quijote*, Enrique José Varona y José de Armas. Dada la naturaleza panorámica de este trabajo y las limitaciones de tiempo que tenemos, vamos a detenernos en aquellos exégetas cubanos que han sido considerados por la crítica tanto de su patria como de Hispanoamérica y de España, como reconocidos especialistas en ese campo. De este grupo de notables cervantistas cubanos del siglo XIX, evaluaremos a Varona, Armas y Borrero Echevarría y en el siglo XX a José María Chacón y Calvo y Jorge Mañach.

Enrique José Varona.

La labor cervantina de Enrique José Varona comprende numerosos estudios, de los cuales dos son muy conocidos. Me refiero a la conferencia titulada «Cervantes»[63] que dio en 1883 en el Nuevo Liceo de la Habana y el discurso «Cervantes y El Quijote»[64], el que fue

---

[63] Esta conferencia apareció publicada en La Habana, en el propio año, por el editor Manuel Soler. Se reprodujo en su libro *Seis conferencias* de 1887; en la *Revista de Cuba*, tomo XIII, 1883; en el tomo II de *Obras de Enrique José Varona*, de 1936 titulado *Estudios y conferencias* y en *Revista Cubana*, año XXII, enero-diciembre de 1947, 7 y siguientes.

[64] Fue publicado en el libro de Varona *Por Cuba, discursos*, La Habana, 1918 y en la ya aludida *Obras de Enrique José Varona,* tomo II, *Estudios y conferencias.*

pronunciado en 1905, hace ya un siglo en la Universidad de la Habana, en acto conmemorativo del tercer centenario de la publicación de *El Quijote*. Además de estos trabajos, Varona escribió otros estudios, cuyas fechas de publicación cubren un amplio ámbito cronológico, que prueba sin lugar a dudas que la preocupación por Cervantes y su obra fue una constante en su obra literaria.[65]

. En la conferencia denominada «Cervantes» Varona muestra claramente su filiación a la escuela de crítica literaria que fundara Hipólito Taine y cuyos postulados fundamentales, este gran crítico francés expusiera en su famoso prólogo a su *Historia de la literatura inglesa*. Varona se acercó a la obra por medio del autor y lo analizó a la luz de los conocidos conceptos taineanos de medio, época y raza. Estudió a Cervantes en las distintas etapas de su vida, evaluando las circunstancias vitales y su influencia en su obra maestra *El Quijote*. El exégeta nos describe el ambiente que respiró Cervantes en su juventud; grandeza en la oportunidad y el poderío, fe inquebrantable en el futuro de España, lo importante que fue para el escritor su viaje a Italia y su contacto directo con el Renacimiento italiano; la significativa experiencia que constituyó en su vida su participación en la batalla de Lepanto; su crecimiento espiritual en su agónica prisión en Argel, donde se fortaleció su carácter y se sublimó su sensibilidad y el desencanto y el fracaso que representó el regreso a su patria.

He señalado en mis acercamientos anteriores a la labor cervantina de Varona, que uno de sus grandes logros críticos fue la relevancia que dio a ese período en el que Cervantes estuvo sumergido en el Renacimiento italiano, en virtud de su viaje a ese país. Varona apuntó que la gran inteligencia de Cervantes pudo percibir claramente los resplandores de ese gran movimiento ideológico que todavía mostraba su presencia en Italia. Por eso Varona citaba como fuentes de *El Quijote* las enseñanzas de Ficino y Pico de Mirandola. También indicó

---

[65] En 1979, recogí y edité todos los trabajos de Varona sobre Cervantes que estaban dispersos, algunos en publicaciones de la época o que aparecieron en libros posteriores del autor y hasta algunos ya olvidados, en un libro que tuvo por título *Los estudios cervantinos de Enrique José Varona*. Como decía en el estudio preliminar del mismo, es muy posible que en alguna revista olvidada de su época de Cuba, Hispanoamérica o España, esté esperando por ser descubierto un articulo de él obre este tema.

la posible influencia en Cervantes de esos tres genios de las artes plásticas universales que fueron Leonardo da Vinci, Miguel Ángel y Rafael y llegó incluso a conjeturar la posibilidad de que Cervantes hubiera conocido a Giordano Bruno y oído a Torcuato Tasso.

Esta importancia que Varona dio a este aspecto del viaje a Italia de Cervantes ya desde finales del siglo XIX, fue muy estudiado en el siglo XX por muy destacados críticos como el italiano Guseppe Toffanin y el español Américo Castro. Baste sólo mencionar que Toffanin en su libro *El fin del Humanismo*[66] de 1920 destacaba la posible influencia en *El Quijote* de las *Poéticas* de Castelvetro y Piccolomini, que analizaron el problema de las diferencias entre Historia y Poesía, obras que fueron objeto de amplia discusión precisamente en el tiempo en que ocurrió la visita de Cervantes a Italia.

Varias décadas más tarde Américo Castro, partiendo de la tesis de Toffanin, desarrolló más ampliamente en *El pensamiento de Cervantes*[67] la importancia de esta visita. Es cierto que en estos dos exégetas del siglo XX, el énfasis está en subrayar las repercusiones metodológicas en la obra cervantina que había tenido esta visita, pero sin duda, no se puede desconocer el acierto y la precedencia del crítico cubano en llamar la atención sobre la relevancia de la misma. Además Varona se anticipó a Américo Castro en cuanto a lo que éste llamaría el sistema cervantino de «la doble verdad»[68] porque el cubano captó en ese acercamiento de Cervantes al Renacimiento italiano, las raíces de su extraordinaria visión que incluía, «la realidad mezquina y el ideal bellísimo que pudiera y debiera sustituirla». Varona asimismo atisbó el paralelismo entre el autor y su personaje cuando llamó a Cervantes «andante caballero de Alcalá». Por otra parte, como crítico positivista, observó como el medio en que se desenvolvió el escritor se plasmaba en su genial obra, es decir, analizó con cuidado ese «realismo español» que posteriormente atrajo tanto la atención de los críticos.

---

[66] Giuseppe Toffanin, *La fine dell' Umammesimo*. Torina, Bocca, 1920.

[67] Américo Castro, *El pensamiento de Cervantes,* Barcelona, Editorial Noguer, 1972.

[68] _____, *El pensamiento de Cervantes, 30.*

Otro acierto de Varona como crítico de Cervantes estuvo en haber estudiado en su discurso «Cervantes y *El Quijote*» pronunciado en 1905 en la Universidad de la Habana, las conexiones entre *El Quijote* y el *Romancero*. Dijo Varona en este trabajo:

> Lo que da tan extraordinario valor al libro prescindiendo de otros caracteres es que no resulta la mera obra de un erudito. Todas sus raíces están en las entrañas del pueblo español; son como tentáculos que han ido buscando en la sombra dondequiera que una savia fortificante se presentaba para atraerla hacia sí. Así vemos que es el *Romancero*, aun antes que la literatura caballeresca, el gran inspirador de *El Quijote*.[69]

Y precisando su enfoque, agregaba Varona más adelante:

> En el *Romancero* se encuentra inspirado *El Quijote*, no sólo porque le da múltiples tipos que a cada paso cita Cervantes sino también es la fuente de maravillosa frescura en que ha bebido su estilo inimitable, su lengua incomparable. Y precisamente por la lengua es por donde Cervantes se ha colocado a la cabeza de todos los escritores de su país en su tiempo. (99).

Para Varona «La lengua de Cervantes se conserva tan pura y perceptible para los modernos, como en los momentos en que fue escrita por el autor» (99). Precisamente este estudio de Varona, fue una de las fuentes para el ensayo de su discípulo y admirador José María Chacón y Calvo titulado «Cervantes y el *Romancero*» pero en esto nos detendremos cuando estudiemos el cervantismo de este distinguido escritor.

De los otros estudios de Varona, cinco fueron publicados en la *Crónica de los cervantistas de Cádiz*. Tres de ellos, «Una alegoría de

---

[69] Elio Alba-Buffill, Editor, *Los estudios cervantinos de Enrique José Varona*, New York, Senda Nueva de Ediciones, 1979, (99). Todas las siguientes citas de la obra de Varona sobre Cervantes se referirán a esa edición y aparecerá a continuación de las citas, el número de la página entre paréntesis.

Cervantes», «Una alusión de Cervantes «y «Cervantes y la bella mal maridada» están muy estrechamente relacionadas con *El viaje del Parnaso*. El propio Varona lo confiesa en «Una alegoría de Cervantes», cuando señala: «Después de *El Quijote* es para mí esta elegía que quiere pasar por sátira, si no la mejor, la más digna de estudio de las obras cervantinas». Los otros dos artículos son la «Epístola cervántica» y «Un aniversario de la muerte de Cervantes en Cuba». En el primero, Varona comenzaba por poner de manifiesto la importancia que la crítica extranjera había dado a Cervantes y a su obra, refiriéndose a las conferencias que se habían dado ese año en Paris y las provincias francesas y los elevados juicios críticos que sobre Cervantes tenían los autores ingleses como Pope y Fielding y terminaba regresando a España para comentar las constantes referencias a Cervantes en las obras de los escritores españoles de la época. El segundo, «Un aniversario de la muerte de Cervantes» está dividido en dos partes, la primera es realmente un reportaje de esa celebración de 1874 en Cuba y la segunda es una crítica muy severa de una publicación que también se llamaba *Crónica de los cervantistas* que se publicó en la ciudad de Matanzas. A Varona le dolía los errores que contenía esa publicación, pues le importaba mucho para la honra de Cuba «que su primera manifestación en este sentido correspondiese a la justa fama de cultura que tienen adquirida sus hijos»

Los dos trabajos publicados en *El Fígaro* de la Habana, fueron «Como debe leerse *El Quijote*» de 1905 y «De como en mi niñez fui Quijote» de 1918. En el primero, Varona narra los distintos significados que tuvo para él *El Quijote*, según la época en que lo leyera. Fue fuente de alegría en la niñez, de poesía en la edad adulta y de resignación en la vejez. El segundo es una viñeta llena de candidez y hermosura y dotada de gran valor autobiográfico.

José de Armas y Cárdenas.

El primer libro sobre Cervantes de José de Armas y Cárdenas, vio la luz pública en 1884, es decir siendo muy joven el autor pues apenas tenía dieciocho años. Se tituló *El Quijote de Avellaneda y sus críticos* y esa obra, por el estilo del autor y por el contenido de la misma, produjo primeramente una grata sorpresa entre los exégetas cubanos, a la que siguió un amplio y merecido reconocimiento. Después de graduarse de Derecho en la Universidad de la Habana, pasó varios años en los Estados Unidos y se trasladó después a España para conocer, como lo reconoció él mismo, a su ya admirado Marcelino Menéndez y Pelayo, quien muy pronto descubrió el gran talento del joven estudioso, lo que fue origen de una perdurable amistad. En su intensa labor periodística, Armas mostró su amplia cultura literaria, la que incluía un vasto conocimiento de las literaturas española e inglesa. Publicó asimismo numerosos artículos sobre el tema cervantino, entre ellos «Los dos Quijotes», «Sobre el Viaje del Parnaso», «De algunos enemigos del Quijote», «Algo sobre Don Quijote» y «Un censor de Cervantes».

Instaurada la República, Armas recogió en 1905, con motivo del tercer centenario de *El Quijote,* sus artículos sobre el gran escritor, en un libro que tituló *Cervantes y El Quijote, el que* tenía por subtítulo, «El hombre, el libro y la época». En esta obra, se hace patente su vasto conocimiento del autor estudiado y su obra y también el hecho de que estaba muy al tanto de las diferentes escuelas de exegética literaria de ese final del siglo XIX. En su crítica sobre Cervantes, existe una influencia importante de la escuela de orientación histórica comparativa, que en la literatura española tuvo como orientador a Menéndez y Pelayo, pero aparece además la crítica positivista de orientación taineana, con su énfasis en la evaluación del medio, época y raza, y también como en Varona la crítica autobiográfica de Augusto Sainte Beuve.

En 1909 Armas publicó un tercer libro, *Cervantes y el Duque de Sessa*, en el cual planteó una nueva tesis sobre el autor de *El Quijote de Avellaneda.* Tesis desde luego que, por tratar de un asunto que ha sido motivo de tantas discusiones entre los críticos como es el de la verdadera autoría del polémico libro, tenía que producir como produjo, objeciones e impugnaciones. Lo cierto es que, como apuntó tan acertadamente Max Henríquez Ureña: «Ese trabajo es admirable por la penetración y agudeza y la sólida erudición que acusa en su autor, no importa que sólo sea una conjetura más, igual a otras que se han propuesto para descifrar esa incógnita, pero hay que reconocer que las razones que apunta Armas en favor de su tesis están bien apuntaladas en juiciosas apreciaciones».[70]

Otro trabajo importante de Armas es su conferencia «Cervantes y la literatura inglesa» que pronunció en el Ateneo de Madrid en 1916. Recuérdese que como ya hemos apuntado, Amas tuvo un vasto conocimiento de esa literatura. En ese sentido, fue un digno representante de esa generación de críticos y ensayistas del final de la centuria decimonona cubana que se caracterizaron por su erudición. Armas siempre dio muestra de una brillante capacidad analítica y de una moderación que le ganaron un merecido reconocimiento y un destacado lugar en la exegética literaria cubana de todos los tiempos.

Esteban Borrero Echevarría.

Un tercer exégeta cubano de la obra de Cervantes en el que también debemos detenernos es Esteban Borrero Echevarria, que además de médico y educador (llegó a ser profesor de la Escuela de Pedagogía de la Universidad de la Habana), se destacó como poeta, cuentista y ensayista. Borrero reunió sus estudios sobre Cervantes en un valioso libro *Alrededor del Quijote*[71], que mereció una cálida acogida de la crítica cubana de la época. Uno de los trabajos de este texto fue «Influencias sociales de *El Quijote*» que fue el discurso que pronunció en la Universidad de la Habana en 1905 con motivo del tercer centenario de la publicación de esa obra, compartiendo la tribuna entre otros con Enrique José Varona, el que calificó a ese discurso de Borrero, que lo había precedido, de elocuente y apuntó que su autor había «seguido, con mirada amorosa y profunda, todos los rastros que ha dejado en la mente humana y las influencias poste-

---

[70] Max Henríquez Ureña, *Panorama histórico de la literatura cubana, 1492-1952*. Vol. II, Puerto Rico, Ediciones Mirador, 1963,141.

[71] Esteban Borrero Echevarría, *Alrededor del Quijote,* La Habana, La Moderna Poesía, 1905.

riores de la extraordinaria obra»[72]. Creo que debemos señalar que, si bien Borrero Echevarria no se acogió rigurosamente en su libro a una específica escuela crítica, en algunos de sus ensayos, se encuentran ciertos acercamientos impresionistas a *El Quijote*. En general en este libro, su autor hace evidente su profundo conocimiento de la vida de Cervantes y de su obra maestra. Juan J. Remos ha destacado que la preparación clásica de Borrero Echevarría fue amplia y fundamental pero que se había sentido atraído por el pensamiento satírico universal, ya que entre sus autores preferidos, conoció a fondo además de Cervantes, a Juvenal, a Horacio, al Arcipreste de Hita, a Quevedo y a Voltaire, es decir, a grandes figuras representativas del mismo.

Unas reflexiones imprescindibles.

En resumen, en la crítica de *El Quijote* en Cuba en el período que va de finales del siglo XVIII hasta las primeras décadas del XX, se hace presente, en mayor o menor medida, la influencia de las diferentes vertientes existentes en la exégesis española que van surgiendo durante ese largo período de siglos, como eran las que habían orientado su labor a la interpretación del texto, ya pretendiendo aclarar sus pasajes oscuros, descifrar alusiones o descubrir fuentes y la que se empeñó en investigar la vida del autor para explicar las repercusiones de ésta en su obra. También la crítica cubana, con la erudición que caracterizó a sus miembros, supo captar la nueva tendencia de exégetas españoles de dejar el análisis de la letra y el documento en manos de eruditos, quizás pensando que ésa era una labor un tanto subsidiaria, y se lanzaron a la interpretación de índole filosófica, intentando desentrañar el contenido ideológico de la gran novela, su intención final, el significado de sus protagonistas, el valor de sus símbolos, y sus implicaciones con los más variados temas de la cultura.

Creo que todo lo que he venido exponiendo corrobora la opinión generalizada acerca de que Cuba tenía desde el siglo XIX una muy seria y destacada tradición de crítica cervantina. Una enumeración de autores del siglo XX que tratara de ser exhaustiva sería extremada-

---

[72] Enrique José Varona «Cervantes y *El Quijote*» en *Estudios y Conferencias,* Miami, Editorial Cubana, 1998, 319.

mente larga, por tanto, antes de terminar este estudio con los dos cervantistas escogidos de este siglo, José María Chacón y Calvo y Jorge Mañach, permítaseme a modo de ejemplos, añadir a los nombres que hemos citado en el desarrollo de este trabajo, los de los historiadores de la literatura cubana, Juan J, Remos, Max Henriquez Ureña, Raimundo Lazo y Salvador Bueno que bien en sus conocidos textos ya aludidos o en trabajos específicos, se enfrentaron a este tema y el de Emilio Gaspar Rodríguez, con su libro *Puntos sutiles de El Quijote.*

En algunos casos, las evaluaciones han excedido la perspectiva literaria, como en el de Mariano Aramburu, que ha estudiado a Cervantes desde el punto de vista de sus ideas jurídicas, en su ensayo «Los documentos judiciales de Don Quijote» o, desde la perspectiva pedagógica como Alfredo M. Aguayo en «Cervantes como educador».

Hasta en el presente exilio, ha tenido repercusiones el tema de Cervantes y el Quijotismo, como son los trabajos de Sergio Méndez Peñate, *Estudio estilístico de El Quijote* publicado en Salamanca; de Carlos Alberto Montaner, «Notas a 'El Quijote' y a 'El Idiota'» que apareció en su libro *Galdós humorista y otros ensayos* publicado en Madrid; Roberto Herrera, «La vigencia del Quijote» en *Charlas literarias*, que vio la luz en Miami y Raimundo Fernández Bonilla en algunos de los estudios de su libro *Siete ensayos sobre la literatura española* que se publicó en Nueva York. Y hay indicios que ese interés continuará en la labor de jóvenes cubanos como Alberto Rodríguez y Martha García, profesores universitarios en este país. Rodríguez publicó un interesante libro, *La conversación en El Quijote: subdiálogo, memoria y asimetría* en 1995 y reincidió en el tema en el 2004 con un artículo «Tres cervantistas cubanos del siglo XIX» en los Estudios de Literatura, *Cervantes y su mundo* y García ha presentado ponencias en congresos profesionales sobre el tema femenino en la obra cervantina y en el 2008 publicó su atractivo libro *La función de los personajes femeninos en* Don Quijote de la Mancha *y su relevancia en la narrativa.*

José María Chacón y Calvo

José María Chacón y Calvo, el cuarto destacado cervantista en que nos detendremos, es ampliamente reconocido como uno de los más brillantes y eruditos ensayistas y críticos literarios del siglo XX cubano, pero fue además, como lo calificó Ramón Menéndez y Pidal, un activo americanizador de la cultura española que supo establecer conexiones sustanciales entre el mundo literario de España e Hispanoamérica.[73] Ese amor por la cultura española, presencia permanente en su obra, me ha llevado a señalar ya hace algunos años, precisamente a Chacón, como un muy destacado ejemplo de una de las características fundamentales que he encontrado en la ensayística cubana, me refiero a la constante referencia a la raíz cultural española, lo que nos permite comprender fácilmente su gran interés por Cervantes y su obra. Chacón y Calvo desarrolló, con su característica erudición, un aspecto de las fuentes de *El Quijote*, que Varona había presentado en su discurso de 1905, al que hemos aludido previamente, que se refería a la influencia que el Romancero ejerció sobre Cervantes, en una conferencia pronunciada el 10 de diciembre de 1916, en el Ateneo de la Habana, titulada «Cervantes y el Romancero»[74], que recogió posteriormente en su libro *Ensayos de literatura española* y en la que evaluó la deliberada tendencia de Cervantes a infiltrar su novela con el espíritu de la poesía popular española.

En 1969, Zenaida Gutiérrez Vega, reconocida autoridad en este autor, en su libro *José María Chacón y Calvo, hispanista cubano*[75] señaló la precedencia de este trabajo en relación al afamado estudio de Ramón Menéndez y Pidal, titulado «Un aspecto de la evolución de *El Quijote*» leído en la inauguración del curso de 1921-1922 del Ateneo de Madrid, en donde el ilustre sabio español, estudia muy luminosa-

---

[73] Ramón Menéndez y Pidal, «Palabras Preliminares» en Zenaida Gutiérrez Vega, *José María Chacón y Calvo, Hispanista cubano,* Madrid, Ediciones Cultura Hispánica, 1969, 7.

[74] José María Chacón y Calvo, «Cervantes y el Romancero», La Habana, Imprenta El Siglo XX, 1957, que recogió en su libro *Ensayos de literatura española,* Madrid, Editorial Hernando, 1928.,

[75] Zenaida Gutiérrez Vega, *José María Chacón y Calvo, hispanista cubano*, Madrid, Editorial Cultura Hispánica, 1969, 183.

mente la presencia del Romancero en *El Quijote*. Señala Gutiérrez Vega, que Chacón asistió a esa conferencia de Don Ramón y al terminar la misma y en respuesta a sus felicitaciones, Menéndez y Pidal, le dijo: «Este discurso ha de publicarse con notas en las que haré constar su precedencia». Lo que pone en evidencia la importancia y trascendencia de esas dos aportaciones cubanas, primero la de Varona y después la la de Chacón y Calvo.

La propia Gutiérrez Vega, al analizar a José María Chacón y Calvo como cervantista, lo presenta certeramente como continuador de lo que denomina la mejor tradición cervantista de Cuba que desde el siglo XIX había realizado sustanciales aportes al esclarecimiento de diversos aspectos de la vida y la obra del genio inmortal. Y a las influencias cubanas que recibió Chacón en esos estudios, añade las españolas. Por una parte la labor de Clemencín, Cejador y Rodríguez Marín en cuanto al esclarecimiento del texto, con anotaciones, con alusiones folklóricas y linguísticas. Por la otra, a la generación del 98 que pretendía una interpretación del espíritu del Quiote, en especial de Azorín y después de Américo Castro, en sus estudios sobre el pensamiento de Cervantes y más adelante de Ortega y Gasset,, Salvador de Madariaga y Ramiro de Maetzu, para concluir que Chacón era un hombre que se hacía cargo de todo y que no desdeñaba nada, pero precisaba que el crítico cubano marchaba en esa última dirección, es decir la que buscaba en *El Quijote* su sentido espiritual y humano.

Jorge Mañach.

El último estudioso en el tema cervantino al que quiero acercarme en esta presentación panorámica que estamos intentando es Jorge Mañach, que aportó a las letras cubanas dos trabajos medulares sobre la obra de Cervantes: *Examen del Quijotismo*[76] y *El Sentido trágico de*

---

[76] Jorge Mañach, *Examen del Quijotismo,* Buenos Aires, Editorial Suramericana, 1950. Las citas de este trabajo se referirán a esta edición y se expresará el número de la página entre paréntesis, después de la cita.

la Numancia.[77] Nos acercaremos al primero por referirse a la obra cumbre de Cervantes, para destacar que en ese estudio, Mañach intentó destacar las raíces hispánicas del personaje inmortal y que su talento, su gran penetración crítica, su extraordinaria capacidad analítica y su genuino humanismo dotaron a este ensayo de una gran relevancia en la tradición de la crítica cervantina en Cuba.

En dicho ensayo, Mañach intenta una fenomenología del Quijotismo, a través de su objeto-sujeto, Don Quijote, creación literaria tan vívida que se le puede tomar como un suceso humano efectivo. Mañach inmediatamente analiza de entrada no a Don Quijote, sino a Alonso Quijano, que es la figura cuya locura crea al Quijote y encuentra la causa de ese enloquecimiento en la «nostalgia y soledad de haberse sentido demasiado a solas consigo mismo, con una voluntad de grandeza sin nada en que emplearse» (20). Para Mañach en la España cervantina convivían la Edad Media y el Renacimiento y si bien alude a los elementos medioevales de la novela, ve con nitidez que Cervantes es un hombre inspirado en las ideas del Renacimiento aunque viviendo en la España de la Contrarreforma, de ahí la ambivalencia de la obra, en donde él encuentra también esa pura esencia hispana del Quijote, esa fe en la capacidad del hombre, esa voluntad tan española de transformar la realidad.

La crítica cubana de Mañach, ha analizado comparativamente este trabajo con los de Ortega y Gasset y Ángel Ganivet, pero creo firmemente, como ya señalé en una conferencia que di en 1997 en la Universidad de Columbia por gentil invitación del Círculo de Escritores y Poetas Iberoamericanos de New York con ocasión de la entrega de premios del XXXIII Certamen Literario Internacional «Odón Betanzos Palacios, que ya era hora de destacar además, que en este ensayo de 1950, Mañach observa ya la disociación entre el héroe y la realidad, destaca la ambigüedad de la realidad cervantina y se enfrenta a la significación global de la novela, o sea, lo que hizo de ella, una realización genial como expresión artística de un problema humano. Temática y enfoques que le afilian en general, a corrientes muy mo-

---

[77] _____, «El sentido trágico de la Numancia», La Habana, *Boletín de la Academia Cubana de la Lengua, VIII*, Nos. 1-4, enero-diciembre, 1959, 29-49.

dernas de la interpretación de la obra cervantina y en particular, a muy respetados y prestigiosos acercamientos exegéticos, como son el de Ángel del Río en *El equívoco del Quijote* de 1959; el de Manuel Durán en *La ambigüedad en el Quijote*, y el de Francisco Ayala en *Experiencia e invención,* ambos de 1960.

En resumen, estos cinco destacadísimos escritores, cada uno en sus específicas circunstancias vitales e históricas, que condicionaron sus diferentes aproximaciones y las distintas escuelas exegéticas que emplearon, son genuinamente representativos de la poderosa corriente de crítica cervantina que matiza la cultura cubana. Todos ellos se sintieron igualmente atraídos por la obra inmortal de Cervantes, no solamente por los excelentes méritos literarios de la misma, sino además porque su personaje central representa nuestras más puras esencias hispánicas y por constituir esta genial creación, un sublime canto en defensa de la espiritualidad y la dignidad del ser humano.

MIRANDO EN TORNO DE ENRIQUE JOSÉ VARONA: ESCLARECEDOR ANÁLISIS DE LOS INICIOS DE LA REPÚBLICA

Este texto, que Enrique José Varona publicó en 1910, tiene al comienzo una nota aclaratoria que dice textualmente: «Deseo reunir en este pequeño folleto los artículos que escribí durante la revuelta de agosto de 1906 y los primeros tiempos de la intervención. Por lo mismo que mi voz se perdió en el vacío, *voz clamantis*...voy a procurarle darle nueva resonancia. Me importa dejar sentado que entonces, como ahora, podía decir, á semejanza del fundador del positivismo: ni servil, ni sedicioso».[78]

Se trata pues de los artículos que Varona publicó en la prensa cubana desde el mes de agosto del 1906 hasta el mes de enero del año siguiente sobre la crisis que se estaba produciendo en la naciente república con motivo del proceso de la reelección de nuestro primer presidente Don Tomás Estrada Palma. En estos trabajos, como siempre en Varona, está presente esa belleza formal de su prosa, que la crítica ha reconocido en el ilustre escritor camagüeyano y que lo coloca entre los primeros prosistas de Cuba, desde el punto de vista estético. También los mismos, indudablemente nos muestran esa sensatez, esa moderación, esa serenidad tan propia del Maestro, pese a sus grandes angustias interiores, y al mismo tiempo, estos trabajos hacen evidente el acendrado amor a su patria que caracterizó la vida y la obra del que fuera uno de nuestros pensadores más brillantes.

El primer artículo fechado el 31 de agosto de 1906, que muy ilustrativamente Varona tituló «El abismo», anunció con claridad extraordinaria, el peligro que para la soberanía nacional de la naciente república –sobre todo teniendo en cuenta la impuesta Enmienda Platt– podía traer el desborde de las pasiones políticas que se estaba produ-

---

[78] Enrique José Varona, *Mirando en torno*. Artículos escritos en 1906, La Habana, Imprenta y Papelería de Rambla y Bouza, 1910. Todas las notas a este texto, aparecerán, de aquí en lo adelante, señaladas con el número de la página correspondiente entre paréntesis.

ciendo en la nación. Este estudio fue un llamado a la calma, muy bien fundamentado, pues recuerda a los cubanos que en ese momento histórico, en que existía un franco estado de guerra civil con tropas rebeldes en los campos cubanos que no reconocían al gobierno constituido, lo que más necesitaba Cuba era el predominio de la razón serena. Con la modestia que lo caracteriza, aclaraba, que no intervenía por motivos de odios ni malquerencia, sino que lo hacía porque lo que lo embargaba era «el dolor más acerbo ante este brote impetuoso de demencia colectiva y el espanto por sus funestos resultados» (5).

Varona quería que el pueblo cubano comprendiera que había que impedir los desastrosos efectos o por lo menos aminorar las consecuencias negativas de tantos desatinos y recomendaba a los cubanos hacer en primer lugar un examen de conciencia. Creía que el primer síntoma del mal había sido el espíritu de facción que el cubano mostró apenas dejó de unirlos la aspiración a la independencia. Afirmaba que se habían hecho elecciones no para el pueblo sino para los partidos y que se había administrado justicia solamente para éstos y que los liberales, o sea, los que se habían agrupado bajo la jefatura del General José Miguel Gómez en su aspiración presidencial y los moderados que, como se sabe, apoyaban el deseo de reelegirse en su cargo del Presidente Tomas Estrada Palma, se habían creído equivocadamente que ellos eran la república. Comprendía que lo que contemplaba el país era una guerra de partidos, en la que la única víctima era el pueblo.

Varona se dirigió primero a los insurgentes, recordándoles, que su única posibilidad de triunfo, pese a la popularidad de algunos de sus caudillos en determinadas regiones de la Isla –clara alusión a la simpatía que disfrutaba el General José Miguel Gómez en la provincia de Las Villas– era provocar la intervención norteamericana y que lo más probable era que si ésta se produjera, sería para mantener al gobierno de Estrada Palma porque los norteamericanos tratarían de proteger al gobierno *de juris* y no al *de facto*. Al gobierno, Varona le argumentaba que aunque triunfara, bien por una lucha larga y tormentosa o por la intervención extranjera, no tendría respaldo popular, porque una guerra civil conllevaría el agotamiento del tesoro público, la ruina económica y el descontento general, pero una intervención, determinaría la pérdida de popularidad ante el pueblo, teniendo que gobernar con la policía y no con las leyes. Su recomendación final a ambas partes, era la conveniencia de asegurar la soberanía de la patria, mediante una solución armoniosa en que se pusieran por delante los intereses del pueblo y que ambos partidos debían cooperar en el establecimiento de un genuino Estado de Derecho que pudiera funcionar con el debido respeto a las minorías parlamentarias y al equilibrio y al balance de los tres poderes públicos, es decir traía a colación, sin mencionar específicamente su nombre, la famosa ley de Montesquieu.

En el segundo artículo incluido que tenía fecha de 5 de septiembre y tiene por título «El patriotismo», Varona atribuye a los cubanos el estar auto proclamándose modelos de patriotismo, pero consideraba que esos momentos tan difíciles eran los más adecuados para probarlo en vez de proclamarlo, Razonaba que en los tiempos de paz y tranquilidad, el patriotismo es una virtud pasiva que se manifiesta en el respeto a la leyes, en el amor al orden y en la convivencia pacífica con nuestros semejantes. Es en los días de tormenta como los que estaba atravesando Cuba, insistía el Maestro, que el patriotismo dejaba de ser una virtud pasiva para convertirse en activa, que nos imponía el sacrificio y la abnegación, cuando nos reclamaba que subordináramos los intereses personales, las pasiones egoístas a favor de los supremos intereses de la patria. El peligro que él atisbaba era tan tremendo, era tan grande, que advertía a su pueblo «no nos da treguas, ni nos deja elección. O somos patriotas de veras y procedemos como tales, ó nos hundimos con la república» (11).

Varona comprendía que en los últimos veinticinco años, las convulsiones políticas de Cuba –se refería a las dos décadas finales del siglo XIX y los primeros años del XX, en los que Cuba había vivido en pleno proceso emancipador– habían coincidido con un período de transformación industrial en el mundo, que unido al sacrificio extraordinario en vidas y bienes que sufrió el pueblo cubano en sus largas guerras de emancipación hicieron que nuestro pueblo llegara al final del siglo a una situación muy cercana a lo que Varona llamaba «bordes de la ruina material y de la miseria fisiológica» (12). Antes había ya apuntado que el cubano en 1898 haba pasado «a una condición económica inferior: y ofrecía, por tanto, menor resistencia económica, de la que pudo ofrecer en 1868 y aún en 1895" (12).

Pese a estar consciente de ese antecedente tan negativo, Varona argumentaba que terminada la guerra, el pueblo cubano debía haber aprovechado el momento histórico para robustecer el cuerpo social por el trabajo perseverante, el respeto mutuo y la paz duradera (13). Necesitaba pues, la paz y en vez de ésta, se lamentaba el eminente patriota, nuestro pueblo se había sumido en la guerra fraticida, que destruiría la poca y última riqueza que quedaba en manos de los cubanos y que estaba despojando al país de los brazos y la unidad tan necesaria a la tarea de reconstrucción nacional. Concluía aconsejando a los cubanos que permanecían sordos a sus ruegos, que ya que el patriotismo no les alumbraba la mente ni les calentaba el corazón, oyeran por lo menos el instinto de conservación que impulsaba en los momentos decisivos a los irracionales.

Una semana después, el 12 de septiembre, en su artículo «El interés del país». Varona aludía al anuncio en la prensa del fracaso de las gestiones de paz iniciadas por los veteranos de la independencia y la suspensión por el gobierno de Estrada Palma de las garantías constitucionales en tres provincias, a lo que siguió un aumento de detenciones de sospechosos y noticias de que el gobierno planeaba intensificar enérgicamente la represión. El Maestro subrayaba la gravedad de la situación pero se preguntaba si el pueblo que ya estaba demostrando su gran interés por el fin de las hostilidades entre hermanos, había hecho todo lo posible para superarla. Agradecía a los veteranos la gestión pacificadora y subrayaba su importancia por proceder de quienes procedía, pero creía que los demás sectores del país debieron haberla apoyado. Es decir que esa fórmula de la paz debió de ser tan pujante que no hubiera podido rechazarse por los bandos antagónicos en cuestión. Y agregaba, que era preciso decir muy alto que «al país no le importa el triunfo de un partido sobre el otro: sino el triunfo de los principios de derecho que aseguren la estabilidad de las instituciones» (18). La paz, concluía el artículo, se logrará con la reunión de hombres de buena voluntad que representen los distintos valores sociales y se pongan de acuerdo con un plan de reformas inmediatas y con eso, se habrá dado el primer paso para obtener la paz anhelada.

Siete días después, el 19 de septiembre, en otro trabajo titulado «El papel del país», el insigne cubano mostraba toda su amargura. Comenzaba simbólicamente con una frase en inglés: «*Too good to be true*» para aludir al fracaso de aquella iniciativa de paz de los veteranos de la Independencia. Su prosa muestra aquí la ira y consternación que experimentaba ante el desagradable espectáculo de que el sólo anuncio de que ya se acercaba a las costas cubanas el barco de guerra norteamericano conduciendo los diplomáticos enviados para tratar de conciliar las diferencias de los sectores antagónicos, los involucrados se movilizaran diligentemente para asegurar sus posiciones en la posible administración extranjera, en vez de apresurarse a renunciar a sus propias apetencias.

Hablando para la Historia reconocía que solamente el Ejecutivo había suspendido espontáneamente las hostilidades y había puesto en libertad a los detenidos, pero nada más se había hecho y nada más se había preparado. El historiador nos destaca el hecho de que en ese momento de tanta importancia, el pueblo esperó que el Poder Legislativo se convirtiera en el instrumento de pacificación inmediata pero éste no cumplió la función que le correspondía y desapareció. Herido hondamente, preguntaba el Maestro a esos legisladores si se habían dado cuenta de lo que esa abdicación en esos momentos, significaba.

Los dos trabajos siguientes son fundamentales. El primero fue «El talón de Aquiles» de 26 de septiembre y el otro «En estudio» del 16 de octubre. Ambos precisan más claramente las que Varona consideraba como genuinas causas de los deplorables acontecimientos que se venían desarrollando. En el primero explicaba que se había creado una situación que era contraria a lo que era de esperar, pues los diplomáticos norteamericanos, en vez de mantener el respeto por el Estado de Derecho que caracteriza a su país, habían aceptado las reclamaciones de los sublevados y habían exigido al gobierno de Cuba, reconocido por ellos como tal, que abdicara ante una insurrección armada. El brillante analista cubano se preguntaba si la causa de tan inesperada conducta se podía conocer y la encontraba en la situación económica de Cuba pues comprendía que la naciente república era una factoría al fin gobernada por los cubanos pero explotada por capitales extranjeros y a continuación con dolorosas y amargas, pero convincentes e iluminadoras palabras, concluía su análisis:

> Esos capitales, los cuatrocientos millones pertenecientes a americanos, ingleses, españoles y alemanes, empleados en centrales, en vegas, en fábricas de tabaco, en ferrocarriles, en empresas navieras, son la fuerza formidable que actúa en el fondo de este caos, la que ha traído la escuadra surta en nuestro puerto, y la que ha conducido por la mano a los mediadores para sentarlos como árbitros supremos entre los contendientes ciegos por la ira.

Varona terminaba su artículo imputándole a sus compatriotas que habían malgastado su tiempo en polémicas políticas mientras se llevaba a cabo la paulatina invasión de la actividad económica de los extranjeros. Advirtiendo lo significativa y peligrosa que iba a ser la solución de esta crisis a la que Cuba se enfrentaba, para el porvenir del pueblo cubano y el mantenimiento de la soberanía nacional, el Maestro cubano destacaba el dolor, la vergüenza y el miedo que tendría que sentir todo cubano digno, cuando esta liquidación se materializara.

En el siguiente artículo, «En estudio». Varona hacía un análisis de la experiencia socialmente turbulenta que tuvieron las hermanas repúblicas del continente en el siglo XIX, cuando acababan de lograr la independencia, para destacar que aunque la composición del pueblo cubano se asemejaba a la mayoría de estas naciones, lo que podía inclinar a pensar que en Cuba se pudieran producir semejantes desórdenes, había que considerar otros factores, que permitirían esperar que en el caso de Cuba, no se produjeran esas constantes erupciones de violencia social que habían caracterizado a *Nuestra América,* en la centuria decimonona.

A ese efecto, Varona efectuó un estudio comparativo de la época y de las circunstancias históricas. Recordaba que nuestras naciones hermanas se independizaron cuando el mundo estaba experimentando la trasformación industrial. Europa se aislaba en sí misma y toda la atención de Estados Unidos se concentraba en su desarrollo interno, es decir, que nuestros países lograron la independencia en tiempos que facilitaron su aislamiento, lo que ayudó en cierta medida, a la ya aludida turbulencia social y política. Cuba por el contrario, apuntaba Varona, nació como república libre en una época de más dependencia entre los pueblos, y por otra parte, la intervención de los Estados Unidos tenía también que haber advertido al pueblo cubano, de la necesidad de ofrecer una atención mayor a la organización de la República.

Cuba hubiera necesitado en esta coyuntura de independencia, más preocupación ciudadana para que la organización de la nueva nación estuviera orientada a robustecer al pueblo, social y económicamente. Poca política y mucho trabajo, mucha cultura y más respeto y cordialidad en las relaciones sociales. He ahí el programa que el eminente cubano consideraba que debió haber sido la vía a seguir del pueblo cubano en estos momentos iniciales de la independencia. Programa que fue desconocido y que produjo esa sociedad saturada de divisiones y conflictos, en la que ni siquiera se intentaba solucionar los grandes problemas que la acercaban más al peligro de perder su soberanía. Para Varona bastaba solamente «mirar en torno» para reconocer la violencia, el egoísmo en pleno desenfreno, en definitiva un anormal estado de cosas, apenas transcurridos cuatro años de establecida la República.

El siguiente artículo, «¿Abriremos los ojos?», del 17 de octubre, tiene un primer párrafo que he citado en varias ocasiones en mis estudios sobre Varona, porque es representativo de la certera y despreciativa opinión que este gran pensador cubano tenia sobre el marxismo, al que llamó en algunos trabajos sociopolíticos, «peligrosa quimera» que desconoce y destruye los valores de la sociedad que presume defender. He aquí el texto en cuestión:

> La teoría marxista que hace depender toda la evolución social del factor económico no es sino la exageración de un hecho cierto. Las necesidades económicas y las actividades

que éstas ponen en juego no constituyen el único motor de los complejos fenómenos que presenta una sociedad humana; pero sí están en la base de los más aparentes y decisivos. (32)

Varona consideraba que la inestabilidad que presentaba el pueblo cubano desde hacía casi un siglo provenía de la estructura económica y los cambios que había sufrido y de la repercusión de ese hecho fundamental en los otros elementos de la vida colectiva cubana. La sociedad cubana era fundamentalmente agrícola, en el principio del siglo XIX cuando los cubanos poseían la mayor fuerza económica e iniciaron la transformación que los conduciría a un período industrial y mercantil, pero el poder político lo tenía España así como su burocracia civil y militar en la Isla. Esa estructura social fue un factor importante según el historiador, que ayudó a que se produjeran las sublevaciones de la primera mitad de la centuria y la gran guerra de 1868. Al final de la guerra de los Diez Años, el cubano había perdido su poder económico y no había logrado el poder político. Terminada la Guerra del 1895, pese a la intervención, el pueblo cubano, al fin, pudo obtener el poder político pero ya no tenía el poder económico. Nuestra contextura social aparecía mal equilibrada aunque de otra manera distinta. Varona reconocía que habían surgido desventajas, pero consideraba que el pueblo cubano, que tenía ya el poder político, debió de enfrentarse a dos problemas esenciales: devolver paulatinamente al nativo la preponderancia económica en su país y fijar la población campesina en la tierra, parte de la cual, la integraban los negros esclavos ya liberados, así como intentar elevar intelectualmente a ese campesinado. Varona reitera que los grandes intereses económicos que se sintieron amenazados por los sublevados fueron la causa de la presencia de la flota en la capital de la Isla.

En el siguiente capítulo del libro «La tregua política» del 24 de octubre, el autor reiteraba su llamado a la paz, a la cordialidad, al definido propósito de conciliar las diferencias. Volvía a destacar que el error en que había recaído el pueblo era el de hacer todo lo contrario a lo que debía venir haciendo. Planteaba la necesidad de lograr una tregua política. No considerar la patria como una propiedad, como algo material, sino verla como la patria de todos los cubanos, objeto supremo de nuestro amor, de nuestros desvelos y de nuestros cuidados.

El siguiente artículo que escribió en noviembre 2 de 1906, es un iluminador trabajo que tituló «Gobierno a distancia» en donde sostiene que el mal político que sufrió Cuba durante toda su vida como colonia, fue precisamente el hecho al que aludía el título. Desconociendo esa realidad, los gobernantes españoles siempre se negaron a conceder autonomía a la colonia. Situación que determinó: «que los intereses privativos del país gobernado desde lejos quedaron siempre subordinados, por la naturaleza misma de las cosas, a intereses extraños, mucho más complejos, más poderosos y mejor defendidos». El resultado fue que los intereses económicos de la Isla quedaron subordinados a los de ciertas provincias de España y las aspiraciones políticas cubanas desoídas por la burocracia española.

Obtenido el gobierno propio añadía Varona, pudimos comenzar a proteger nuestros propios intereses, pero recordaba que lo que él calificaba de «la ominosa obcecación de nuestros políticos» había situado al pueblo cubano en la misma posición de la que había salido después de tanta lucha. Y reiteraba, conturbado de tristeza, «estamos gobernados a distancia». Varona estaba consciente que la intervención podía ser temporal pero advertía de los peligros que pudieran presentarse en el futuro, además, sabía la influencia indirecta pero importante de las cada día más poderosas relaciones internacionales y citaba a modo de ejemplo la presencia durante la colonia de la federación americana y en el futuro de Cuba y Estados Unidos en el siglo XX, la presencia de las potencias occidentales de Europa, con las que el poderoso vecino norteamericano tenía grandes relaciones. Por otra parte, su amor a Cuba le indicaba que se estaba perdiendo un tiempo precioso para que el pueblo cubano con su trabajo, su cultura y su esfuerzo pudiera consolidar la soberanía nacional.

En el siguiente artículo titulado «El Protectorado» que se publicó el 25 de noviembre y cuyo título mostraba que cada día aumentaba su temor por la prolongación de la intervención, comenzaba por lamentarse del estado de confusión y desasosiego que la revuelta de agosto había producido en el pueblo cubano y como éste ya comenzaba a demandar un remedio. Comprendía que todo eso era muy natural, pero advertía con preocupación, que no por natural era menos peligroso.

Varona creía que la solución dependía de que el pueblo cubano trabajara con paz y sosiego para que la tierra incrementara su valor en su posesión, lo que determinaría que fuera nuestro pueblo el que recibiera las utilidades, no el extranjero, Planteaba además la necesidad de reconocer la gran importancia de la educación para lograr que el cubano alcanzara con su superación el ideal de convertirse en un hombre inteligente, culto, probo y justiciero.

Exponía que los defensores del protectorado estaban equivocados. Creían aquéllos que el remedio de nuestras deficiencias era cambiar la forma de las relaciones con los Estados Unidos, es decir, ampliar más las facultades y poderes que a ese país le había dado la Enmienda Platt. Por el contrario, el ilustre patriota, –que estaba consciente de la sangre derramada y el sacrificio ofrecido por los mambises y la gran importancia y trascendencia de la cultura cubana, cultivada con dedicación por sus grandes figuras a través de los siglos– sostenía que la solución del problema era cambiar nuestra organización política interna. Concluía el Maestro, con la sabiduría que le caracterizó y el amor a su patria que alentó su existencia, señalando:

> A mi juicio, si no logramos concertar nuestras leyes orgánicas, para que respondan a nuestras necesidades políticas; si no aprendemos a respetarnos, de modo que sea posible la cooperación de los partidos, a pesar de sus diferencias doctrinales; si no somos nosotros los instrumentos de nuestra pacificación y la garantía de los intereses que aquí se han arraigado, toda ampliación y transformación de la ley Platt serán inútiles. A no ser que se llegue al establecimiento de una guarnición residente en cada poblado y de un policía residente en cada casa (48).

En el siguiente y último artículo «Lo que puede hacerse» de 7 de enero de 1907 reitera lo que ha venido señalando. Reconoce que esta nueva intervención, le había dado al pueblo cubano la paz material, pero no le había devuelto el sosiego, que para los pueblos era tan importante como aquélla. Como explica, esta intervención se encontró en el país un gobierno que había utilizado prácticas ilegítimas para ganar unas elecciones, que quizás hubiera ganado sin necesidad de utilizarla y de la otra parte, a una facción despechada que no acudió a las vías jurídicas que ya se seguían en el mundo occidental para la legítima reivindicación de su derecho sino a la conspiración, a la rebelión contra la población industriosa y pacífica de los campos. Es decir, la Intervención se enfrentó a dos infractores de la legalidad. Ante esta situación, los funcionarios norteamericanos, en vez de acercarse al problema con objetividad e intentar una conciliación que ajustara en la medida de lo posible las pretensiones de las partes en discordia, lo que hicieron fue pretender solucionar el asunto dándole la razón a los sublevados con lo que los representantes de un país como los Estados Unidos que había vivido desde su fundación constitucional, haciendo culto al Derecho, dieron una incorrecta lección a una nueva nación que se enfrentaba al disfrute del Estado de Derecho después de casi un siglo de conspiraciones, sublevaciones y guerras largas y cruentas..

El Maestro terminaba, con un mensaje positivo, en medio de la tristeza que lo embargaba. Afirmaba que el pueblo cubano tenía que volver al amor patrio y confiar en su propia previsión. Había que adaptar las leyes fundamentales a las verdaderas condiciones de nuestro pueblo. Esta modificación de las mismas debería ser el objetivo de los que se propusieran intentar la salvación de la patria. Sabía que la obra sería ardua y lenta pero de todo punto necesaria y que consumiría mucha energía pero, a la que podría sonreír la esperanza de mejores tiempos.

Enrique José Varona fue un cubano ejemplar cuya voz se levantó siempre en defensa de la libertad y la dignidad humana. Varona convirtió su cátedra de la Escuela de Filosofía en la Universidad de la Habana en un estrado de defensa de la República cubana, inspirado siempre por el amor a su patria y la urgencia que su inteligencia le dictaba, de defender el legítimo funcionamiento del Estado de Derecho en la nueva nación. Su obra histórica, sociológica y patriótica, que ha sido estudiada con tanta brillantez por intelectuales cubanos de la categoría de Medardo Vitier, Félix Lizaso, Roberto Agramonte, Jorge Mañach, etc., por sólo citar unos cuantos, tiene su primera manifestación en la Republica, en este pequeño libro *Mirando en torno,* casi olvidado en estos últimos cincuenta años de tragedia y angustia en los que ha vivido sumida su adorada patria.

PROBLEMÁTICA DE LA PRESENCIA DEL POSITIVISMO EN CUBA E HISPANOAMÉRICA

El movimiento filosófico más importante de la segunda mitad del siglo XIX, según la opinión de Humberto Piñera Llera, es el positivismo,[79] que surge en Francia como una oposición al eclecticismo de Víctor Cousin, fundado a su vez en el idealismo especulativo. La razón primordial del positivismo es la negación de toda metafísica. Como he señalado previamente en mis estudios sobre Varona y este movimiento, el positivismo fue evaluado como método y como sistema. Como método intentó trasladar la técnica científica a los estudios filosóficos y como sistema pretendió fijar la experiencia como única fuente del conocimiento, ya fuere la externa de los sentidos o la interna de la conciencia. El positivismo se dio a la tarea de explicarlo todo por medio de la experiencia y rechazó como utópico lo que no era explicable por ella. De ahí que, se haya dicho que, el positivismo fue el sentido común generalizado y sistematizado. Los positivistas afirmaban que querían evitar la anarquía intelectual que, de acuerdo con su opinión, se producía cuando el ser humano pretendía especular sobre lo absoluto. El conocimiento, para este movimiento, emanaba de la ciencia, de la observación de los hechos. El positivismo, pues, pretendía hacer filosofía por medio de los métodos científicos.

Mucho se ha escrito sobre los antecedentes del positivismo. Algunos han señalado a Bacon, que destacó la importancia de la experiencia y del método experimental, procedimiento que tiene como instrumento fundamental a la inducción. Otros han señalado a Locke, verdadero fundador del empirismo moderno, pero de acuerdo con la opinión de la gran mayoría de los especialistas, fue Augusto Comte, el verdadero fundador de este movimiento.

---

[79] Humberto Piñera Llera, *Introducción a la historia de la filosofía*. Miami, Ediciones Universal, 3ª edición, 1980, 234.

Mercedes y Rosaura García Tudurí[80] fijaron con mucha precisión las razones por las cuales el positivismo fue la filosofía más extendida en su época en la América española y por ende en toda la América latina, ya que señalaron que a los positivistas no los movía la especulación en busca del abstracto de la realidad, sino que era la realidad misma en su concreta presencia, lo que los llevaba a reflexionar y a indagar. Esta realidad, añadían, había estado representada permanentemente por la situación política y económica de sus respectivos pueblos, de ahí que los pensadores se hayan manifestado con preferencia a través de las ideas políticas, sociales y económicas y, como un medio lógico, en las teorías sobre la educación.

El positivismo, con su énfasis en la experiencia y en la ciencia, tuvo una gran repercusión en los movimientos de reestructuración de la enseñanza que se desarrollaron en esa época en los países hispanoamericanos y a su vez ejerció una influencia muy destacada en el campo literario, no solamente por la estrecha relación que existió entre ese movimiento y el realismo y el naturalismo, sino además, porque en lo que se refiere a la exegética literaria, la influencia positivista determinó la creación de toda una metodología crítica, el llamado método positivista de interpretación literaria, cuyas bases teóricas fueron establecidas por Hipólito Taine en su conocido prólogo a su famosa *Historia de la literatura inglesa.*

Vamos a destacar en este estudio aunque sea muy panorámicamente tres facetas del paso de las ideas del positivismo por la América española. La primera se refiere al aspecto puramente filosófico, es decir la indagación de cómo nuestros pensadores evaluaron esa ideología europea y en qué medida coincidieron con ella o disintieron de la misma. La segunda faceta ha de referirse al intento por los positivistas de nuestra América hispana de utilizar esas ideas para solucionar determinados problemas urgentes a los que se enfrentaban las naciones del continente, la mayoría ya independientes, otras como Cuba y Puerto Rico, todavía colonias españolas, en las que ya se alentaba el sueño de redención, aspecto que está muy ligado, como veremos más

---

[80] Mercedes y Rosaura García Tudurí, *Introducción a la Filosofía,* New York, Minerva Books Ltd., 4a. edición, 1931, 73.

adelante, con una característica que se le ha imputado en general al movimiento filosófico de Hispanoamérica, es decir lo que se ha llamado su carácter adjetivo, y el tercer aspecto es el análisis de la influencia del positivismo en la literatura y en la exegética literaria hispanoamericana.

Hay que destacar que una amplia evaluación del desarrollo de la ideología del positivismo en nuestras tierras de Hispanoamérica, nos llevaría a la necesidad de indicar ciertas salvedades respecto a la ortodoxia de su filiación al positivismo en muchos de los integrantes. Lo cierto fue que los pensadores hispanoamericanos hicieron, como previamente lo habían hecho los europeos, una evaluación muy cuidadosa de las ideas de Augusto Comte y como consecuencia de estos análisis, encontraremos sustanciales diferencias con el filósofo francés.

No obstante, pese a la existencia de esas diferencias con el fundador, esta generación de pensadores hispanoamericanos logra alcanzar, a través del positivismo, una relevante afinidad ideológica, fenómeno que está íntimamente relacionado con las circunstancias políticas y sociales que prevalecían en la Hispanoamérica de la segunda mitad del siglo XIX y principios del XX.

Es lo cierto que estas figuras destacadas del positivismo tuvieron, en ese período de tiempo, una gran importancia en sus respectivos países de la América española y portuguesa. Por ejemplo, hay que citar: en Méjico, a Gabino Barreda y Justo Sierra; en las Antillas, en Cuba a Enrique José Varona y en Puerto Rico a Eugenio María de Hostos que tuvo que efectuar su labor de reforma educacional inspirada en las ideas positivistas en la República Dominicana y en Chile, Perú y Venezuela y, desde luego, en la América del Sur, a los hermanos Lagarrigue en Chile; a Alfredo Ferreira en Argentina; a Manuel González Prada en el Perú; a Rafael Villavicencio y Adolf Ernst, el naturalista germano, en Venezuela y a Tobías Barreto y Luis Pereira Barreto en el Brasil.

Enrique José Varona tenía específicamente una valiosa tradición filosófica en su isla, que tuvo sus inicios en los fines de la centuria decimonona con el padre José Agustín Caballero y continuó en el siguiente siglo con el padre Félix Varela y el educador José de la Luz y Caballero. Varona hizo historia en el desarrollo de las ideas positivistas en nuestra América con sus Conferencias Filosóficas que dictara en la Academia de Ciencias de la Habana desde 1880 hasta 1882, las que fueron sin duda un valioso esfuerzo por divulgar en su país la Lógica, la Psicología y la Ética. La primera serie, la relativa a la Lógica fue publicada en 1880 y las otras dos, en 1888. Las conferencias muestran su adhesión al movimiento positivista y las tres series están íntimamente ligadas porque se basan en los mismos supuestos del Positivismo y están encaminadas a edificar una sociedad ideal: Psicología, Lógica y Ética. El juicio sobre la importancia de estas conferencias varía del entusiasmo elogioso a la afirmación de que se trató fundamentalmente de la exposición de las ideas vigentes en la época. Lo cierto es que no se puede desconocer el carácter didáctico que las inspiró y que ponen en evidencia el dominio absoluto del tema que tenía Varona, además de que eran el producto de una amplia y rigurosa investigación y que fueron expuestas de una manera precisa y clara que arrojó mucha luz sobre el profundo contenido de las materias tratadas.

La crítica tradicionalmente ha subrayado en ellas su adhesión al Positivismo, sin embargo, como Varona fue un pensador dotado de un gran sentido crítico, que siempre sometía las ideas ajenas a una rigurosa y cuidadosa evaluación, hay que señalar que ya desde estas conferencias, muestra ciertas diferencias de criterio con las figuras fundamentales del positivismo europeo. Éstas se van a hacer más evidentes en una serie de artículos filosóficos que vieron la luz en la *Revista de Cuba* de Cortina, así como los publicados en la *Revista cubana* que él dirigió, y también, entre otros, en los artículos que se incluyeron en su libro *Estudios literarios y filosóficos.*[81]

En efecto, en relación a Augusto Comte, si es lo cierto que Varona coincidió con este filósofo francés en su entusiasmo por la ciencia y su reconocimiento en la eficacia de la metodología científica, fundada en la observación y en la experiencia, el pensador cubano llevó a

---

[81] Enrique José Varona, *Estudios literarios y filosóficos,* La Habana, La Nueva Principal, 1883.

cabo muy básicas objeciones a las ideas de aquél. Una de ellas, muy fundamental fue la que hizo en su *Lógica*. En efecto, Varona impugnó la clasificación de las ciencias que había hecho Comte, pues consideraba que éste se equivocaba cuando había afirmado que cada ciencia era respectivamente independiente de las otras, pues él consideraba, en mi opinión con fundamento, que la interrelación de los distintos fenómenos es una realidad que no puede desconocerse. También el pensador cubano objetó la famosa Ley de los Tres Estados formulada por Augusto Comte, que como es conocido, planteaba que el pensamiento había recorrido a través de la historia tres fases: la teológica, la metafísica y la positiva, ya que según el crítico, la referida ley establecía estas etapas con una rigidez que él no veía en el desenvolvimiento histórico.

Además Varona no coincidió con Comte en el absoluto optimismo que éste tuvo sobre las ciencias, de las que el fundador del positivismo esperaba demasiado. Hay que recordar que si bien Comte en su primera etapa se mostró siempre remiso a afiliar ese movimiento a ningún optimismo, lo cierto fue que en su segunda etapa, su fe en la ciencia lo condujo a organizar la religión de la humanidad. Varona se separó del Comte de esta segunda etapa y en un trabajo en que evaluaba un libro del cubano Andrés Poey sobre el positivismo, ponía de manifiesto lo extraño que resultaba no solamente que la filosofía positivista pretendiera fundar una religión demostrada, sino también que intentara fundar una sociedad dictatorial, oligárquica y teocrática. El maestro de Cuba confiesa que fue Littré, el discípulo de Comte que tuvo la ampliamente difundida polémica con su maestro, el que lo iluminó para ver la falla fundamental de esa segunda etapa comteana, pero también le criticó a Littré, que pese a su disidencia, conservó siempre demasiado sabor a su origen, es decir, que el discípulo nunca pudo despojarse de esa pretensión, precisamente de su maestro Augusto Comte de haber dicho siempre la palabra definitiva.

Varona fue, en todo momento de su vida, un pensador que evaluó el criterio ajeno con objetividad y mantuvo con ponderación, pero con genuina sinceridad intelectual, sus opiniones. Mostró, por ejemplo, simpatías por las derivaciones inglesas del Positivismo, es decir con las posiciones filosóficas de Stuart Mill como con las de Herbert Spencer, pero también mantuvo diferencias de opinión con las mismas. Varona se proclamó evolucionista convencido pero en dos trabajos muy destacados «La moral en la evolución» y «La evolución psicológica» mostró que su filiación evolucionista estaba ajena a la carga metafísica que la crítica le había atribuido a Herbert Spencer.

En conclusión, que Enrique José Varona fue un positivista, pero fue un positivista heterodoxo porque sometió a un permanente análisis todo la compleja ideología de los grandes maestros del positivismo europeo y por ello fue muy representativo de la mayoría de su generación hispanoamericana. Como lo fue Gabino Barrera, el introductor del positivismo en Méjico, que se caracterizó en su positivismo por su heterodoxismo. En efecto, Barrera fue designado por el prócer Benito Juárez, Director de la Escuela Nacional Preparatoria y trató de fundamentar la educación popular de acuerdo con las ideas positivistas pero modificó el lema comteano de «Amor, Orden y Progreso» por el de «Libertad, Orden y Progreso»

De la misma manera, el llamado grupo de los científicos de Méjico, consideró que las leyes del progreso de Herbert Spencer no resultaban de aplicación a su país porque ellos opinaban que éste no había logrado el grado de evolución social, política e intelectual necesario para que el pueblo pudiera disfrutar de una genuina libertad. Justo Sierra, a pesar de proclamarse decidido partidario de la ley de la evolución, denunció en su discurso del 22 de marzo de 1908, la necesidad de sustituir la fe en la ciencia que proclamaban los positivistas por un escepticismo científico.

En cuanto al destacado escritor de Puerto Rico, Eugenio María de Hostos que, como ya apunté, llevó a cabo en la República Dominicana, desde la dirección de su Escuela Normal una labor de difusión de las ideas positivistas en la enseñanza de ese país, influencia que también hizo sentir en otros países de Hispanoamérica, es lo cierto que en el transcurso de su vida, fue alejándose del positivismo hasta caer en lo que Pedro Henríquez Ureña calificó de su peculiar racionalismo ético.

En Chile, Victorino Lastarria, que fue en sus inicios un decidido seguidor de las ideas del positivismo, tomó de ese movimiento la orientación que llevaba a acentuar el conocimiento en la observación y la experiencia; encontró en esa filosofía, la base teórica para tratar de hacer germinar en su pueblo la responsabilidad que, según él, tanto necesitaba obtener y la fortaleza espiritual que le permitiría progresar y llegó hasta darle por titulo, *Lecciones de Política positivista,* a la obra en que recogió las conferencias que dictó en la Sociedad Literaria de ese país, rechazó sin embargo la segunda etapa de Augusto Comte, calificándola de dogmática. En ese país andino tuvo gran repercusión la polémica entre Comte y Littré, ya que se crearon dos corrientes medularmente antagónicas. De una parte, estuvieron los que mantenían su adhesión a la absoluta fe en la ciencia como Comte, como fueron los hermanos Jorge, Juan Enrique y Luis Lagarrigue y de la otra, los que aceptaron las objeciones de Littré y la posición de Lastarria, que coincidió con las críticas del discípulo al maestro y se lanzaron a defender estas objeciones, como fue por ejemplo Valentín Letelier.

En Argentina, inspirado en las ideas de Scabrini, el profesor italiano que fuera el maestro de Alfredo Ferreira, una de las figuras más destacadas de este movimiento en ese país, se creó un positivismo, que Alejandro Korn definió con acierto, adaptado a la realidad de esa nación Pero además de Ferreira que tuvo una más decidida concentración en la filosofía positivista, la crítica ha señalado dos figuras que partiendo de las ideas centrales de este movimiento se destacaron extraordinariamente, uno fue Juan Bautista Alberdi, que lleva a sus obras, ese afán de renovación que trajo a Hispanoamérica las ideas positivistas y el otro José Ingenieros, prolífico escritor que gozó de gran fama en su época, que bebió en las fuentes del positivismo y el evolucionismo y que enfatizó el marcado optimista positivista sobre el futuro de la Humanidad que emanaba de fe en la ciencia. Sin embargo, Ingenieros, se alejó de la negación absoluta de la metafísica que caracterizó al positivismo radical francés e enfatizó el mensaje ético que conllevaba la influencia fundamental de los ideales en el progreso de la sociedad.

En Perú, no obstante que Manuel González Prada comprendió que la filosofía positivista podía llegar a ser una poderosa aliada en la lucha ideológica que él estaba realizando por el mejoramiento de las condiciones socioeconómicas en que vivía su pueblo, lo cierto es que el destacado escritor peruano siempre estuvo lejos de ser un genuino positivista. González Prada utilizó la ciencia como un instrumento de destrucción de lo que denunciaba como injusta estratificación social y fue desenvolviendo sus ideas hasta llegar al anarquismo e incluso, llevado por sus pasiones políticas, llegó a ver raíces anárquicas en el abanderado del evolucionismo, Herbert Spencer,

En resumen, que si bien la llamada por Comte, religión de la Humanidad, tuvo indudables repercusiones en algunas naciones hispanoamericanas como Chile y Brasil, por ejemplo, la mayoría de nuestros positivistas no siguieron a Comte en lo que se ha denominado la segunda etapa de su pensamiento, que se caracterizó por un énfasis en su dogmatismo.

Lo cierto es que las ideas positivistas llegaron a Hispanoamérica en momentos históricos que facilitaron su acogida por los anteriormente mencionados pensadores ya que varias centurias de dependencia política habían dejado en Hispanoamérica grandes masas populares sumidas en la ignorancia y en la pobreza y muchas de las nacientes repúblicas de nuestro continente se enfrentaban a un sustancial problema, el hecho de tener a una gran parte de su población, la indígena, viviendo al margen del proceso histórico que se estaba desarrollando. Tenían estas naciones, una estructura económica muy precaria y deficiente que dependía casi completamente de una agricultura, por cierto bastante primitiva. En fin, se levantaban las nuevas naciones en sociedades deficientemente estructuradas que bien pronto serían víctimas de la violencia

En efecto, la gran mayoría de nuestras naciones que habían logrado su independencia política, ya habían dejado atrás el breve período de euforia producido por la separación de la metrópoli y estaban sufriendo las consecuencias de las frustraciones y quiebras que la pasión política desbordada estaba produciendo en esos países. Todo este proceso histórico hizo pensar a nuestras mentes más preocupadas y cultas, que nada se lograría con el rompimiento político alcanzado, si nuestros pueblos no obtenían también una liberación intelectual. El Positivismo, con su preocupación por la ciencia, con su uso de los métodos experimentales, con su aire de modernidad, de futuro, constituyó un mensaje de esperanza, en momentos históricos que, como ya se ha señalado, América hispana más necesitaba.

Todo esto permite comprender la aparición generacional de esas grandes figuras del positivismo hispanoamericano. Una de las preocupaciones fundamentales de estos pensadores, a la que le otorgaron una prioridad extraordinaria, fue la reforma de la enseñanza, empleada como instrumento para obtener ese ansiado objetivo de emancipación intelectual. Debe señalarse al efecto, que el destacado ensayista dominicano de la pasada centuria, Pedro Henríquez Ureña, en su medular obra *Historia de la Cultura en la América Hispana*[82] vio precisamente la gran aportación del positivismo a la historia cultural de Hispanoamérica en la contribución que ese movimiento hizo a la liberación en la enseñanza de las tradiciones coloniales.

Lo cierto es que la reforma educacional en nuestra América, fue el resultado de un proceso que se había venido desarrollando lentamente, pero la influencia de la filosofía positivista, primero con las ideas de Augusto Comte y después con las de John Stuart Mill y las de Herbert Spencer, unido al prestigio que habían venido adquiriendo las ciencias experimentales, fue sin duda un elemento fundamental en esta nueva orientación que logra la enseñanza en la América española.

Pero esta labor de desbrozar el camino que realizó el positivismo, conllevaba una subsiguiente tarea constructiva y es en ese campo donde fundadamente se le han imputado fallos. Carlos González Peña ha hablado de la esterilidad que el positivismo engendró en las letras mejicanas[83] y Martín S. Stabb evaluó con cierto detenimiento lo que

---

[82] Pedro Henríquez Ureña, *Historia de la Cultura en la América Hispana*, 93 y siguientes.

[83] Carlos González Peña, *Historia de la Literatura Mejicana,* México, Editorial Porrúa, S.A. 1969.

denominó la rebelión contra el cientificismo.[84] Analizado este asunto desde una perspectiva actual, es innegable que la concentración positivista en la ciencia con su necesaria consecuencia de reducción del cultivo de las Humanidades y su intencionada búsqueda de lo práctico, produjo sin lugar a dudas determinadas repercusiones muy desfavorables. Los defensores del positivismo han afirmado que si se analiza el problema con un criterio histórico se pueden encontrar tanto consecuencias positivas como negativas del paso de la ideología positivista por tierras latinoamericanas, pues existieron razones políticas, sociales y económicas que justificaron su acogida, ya que estos pensadores nuestros estimaban que esas ideas constituían un elemento valioso en la búsqueda de la emancipación intelectual que requería el continente para encontrar un destino propio. Recuérdese que Jorge Mañach calificaría de verdadera terapéutica de urgencia la reforma educacional de inspiración positivista que hiciera su admirado maestro Enrique José Varona, en los inicios de la República de Cuba. Mañach imputaba la responsabilidad de los efectos negativos que en la formación cultural del pueblo en los primeros años de la República había producido la reducción del interés por las Humanidades de la reforma varoniana, a la intelectualidad cubana de la época que no había construido sobre lo que Varona creó.

En cuanto al tercer aspecto, es decir al de la influencia positivista en la crítica literaria hispanoamericana de la época, debe señalarse que la escuela exegética del positivismo trasladó la técnica de las ciencias exactas al campo de la crítica literaria y pretendió enfrentarse a la obra literaria como expresión de esa conciencia colectiva del pueblo en que intervenían factores de lo sociológico que la condicionaban. La crítica literaria positivista tuvo sus raíces en Sthendhal y Sainte Beuve, como Hipólito Taine reconoció, pero es el propio Taine, su máximo exponente. Éste trató de ver en la obra literaria la influencia de los factores de raza, época y lugar.

En Cuba, Varona consideraba que los signos artísticos constituían el medio a través de los cuales se buscaban las características de una

---

[84] Martín S. Stabb, *América Latina en busca de una identidad.* Caracas, Monte Ávila Ediciones, 1969, 55 y siguientes.

determinada sociedad, lo que en definitiva era afiliarse a la crítica positivista, que como él aceptó, era corroborado por su obra y reconocido por sus más destacados exégetas.

En su estudio «Como ha de estudiarse la obra literaria» de su libro *Trabajos sobre educación y enseñanza* señala lo que debe considerarse como función del crítico literario. Dice así Varona: «Mas sólo el que desentraña el valor y el significado de la obra, tanto en sus estrechas relaciones con el país y la época en que se produce, cuanto en su íntima dependencia del autor, ejerce la función verdaderamente científica del crítico». En ese trabajo, Varona teoriza sobre la perspectiva crítica que él siguió en muchos de sus estudios críticos, algunos de los cuales fueron verdaderos modelos de crítica positivista, como su famosa conferencia sobre Cervantes, su trabajo sobre Gertrudis Gómez de Avellaneda y su estudio «La nueva Era» dedicado a evaluar tres poetas cubanos de su generación, Diego Vicente Tejera, Borrero Echevarria y Varela Zequeira.

Sin embargo, en este aspecto Varona también mostró esa independencia de criterio a la que hemos aludido. En un artículo»Algo sobre Taine con motivo de Sorel», al propio tiempo que reconocía los grandes méritos que tenía el maestro francés, hacía ciertas críticas al procedimiento taineano, que si bien era verdad que aludían a los estudios históricos de Taine, por su naturaleza podían extenderse a sus trabajos de crítica literaria. En verdad no criticaba el método taineano sino el inadecuado uso que de él, en ocasiones había hecho su creador. No criticaba la inducción, que el crítico cubano reconocía que llegaba a verdades a través de la observación y de la experiencia, sino los saltos interpretativos que no se ajustaban a la objetividad científica.

Todo esto ha originado que algunos estudiosos de Varona lo hayan visto caracterizado por cierto eclecticismo crítico y aunque esta afirmación esté justificada en cierta medida, es lo cierto que es un criterio generalizado de la amplia exegética que se ha venido ocupando de su obra, el reconocimiento de la seriedad intelectual que caracteriza la crítica literaria varoniana

En fin, que en este campo, las relaciones de Varona con el positivismo se asemejan a las sostenidas en el estrictamente ideológico. No en balde, Alberto Zum Felde ha señalado en su *Índice Crítico de la Literatura Hispanoamericana* que «el naturalismo crítico de la escuela taineana, influye mucho, ciertamente, sobre la crítica americana de ese período, pero en su espíritu más que en sus disciplinas». Zum Felde subraya que la conferencia de Varona sobre Cervantes con el estudio de José Enrique Rodó sobre Juan Montalvo son lo más definido y ejemplar que en la modalidad de crítica positivista se produjo en América hispana.

En resumen, que pese a sus indudables logros, la presencia del positivismo en Hispanoamérica fue un tanto problemática porque en definitiva, llevaba en sus fundamentos ideológicos grandes limitaciones, ya que al no enfrentarse a los problemas que planteaba la Gnoseología y la Metafísica, eliminaba estas disciplinas, desconociendo el afán de saber y el ansia metafísica que ha caracterizado al hombre a través de su historia y que son tan consustanciales a la naturaleza humana. Al propio tiempo esa visión tan materialista del hombre en su dimensión universal le impidió tener en cuenta todos los factores necesarios para cumplir sus ambiciosos propósitos de solucionar los múltiples y diferentes problemas políticos, sociológicos, psicológicos, éticos y económicos a los que se enfrentaban las naciones hispanoamericanas.

LA ENSAYÍSTICA DE JOSÉ MARTÍ Y ENRIQUE JOSÉ VARONA

José Martí y Enrique José Varona fueron, sin duda, extraordinarios ensayistas y críticos que ocupan posiciones muy destacadas en la historia de la literatura cubana e hispanoamericana en general y que recibieron una evaluación muy positiva no solamente de la exegética del siglo XIX sino también de la presente centuria. Un enfrentamiento a sus obras ensayísticas ha de plantear necesariamente las afinidades y los contrastes entre ambos, no sólo en su aspecto literario sino también en su vertiente político-social, que es tan sustancial, pues los dos dedicaron parte muy fundamental de sus vidas a forjar la conciencia nacional de su país y a orientar y guiar a su pueblo en la lucha por la independencia y, al propio tiempo, mostraron gran interés por el estudio de la cultura y el destino de Hispanoamérica. Además, los dos se enfrentaron a todo dogmatismo, pero mientras Varona se adscribió a la filosofía positivista, aunque con cierta heterodoxia, Martí tomó del positivismo sólo la tendencia renovadora que permitiría, mediante la experimentación, el crecimiento técnico que necesitaba nuestra América, pues rechazaba su pragmatismo exagerado y su básico materialismo que tan áridas repercusiones iba a producir en el desarrollo intelectual de las naciones y no aceptaba el repudio de la metafísica, pues su espiritualismo saturó su vida y su obra de un marcado afán de trascendencia.

En cuanto al estilo del ensayo de ambos autores, se encontrarán semejanzas y diferencias sustanciales. Primeramente, analizando el estilo visto desde fuera, como lo llamó Wolfgang Kaiser[85], es decir, la unidad y la individualidad de la estructuración, hay que destacar, en la prosa, la sencillez, armonía, mesura y elegancia un tanto clásica de la de Varona en contraste con la pasión, el lirismo imaginativo y la

---

[85] Wolfgang Kaiser, *Interpretación y análisis de la obra literaria* (Madrid: Gredos, 1970), 38.

brillantez tan barroca de la de Martí y sin embargo, desde la perspectiva del estilo visto desde dentro, es decir en lo que se refiere a la unidad o individualidad de la percepción, se debe subrayar la común actitud observadora que los identifica en la amplitud temática de la obra de ambos, que cubrió al hombre y la naturaleza, y que abarcó aspectos artísticos y literarios, además de científicos, sociales, históricos y políticos.

Hubo en Martí una formación más orientada por educadores, primero por la influencia de su maestro Rafael María de Mendive y después con los estudios en España, en las universidades de Madrid y la de Zaragoza, en la que recibió los títulos de Licenciado en Filosofía y Letras y en Derecho Civil y Derecho Canónigo. Por el contrario, en Varona primó más el autodidactismo, pues si bien fue alumno del Colegio de los Padres Escolapios en Camagüey y del Instituto de Matanzas, es lo cierto que obtuvo sus diplomas de Licenciado y Doctor en Filosofía en la Universidad de La Habana a título de suficiencia, en 1892, cuando ya había pronunciado sus notables Conferencias Filosóficas y había publicado sus libros *Estudios Literarios y Filosóficos* y *Seis Conferencias*. No obstante esa diferencia de formación, ambos fueron incansables lectores y esa prodigiosa laboriosidad se manifiesta en sus obras de ensayo y exégesis.

A Martí se le atribuyó en su época cierta efusividad crítica de la que él estaba muy consciente, pues reconocía que para su dicha se le iba la mano con más gusto al encomio que al vituperio. En un artículo de *Patria* «Sobre los oficios de la alabanza», precisaba bien su conducta crítica que, según él, estaba encaminada siempre a reconocer todo aquello que merecía elogio, aunque reprobaba la alabanza inmerecida. Así señalaba: «La generosidad congrega a los hombres, y la aspereza los aparta. El elogio oportuno fomenta el mérito; y la falta del elogio oportuno lo desanima [...] La adulación es vil, y es necesaria la alabanza [...] La alabanza justa regocija al hombre bueno, y molesta al envidioso [...] Se puede ser y se debe ser cómplice de la virtud [...] Es cobarde quien ve el mérito humilde, y no lo alaba».

Pero también señalaba que «es loable la censura de la alabanza interesada».[86]

Andrés Iduarte, con acertado juicio, nos previno de que no se debía mal interpretar ese sentido piadoso y redentor que tenía Martí de la crítica pues en modo alguno lo llevó a atribuir méritos a quien no los mereciera y para probarlo, comparaba los elogios que hizo de Sellén, Gutiérrez Nájera o Casal, con las páginas que dedicó a queridos discípulos como Castro Palomino y Quesada y Aróstegui, con lo cual Iduarte hacía evidente la gran diferencia en los juicios martianos en función de la genuina calidad literaria de las figuras estudiadas. Como concluía Iduarte: «Martí sabía bien medir y calibrar sus juicios; sólo que, hombre muy por encima de la pasión y la rivalidad literaria, no los aceró ni los envenenó nunca».[87] Martí, con su extraordinario poder armonizador y sincrético, no se afilió, contrariamente a Varona, a una específica metodología sino que empleó instrumentos exegéticos positivistas e impresionistas, a los que agregó una visión modernista que le dio una relevancia especial a su crítica.

Varona, al igual que Martí, no formuló una teoría general acerca de la crítica literaria aunque sí expresó en varias ocasiones sus ideas al respecto. Consideró que el espíritu crítico no era consustancial a la naturaleza humana en la que advirtió una tendencia innata a la credulidad pero sí lo vio como manifestación de la inquietud científica y como instrumento adecuado para enfrentarse a todo dogmatismo. Varona también, como Martí, fue un crítico dotado de erudición, de gusto artístico y de actitud de pensador. En relación a su metodología crítica, Varona siguió una orientación marcadamente positivista, en especial la de Hipólito Taine, no sólo cuando habló teóricamente sobre la crítica, sino también en sus estudios exegéticos específicos, como por ejemplo, los dedicados a Cervantes, a Gertrudis Gómez de Avellaneda, o el titulado «La Nueva Era» en el que estudiaba a varios poetas cubanos de su época. Ellos demuestran, sin lugar a dudas, que para Varona los factores taineanos de raza, medio y época determinaban

---

[86] José Martí, «Sobre los oficios de la alabanza», en *Obras completas de José Martí* (La Habana: Ed. Nacional de Cuba, 1964), I, 369.

[87] Andrés Iduarte, *Martí escritor,* 3ª Ed. (México: Ed. Joaquín Mortiz 1982), 140-41.

necesariamente la creación artística. Igual influencia taineana se hace patente en muchos artículos de *Violetas y Ortigas* y *Desde mi belvedere*. También se muestra en la obra exegética de Varona, la presencia del criterio psicobiográfico de Carlos Agustín Sainte-Beuve.

He señalado en otra ocasión que Martí, por medio de su ensayística, realizó una función iluminadora, al propio tiempo que llevó a cabo una labor analítica y una tarea redentora.[88] La función iluminadora de Martí la efectuó divulgando, en muy importantes periódicos de América hispana, la cultura universal que estaba preñada de ideas de renovación. Baste citar, a modo de ejemplo, el medular ensayo sobre Emerson, escrito con motivo de su muerte o los dedicados a Whitman y Longfellow en cuanto a letras norteamericanas; el del escritor inglés Oscar Wilde o los estudios sobre el venezolano Cecilio Acosta o el colombiano Rafael Pombo; además de los trabajos sobre otras grandes figuras de Hispanoamérica como Bolívar, San Martín, Páez, Juárez, etc. También mostró a sus lectores la gran tradición cultural de su isla en numerosos artículos, como son sus valiosísimos acercamientos a Varona; el medular ensayo sobre José María Heredia, tan justamente comentado; o los dedicados a la obra poética de Francisco Sellén o la exegética de Rafael Merchán.

En cuanto a la función analítica de su ensayística, se debe señalar que Martí –a quien Humberto Piñera calificó de profundo escritor reflexivo[89]– sometió siempre el objeto de su estudio, ya se tratara de temas estrictamente literarios, filosóficos o socio-políticos, a una cuidadosa evaluación. Véase por ejemplo el prólogo que Martí hizo al poema del Niágara del poeta venezolano Pérez Bonalde en donde existe esa condena al materialismo y a la superficialidad del ambiente que fue tan común al hombre del fin del siglo XIX, lo que ha permitido a José Olivio Jiménez, en un libro muy reciente, encontrar una verdadera alborada del pensamiento existencial en la cultura hispáni-

---

[88] Elio Alba Buffill, 'Ejemplaridad de Martí', en *Conciencia y quimera* (New York: Senda Nueva de Ediciones, 1985), 49-58.

[89] Humberto Piñera, *Idea, sentimiento y sensibilidad de José Martí* (Miami: Ediciones Universal, 1981).

ca.⁹⁰ Además esta función analítica complementa a la redentora, por la que Martí exhorta a los pueblos de Hispanoamérica a combatir y superar los males políticos que aquejaban a sus nacientes naciones y logra, en lo que a su patria específicamente se refiere, que el pueblo cubano se levante en armas y obtenga su libertad a través de su propio esfuerzo.

La ensayística de Varona también cumplió las tres funciones que hemos señalado en la de Martí aunque en contraste con aquél, la recogió en numerosos libros. La preocupación literaria fue la más permanente de Varona pero también se le despertaron otros intereses: la Filosofía, la Política, la Sociología y la Educación que ejercieron gran atracción sobre él. No obstante, si se observa con visión panorámica su obra ensayística, nos encontramos un proceso evolutivo que se inicia y termina con lo literario y tiene algunas etapas en las que se concentra en los otros aspectos citados.

Al igual que Martí, Varona estuvo muy al tanto de la literatura hispánica y de la universal. Dentro de la primera tuvo un mayor énfasis en la cubana y la española que en la hispanoamericana. En cuanto a la literatura universal efectuó estudios sobre las europeas, especialmente la francesa, la inglesa, la alemana y la italiana, y realizó otros sobre la literatura clásica. Además, mostró interés en la norteamericana y en escritores de otras nacionalidades como el ruso Tolstoi y el noruego Ibsen. Varona efectuó análisis sustanciales sobre el romanticismo, el realismo, el naturalismo, el parnasianismo y el decadentismo aunque tuvo una actitud bastante fría sobre el modernismo, sobre todo la obra de Rubén Darío, al que reconoció no obstante su influencia en la lírica de su época en América hispana así como en España.

Tanto en la ensayística socio-política de Martí como en la de Varona, la inquietud por el destino de su patria es una constante. Por ejemplo, en el folleto «El presidio político en Cuba», Martí denuncia las injusticias que la administración colonial española hacía sufrir a los cubanos que reclamaban sus derechos a ser un pueblo independien-

---

⁹⁰ José Olivio Jiménez, *La raíz y el ala. Aproximaciones críticas a la obra literaria de José Martí* (Valencia: Pre-textos, 1993).

te. Asimismo en «La república española ante la revolución cubana», a la par que recibe jubiloso el advenimiento de la nueva república, previsoriamente le advierte a sus gobernantes lo que de traición significaría a los principios que habían inspirado su nacimiento, el que esa república tuviera, ante las justas apetencias de independencia de Cuba, el mismo desdén e igual incomprensión que tuvo el régimen que la había precedido. Y así, proclama: «Si la libertad de la tiranía es tremenda, la tiranía de la libertad repugna, estremece y espanta»,[91] Y señala con gran precisión que «Patria es comunidad de intereses, unidad de tradiciones, unidad de fines, fusión dulcísima y consoladora de amores y esperanzas».[92] En el *Manifiesto de Montecristi* que escribió antes de iniciar la guerra de independencia de 1895, establece la base ideológica de esa revolución y llama a los españoles residentes en la isla a la cooperación constructiva con los cubanos para edificar sólidamente la nueva nación que ha de surgir de la contienda.

En igual dimensión, la ensayística de Varona está saturada de esa preocupación por el destino de Cuba. Citemos también a modo de ejemplo, las dos conferencias que pronunció en su exilio neoyorquino sobre la labor colonizadora de España en América en donde analiza esos empeños desde los puntos de vista político, económico y social y hace una crítica muy fundada al régimen esclavista que había entronizado España en Cuba. Otros trabajos de crítica a la metrópoli española son «El derecho del puño» en el que analiza el uso frecuente de la violencia y su consecuencia necesaria, la falta de respeto a la dignidad humana; «El bandolerismo, reacción necesaria», en el que diagnosticaba el marcado propósito antisocial del fenómeno y trazaba sus raíces en la larga guerra de reconquista de España, que fue dejando a retaguardia, según decía, una sociedad amante del peligro, acostumbrada a la lucha cotidiana y muy poco propicia a renunciar a los logros ganados por la fuerza y al sometimiento voluntario al imperio de la norma jurídica; la conferencia «Los cubanos en Cuba», pronunciada en plena Habana, ante la presencia de las autoridades españolas, en la

---

[91] José Martí, 'La república española ante la revolución cubana', en *La enciclopedia martiana* (Miami: Ed. Martiana Inc., 1978). II, 52.

[92] José Martí, 'La república española', 96.

que evalúa la Cuba del siglo XIX. De extraordinaria importancia es también su alegato «Cuba contra España», en el que, con un enfoque socio-económico, indicaba el atraso en que en estos aspectos vivía Cuba y denunciaba las causas del mismo. Esta devoción de Varona por su patria se hizo también evidente en la república, en la que durante las últimas décadas de su vida, continuó la prédica ética que hizo que las nuevas generaciones lo consideraran la voz moral de la joven nación.

Otra cuestión temática común en la ensayística de ambos es la preocupación por la América hispana. Martí tenía fe en los valores espirituales de Hispanoamérica y vio claramente el carácter mestizo de su cultura. Diagnosticó los males de esa república y planteó la necesidad de estudiar las características de sus pueblos como el paso previo en el intento de encontrar soluciones a su problema. En su ensayo «Nuestra América» se preguntaba: «Cómo han de salir de las universidades los gobernantes, si no hay universidad de América donde se enseñe lo rudimentario del arte de gobierno, que es el análisis de los elementos peculiares de los pueblos».[93] De esa manera, Martí se colocaba en lugar destacadísimo en una corriente del pensamiento continental que empezaba a mostrar interés en la búsqueda de la esencia hispanoamericana. Para él, América era el producto del sincretismo cultural de lo autóctono con lo hispánico que traía consigo la tradición civilizadora de Occidente, pues Martí siempre amó a España, aunque le exigiera que estuviera a la altura de su grandeza cultural. En este ensayo también alude con dolor al repudio que el indio y el negro sufrieron en el proceso colonizador español y que desgraciadamente no había desaparecido del todo en las jóvenes repúblicas. Martí era un creyente convencido de que la democracia era el régimen político más perfecto que había creado el hombre y que era tarea del gobernante, a través de la educación, darles a los sectores menos favorecidos por la historia, las adecuadas oportunidades de superación. También apuntó los peligros del naciente imperialismo norteamericano pero hizo evidente un gran interés por ese pueblo y

---

[93] José Martí, 'Nuestra América', en *Obras Completas de José Martí*, VI, 17.

fue quizás el hispanoamericano que mostró en el siglo XIX más dedicación por el estudio de sus costumbres y su cultura.

Por su parte, Varona, en su «Ojeada sobre el movimiento intelectual en América», salió en defensa tanto de la intelectualidad de la América latina como de la sajona ante un ataque efectuado por un escritor español en una sociedad cultural de La Habana. Varona comenzaba elogiando la democracia norteamericana y declaraba que era insano desconocer la importancia de la cultura científica de los Estados Unidos y negar los logros que en lo literario había alcanzado, extremando las citas en cada aspecto del saber humano para justificar las aportaciones de ese país. Sin embargo, al igual que Martí, fue severo crítico del naciente imperialismo norteamericano y su pragmática política exterior, como se ve claramente en sus conferencias «La política cubana de los Estados Unidos' y «El imperialismo a la luz de la sociología».

Al volver los ojos hacia la cultura de Hispanoamérica, Varona, con su perspectiva positivista, reconocía que el proceso de gestación de esas naciones no había sido el más propicio para su desenvolvimiento científico, artístico y literario, pero se mostraba como Martí, optimista ante el futuro porque veía como muy positivo las polémicas existentes en aquella época entre las fuerzas tradicionales y las corrientes renovadoras. El crítico subrayaba los grandes logros materiales que había experimentado la América hispana, pero inmediatamente se concentraba en el aspecto cultural para destacar el énfasis que se estaba dando a la educación y la revisión que la intelectualidad hispanoamericana estaba haciendo de las civilizaciones autóctonas, del período colonial y de la etapa de emancipación. La enumeración de los escritores y científicos notables y las referencias a la labor de figuras específicas, demuestran el vasto conocimiento que tenía Varona de la cultura de Hispanoamérica. No obstante, es indudable que la obra de Varona no refleja esa preocupación tan permanente por Hispanoamérica que se ve en Martí.

Tanto Martí como Varona, a pesar de las diferencias que los separan en sus perspectivas filosóficas, estéticas y literarias, supieron valorar recíprocamente sus altas calidades literarias y las virtudes cívicas que los identificaban como fundadores de su patria. Así tenemos que Martí realizó un elogio de la conferencia «El poeta anónimo de Polonia» pronunciada por Varona en plena colonia, en la que al exaltar la poesía de Krazinski, Varona había destacado el ansia de libertad de los pueblos. Martí indicaba que la lengua de Varona era admirable, «no como otras acicalada y lechuguina, sino de aquella robustez que nace de la lozanía y salud del pensamiento».[94] Antes, evaluando el libro *Seis Conferencias,* Martí había puesto de manifiesto el interés, la elevación y la unidad con que Varona había dotado a esta colección de estudios sueltos. También señaló los valores literarios que adornaban al libro y veía en su autor talla de fundador de pueblo porque comprendía que Varona más que agitar quería fundar.

Igual sentimiento de admiración anidó Varona por Martí y en diferentes ocasiones se refirió a él bien como distinguido literato, o como «titán con cuerpo de pigmeo» al que «no le cuadraban las medidas corrientes»,[95] o como «observador con alma de apóstol».[96] Fue de los primeros en subrayar la significación de *La Edad de Oro* y percibió en Martí que era el alma lo que perseguía en los hombres, en el arte y en la naturaleza y por último hizo evidente su reconocimiento a su calidad humana y talento en su discurso «Martí y su obra política», de 1896. En resumen, a estas dos figuras las unió la admiración y el respeto recíprocos, pero muy especialmente la gran devoción que sintieron por su patria, de la cual dejaron constancia en sus respectivas ensayísticas.

---

[94] José Martí, «El poeta anónimo de Polonia de Enrique José Varona», en *Homenaje a Enrique José Varona* (La Habana: Ministerio de Educación, 1951), 270.

[95] Enrique José Varona, *El Fígaro*, La Habana, XVIII, núm. 34 (1902), 422.

[96] Enrique José Varona, *El Fígaro*, La Habana, XXXIX, núm. 5 (1922), 70.

EN TORNO AL PRIMER NÚMERO DE
LA EDAD DE ORO DE JOSÉ MARTÍ

En virtud de la gentil invitación de la Asociación de Expresos Políticos Cubanos, comparezco ante ustedes para participar en esta mesa redonda con la que esta institución celebra el centenario de la publicación en Nueva York de *La Edad de Oro,* la revista que el Apóstol de la libertad de Cuba dedicara a los niños de América.

Fernando de los Ríos, el destacado escritor español, calificó a Martí como filósofo del amor, calificación un tanto paradójica porque filosofía es pensamiento y amor es sentimiento. Conciliación de ambos, creyó ver De los Ríos en la obra de Martí, donde vibra lo luminoso de la idea y el profundo estremecimiento del alma.

Y es sin duda esta obra martiana para la niñez americana, una de las manifestaciones del genio del mártir de Dos Ríos donde más evidente se hace el inagotable manantial de ternura que anidaba en su alma. Martí se muestra aquí padre y maestro. Padre preocupado y amoroso, maestro comprensivo e inteligente.

En el primero de los cuatro números de la revista que fueron publicados y que vio la luz en 1898, señala su editor los propósitos que lo llevaron a iniciar tan hermosa empresa. Dice así José Martí:

> Este periódico se publica para conversar una vez al mes, como buenos amigos, con los caballeros del mañana, y con las madres del mañana; para contarles a las niñas cuentos lindos con que entretener a sus visitas y jugar con sus muñecas; y para decirles a los niños lo que deben saber para ser de veras hombres. Todo lo que quieren saber se lo vamos a decir, y de modo que lo entiendan bien, con palabras claras y con láminas finas. Les vamos a decir como está hecho el mundo: le vamos a contar todo lo que han hecho los hombres hasta ahora.

Martí proclama su deseo de despertar entre sus jóvenes lectores el afán de conocimiento, pero al mismo tiempo subraya la finalidad ética que caracteriza todo su magisterio. Martí es un cruzado del amor y de la bondad y en él, todo conocimiento para que sea genuino, es decir verdadero, tiene que ser al mismo tiempo medio o instrumento de servicio, de ayuda de amor a otro ser humano.

Martí era un educador nato, o sea, sentía la vocación de maestro. Ocupó ese cargo honroso en distintas ocasiones y a diferentes niveles; fue instructor en las escuelas nocturnas neoyorquinas, profesor de literatura y de composición y estilística en la Escuela Normal de Guatemala y hasta enseñó, siendo apenas un adolescente, a sus compañeros menos ilustrados, en las prisiones políticas que padeció, pero siempre lo hizo con claridad y sencillez.

Medardo Vitier en su estudio «La capacidad del magisterio en Martí» ha hablado de la comprensión científica y piadosa que tenía Martí del sistema educativo más conveniente. Ningún documento martiano es más revelador en este sentido que estos cuatro números de *La Edad de Oro*. Aquí, en el preámbulo que estudiamos, se muestra sin vacilaciones la función moralizante que persigue en la que se integra el propósito pedagógico. Martí quiere que los niños sepan al mismo tiempo de las Humanidades como de las Ciencias físicas y biológicas; que sepan «como se vivía antes, y se vive hoy, en América, y en las demás tierras; y como se hacen tantas cosas de cristal y de hierro y las máquinas de vapor y los puentes colgantes, y la luz eléctrica…». Hay siempre un justo equilibrio entre la cultura científica y humanista. Entre lo material y lo espiritual, en fin, entre las dos grandes corrientes filosófico-literarias del siglo XIX en que le tocó vivir, es decir, el positivismo y el romanticismo.

En otro magnífico análisis de Martí como educador, *Las ideas pedagógicas en Martí*, de Antonio Iraizós, se evalúa precisamente esa característica de la prosa educativa martiana, de estar siempre inspirada en el afán de preparar al joven para la vida. Una preparación que requería la integración de esos dos aspectos a que hemos aludido, el referente a las artes y las letras y el que se proyecta hacia las ciencias.

Otro punto fundamental de esa declaración de propósitos que es sin duda su prólogo «A los niños que lean *La Edad de Oro*», es su marcado empeño de dirigirse también a las niñas para las que Martí, como su ilustre contemporáneo Enrique José Varona, reclamaba el derecho a una completa educación como competía a su intelecto. «Las niñas –decía- deben saber lo mismo que los niños, para poder hablar con ellos como amigos cuando vayan creciendo; como que es una pena que el hombre tenga que salir de su casa a buscar con quien hablar, porque las mujeres de la casa no sepan contarle más que de diversiones y de modas». Martí aspira a través de sus páginas a dotar a sus jóvenes lectores de una vida más plena, a cultivarles su intelecto y su sensibilidad, es decir, a que sean felices. Es la felicidad sencilla y profunda que emana de ir satisfaciendo el afán de conocimiento al mismo tiempo de saturar el espíritu con la sana alegría que inspira el ayudar y comprender al semejante.

Este mensaje ético de Martí que corre vigoroso en todas las páginas de *La Edad de Oro* se hace presente en el primer trabajo de este número inicial, el titulado «Tres héroes» en donde se subraya la importancia que para el logro de una vida plena, es decir, llena de dignidad y de respeto al ser humano, tiene el concepto de libertad.

Este estudio contiene breves semblanzas de tres de los grandes libertadores de América: Simón Bolívar, José Hidalgo y José de San Martín. En el mismo Martí enaltece una estirpe de la que él va a formar parte, la de los forjadores de pueblos.

El hombre de *La Edad de Oro* como se llamaba a sí mismo en esa revista, explica la importancia de esas tres figuras de América, pero como ya he dicho, aprovecha didácticamente la ejemplaridad de esos grandes héroes para enseñarles a los niños lo que él entiende por libertad y cómo ésta es esencial a la vida humana.

El apóstol comienza por dar su ya famosa definición de libertad como derecho que todo hombre tiene a ser honrado y a pensar y hablar sin hipocresía. Martí les señala a los niños la necesidad de ser sinceros y de conducir su vida en concordancia con principios morales. Indica la obligación ética de todo ser humano de «trabajar para que el gobierno sea bueno». Les incita a la observación de lo que les rodea y a pensar y a meditar sobre ello. Martí quiere despertar en éstos –vuelvo a subrayar porque esto es fundamental– el afán de conocimiento, pues sabe que ése es el instrumento que permite al ser humano crecer intelectual y espiritualmente.

Su concepción ética de la vida le hace destacar que el saber debe estar en función de los valores supremos del bien y la verdad para que el conocimiento adquiera su más genuina dimensión. Les cuenta de la América hispana antes de que fuera sede de la epopeya por la libertad que tuvo entre sus gestores fundamentales los héroes que evoca y llama a esos tiempos coloniales, sombríos. Lo hace para despertar la sensibilidad de los pensadores del mañana.

Martí enfatiza la diferencia entre los hombres que pueden vivir contentos aunque carezcan de dignidad y aquéllos que «padecen como en agonía cuando ven que los hombres viven sin decoro a su alrededor». El mártir de Dos Ríos les indica a los niños la alta calidad espiritual que caracteriza a estos últimos, que son los capaces de rebelarse contra los que le roban a sus pueblos la libertad. Martí pretende sembrar en las mentes juveniles un concepto de obligación moral con la patria y con la sociedad que pueda nutrir la vida de los futuros ciudadanos de un hondo sentido de responsabilidad cívica.

El Apóstol califica a los héroes que son capaces de ofrendar sus vidas por la formación de sus patrias, como sagrados, pero no quiere que los niños los deifiquen. Bien sabe él que esa adoración puede significar en último extremo, una admiración que rebaje la función ejemplarizadora de sus vidas al negarles implícitamente su condición de hombres. Por eso les recuerda a sus lectores la naturaleza humana de esos héroes al referirse a las limitaciones que tuvieron. Así les aconseja: «Se les debe perdonar sus errores, porque el bien que hicieron fue más que sus faltas» y después fundamenta ese criterio de tolerancia y genuina comprensión de las debilidades humanas, cuando agrega: «El sol quema con la misma luz que calienta. El sol tiene manchas. Los desagradecidos no hablan más que de las manchas. Los agradecidos hablan de la luz».

El gran cruzado del amor quiere que los jóvenes de nuestra América tengan una actitud optimista ante la vida, que los llene de sana alegría; que vivan su existencia en concordancia con los altos valores morales que han permitido al hombre a través de la historia, lograr una genuina superación espiritual y que estén conscientes que ese camino de crecimiento sólo ha sido posible con el cultivo de la libertad.

La doctrina ética de Martí, repito, está presente en los cuatro volúmenes que pudo publicar de esa revista nacida de su amor por los niños, que no es más que una manifestación de su gran amor por la Humanidad. Toda *La Edad de Oro* está llena de esa fecunda e iluminadora tesis de la cual la prédica de la libertad es un elemento fundamental.

En este número de julio de 1989 aparecen dos cuentos, uno titulado «Meñique», que es una adaptación que Martí hizo del francés Laboulaye y que tiene por subtítulo «Cuento de magia, donde se relata la historia de Meñique y se ve que el saber vale más que la fuerza» y otro original de Martí que tiene por título «Bebé y el señor Don Pomposo». Tanto la selección y adaptación que hace del primero como la creación del segundo, coinciden con esa alta finalidad moral que tiñe todas las páginas de esta maravillosa revista.

En el cuento de magia, nuestro adaptador contrasta la personalidad del menor de los tres hermanos al que la inteligencia y la calidad espiritual le permiten triunfar con la de los otros dos a los cuales la arrogancia y la vanidosa actitud, les hace fracasar. Hay en la selección del personaje un profundo mensaje de amor. Es en la vida interior y en la alteza del alma, nos dice Martí a través de su prosa tan clara y maravillosa, donde debemos tratar de encontrar la genuina grandeza del hombre. El Apóstol vuelve a igualar los conceptos de inteligencia y bondad que para él deben de estar integrados, cuando afirma: «Pero no hay que decir que Meñique era bueno. Bueno tenía que ser un hombre de ingenio tan grande: porque el estúpido no es bueno y el que es bueno no es estúpido. Tener talento es tener buen corazón, ése es el que tiene talento. Todos los pícaros son tontos. Los buenos son los que ganan a la larga...» (336-360)

Muchas afinidades de significado tiene con «Meñique» el cuento original de Martí «Bebé y el señor Don Pomposo». En él también se exalta la grandeza espiritual del ser humano. El personaje principal, Bebé, un hermoso niño de cinco años, pone el regalo que recibe de un tío de su madre, el señor Don Pomposo, en la almohada de su pobre primo huérfano Raúl. La bondad aquí también se impone y el niño favorecido por todas las bendiciones se engrandece al sacrificar el sable preciado que ha recibido de regalo y entregarlo al pobre huérfano que ha sido maltratado por la vida. Martí muy sutilmente señala el pragmatismo interesado que domina las relaciones sociales y en el bondadoso gesto del niño canta al triunfo del amor y la caridad.

Este cuento tiene además de su profundo mensaje ético la importancia de que, como ha señalado la eminente escritora martiana de Sudamérica, Fryda Schultz de Montovani, en el prólogo a la edición salvadoreña de *La Edad de Oro*, es uno de los primeros pasos de la transición entre el romanticismo y el modernismo (25-26-67). Creo que tanto este cuento, como «Nené traviesa» y «La muñeca negra» son algo más que un mero paso de transición entre los dos movimientos literarios, pero no es del caso detenernos ahora en este aspecto de la cuestión. De todas maneras, fue un acierto de la eminente escritora, pese a las diferencias de matices que se pueda tener con su criterio, destacar las características modernistas de estos cuentos.

Otra de las narraciones que se incluyen en esta primera parte es la que aparece bajo el título de «*La Ilíada* de Homero», que ha sido señalada por algunos críticos como la única aportación en la extensa obra martiana al estudio específico de una obra del clasicismo griego. Eso no quiere decir que no existan numerosas referencias de Martí a las obras clásicas en general y a Homero en particular. Es más, Martí poseyó una sólida cultura clásica. Rubén Darío, el gran poeta nicaragüense, hablando del que él llamó su maestro, es decir, de José Martí, señaló: «Se transparentaba el cultivo de los clásicos y el conocimiento de todas las literaturas antiguas y modernas y, sobre todo, el espíritu de un alto y maravilloso poeta» (63).

Es muy significativo que Martí, empeñado en esa labor de educación que fue *La Edad de Oro*, incluyera en el primer número, este trabajo de divulgación sobre esta obra monumental de la épica griega. Se concentra en contar la cólera de Aquiles. Hay muchas alusiones a todo el sustrato mitológico griego, a las traducciones del gran poema y a la figura de Homero. Martí quiso poner de manifiesto la importancia que debe atribuirse a los estudios de la cultura griega, cuna de la civilización occidental. Fue siempre el hombre-poeta que aprendió a amar a los clásicos en sus estudios juveniles con Rafael María de Mendive y en sus andanzas universitarias españolas.

El artículo sobre un juego muy popular en aquella época en los Estados Unidos, el juego del burro, que titula «Un juego nuevo y otros viejos» le permite a Martí, partiendo de un tema muy interesante para los jóvenes hispanoamericanos como es la descripción de un juego de mucha actualidad en esos tiempos, explicar a sus lectores el afán y necesidad de recreo que tienen los jóvenes de todas partes del mundo. La necesidad de la creación de belleza, el afán de transformar la vida cotidiana en algo maravilloso, mágico, que satisfaga la fantasía infantil, apenas dormida pero siempre presente en el adulto, es subrayado por Martí, para destacar la genuina unidad de la especie humana. Martí, el sabio orientador que quería sembrar en las mentes juveniles una actitud de repudio contra ideas que se esbozaban en el mundo intelectual europeo acerca de la superioridad intelectual de determinadas razas. Rechazó ese concepto desde el punto de vista biológico y vio las diferencias de los hombres solamente como resultado de los procesos históricos y sociales. Su repudio ejemplar de ese absurdo concepto de raza fue estudiado por Fernando Ortiz en un trabajo erudito que tituló «Martí y las razas».

Ese gran mensaje moral que habla a lo más hermoso del hombre, matiza también las dos poesías que este primer número tiene: «Dos milagros» y «Cada uno a su oficio», esta última, adaptación de una fábula del filósofo norteamericano Emerson. El primer poema, de dos estrofas, tiene la ternura, delicadeza y sencillez martiana que es producto de su extraordinario dominio del idioma y que es tan profunda en su simplicidad porque, como ha dicho acertadamente Gabriela Mistral: «la sencillez de Martí no es nunca primarismo, es decir, facilidad de primer plano y ahorro de honduras».Tanto en uno como en otro poema hay ese mensaje martiano de fe en la naturaleza humana. En el primero, el amor a todo lo creado, en el segundo, la idea de que en toda vida, aun la que parezca más humilde, hay una valiosa dignidad que le da hondo significado y que la dota de una función que es útil al bienestar colectivo. Hay en Martí ese amor a lo humilde que llega hasta a las cosas más sencillas de la naturaleza y que lo une muy de cerca a la obra azoriniana. Abanderado del amor ha sido llamado José Martí y toda su obra es una prueba de ello.

En «La última página», despedida a sus lectores al terminar el primer número, vuelve Martí a su prédica del amor, a hablarles a los niños de la necesidad de integrar el ansia de conocimiento y el afán de virtud. Solamente con la unión de la cultura y la bondad puede el hombre disfrutar de una vida plena y feliz. El conducir su vida bajo consignas morales, advierte el maestro, dotará la existencia humana de compensaciones espirituales fabulosas. El hombre que se entregara definitivamente en Dos Ríos mostraba a los niños de América los valores que guiarían su conducta. *La Edad de Oro* preanuncia su destino de gloria, su sacrificio por su patria, su sueño de un alto destino moral para el ser humano. Un destino que nos llama a ser combatientes por la libertad. Los integrantes de la sociedad que ha auspiciado este homenaje a Martí son dignos del mensaje y de la vida ejemplar del maestro. Martí sigue estando vigente. El mensaje ético y la prédica de la libertad que inspira *La Edad de Oro* sigue siendo guía del pueblo cubano en estos angustiosos momentos de tinieblas. La vida y la obra de Martí nos señala el camino a seguir.

PROYECCIONES HISTÓRICAS DE LA CONSTITUCIÓN DE 1940

Cuando mi buen amigo, el Dr. Camilo Fernández, me llamó para solicitar mi cooperación a este acto patriótico cultural, me dijo que quería encargarme una participación que en efecto sería como el resumen del acto porque, al pedirme que hablara de las proyecciones históricas de la Constitución de 1940, tendría yo que referirme necesariamente a todos las diferentes aspectos que los otros miembros de este panel habrían de tratar. Y como el tema es, en efecto, tan amplio, cumpliré mi encomienda muy sucintamente para ajustarme al tiempo que se me ha conferido para tan ambiciosa tarea.

Partiendo de la perspectiva histórica que se nos asignó, debemos comenzar indicando que Nuestra Carta Magna de 1940 continuó la gran tradición de libertad y justicia que el hombre ha recorrido a través de la historia para lograr convivir en un Estado de Derecho, es decir, para lograr que gobernantes y gobernados estén subordinados a la misma norma jurídica que proteja la libertad, la felicidad y la dignidad de todos los integrantes del cuerpo social. Largo camino, que para reducir a un breve párrafo, puede resumirse, diciendo que se remonta a la Grecia clásica, que fue la cuna de la forma democrática de gobierno en sus famosas asambleas de ciudadanos en las urbes helénicas y que recoge el gran pueblo romano en su Derecho inmortal, inspirado en un sentido de equidad y justicia que emana del Derecho Natural. Esa construcción jurídica greco-romana, que se alimenta a través de los siglos de la aportación judeo-cristiana, constituye una de las bases fundamentales en la que descansa nuestra civilización occidental. A esa lucha milenaria por el reconocimiento de la plena dignidad espiritual del ser humano contribuyó extraordinariamente el Renacimiento al hacer de nuevo vigente en la Humanidad la contribución intelectual y artística de la Antigüedad clásica y también la Edad Moderna con sus esfuerzos por lograr una sociedad más justa y libre, con las revoluciones francesa y norteamericana, con las innovadoras teorías filosóficas y jurídicas del Contrato Social de Rousseau y la de la balanza de los poderes públicos de Montesquieu, hasta llegar a esta Edad Contemporánea, donde la Filosofía del Derecho estudió ampliamente la "racionalización del poder público" y la creación de ese Estado de Derecho al que ya hemos aludido. Es decir, habló de una sociedad en donde la primera preocupación del gobierno fuera el respeto a la libertad del ser humano y a la protección de los llamados derechos individuales, hoy mejor denominados derechos humanos, aunque desde el punto de vista estrictamente técnico se puede apreciar una distinción entre ambos.

En cuanto a nuestra patria, no se puede hablar de proyecciones históricas futuras sin antes aludir, aunque también muy brevemente, al proceso de formación de nuestra conciencia nacional que duró más de un siglo y en el que intervinieron nuestras mentes más lúcidas como fueron Varela, Luz y Caballero, Varona, Sanguily, Martí y tantos otros brillantes intelectuales, y a las luchas redentoras fecundadas por el sacrificio de Céspedes, Agramonte, Crombet, Maceo, el propio Martí y muchos otros héroes nuestros que hicieron germinar la nación independiente.

La nueva república –pese a haber surgido con definidas limitaciones a su soberanía, como lo demuestra la imposición de la Enmienda Platt y las dos intervenciones extranjeras que sufrió, y a pesar de la repetición en el período republicano de errores y vicios coloniales que nuestro inicial optimismo creyó ya superados– llevó a cabo en sus casi cuatro primeras décadas de existencia un extraordinario proceso de crecimiento, como señalé en una conferencia que sobre la cultura en la Cuba republicana pronuncié precisamente en esta histórica sede de Pro-Cuba, hace poco tiempo.

Ejemplo evidente de los logros republicanos, que la impotencia marxista quiere desconocer, fue la Asamblea Constituyente, electa en elecciones libres en donde –y lo subrayo por el hondo significado político que este hecho tiene– la oposición obtuvo más delegados a la misma que el gobierno que la propició. Esta Convención supo plasmar en la nueva Constitución de 1940 la mayor parte de las apetencias del pueblo cubano surgidas de las nuevas perspectivas que les brindaba su desarrollo cultural y las amargas experiencias que le habían enseñado sus dolorosas frustraciones. Todos los estudiosos de esta carta fundamental coinciden en que en ella se plasmó una estructura de poder político de raíz muy democrática, en donde el presidente era elegido por sufragio directo, se prohibía la reelección presidencial inmediata –reacción que aconsejaba la experiencia republicana– se creaba un régimen semiparlamentario de gobierno, se daba una adecuada independencia al Poder Judicial y al propio tiempo que se acogían las apetencias nacionalistas del pueblo, se creaban los mecanismos de protección para nuestro desarrollo económico. Asimismo se defendían los derechos inalienables de la fuerza laboral, en fin, se daba a la propiedad una función social que estaba íntimamente relacionada con la justicia social a la que se aspiraba y también se protegía con esmero la educación. En resumen, se lanzaba, como aquí ha sido reconocido, un programa que sería base de progreso y de felicidad para el pueblo cubano.

La triste y prolongada noche que estamos atravesando, que destrozó la República y suspendió la vigencia de su Carta fundamental, sumiendo a la patria en una agonía que ha durado casi cuarenta años, al fin, parece que se acerca a su final. El derrumbamiento del imperio comunista soviético, que han contemplado estos últimos años del siglo XX, preanuncia la caída del tirano cubano, pese a todos los intentos de diálogos con quien no quiere dialogar, porque sabe que su sistema dictatorial no resiste ni la más mínima libertad, pero al que le favorece el hablar de aperturas políticas y futuras concesiones que han sido siempre quimérica justificación de una posible convivencia con la cruenta e inmutable tiranía.

Por eso ha hecho muy bien Pro-Cuba en convocar esta reunión que continúa la tarea que siempre ha inspirado al exilio, de recordar nuestro valioso pasado, para enfrentarse a la mentira del gobierno comunista que trata de justificar sus desmanes inventando un pasado republicano absolutamente negativo e invitar a la serena meditación en las implicaciones cívicas, políticas, culturales, sociales y económicas de un futuro que ya se avecina, en el que la Cuba martiana habrá de sustituir al régimen marxista que la nación padece.

En ese futuro, la Constitución de 1940 y todo el sustrato ideológico de raíz democrática que ella contiene, tendrá una vigencia extraordinaria. Habrá los que recomienden cautela en la rápida transición a la democracia de un régimen absolutamente totalitario que por casi cuatro décadas ha suprimido la libertad de pensar, ha amordazado la educación convirtiéndola en un instrumento masivo de adoctrinamiento comunista y ha creado generaciones de cubanos cuyo fundamental objetivo en la vida ha sido «resolver», refiriendo tristemente este concepto a la necesidad de supervivencia cotidiana y material, es decir, un trapicheo clandestino con el que el pueblo trata de satisfacer las necesidades básicas ya que de otra manera no lo puede lograr por el fracaso económico del régimen marxista. Este resolver pedestre se ha convertido en parte integrante del mecanismo mental del pueblo de la isla, cuyas generaciones más jóvenes no han tenido tiempo, empeñados en sobrevivir a toda costa, para soñar –como sueña todo ser humano criado en una sociedad libre y llena de oportunidades– en construir una vida fecunda tanto en el aspecto espiritual, como el intelectual y el económico. Pero que los problemas a los que nos enfrentaremos serán muy amplios –porque no sólo serán políticos y económicos sino también de naturaleza sociológica– no significa que sean insolubles, sobre todo si hay una decisiva aportación, como confiamos completamente que la habrá, del exilio cubano.

Debemos, por tanto, estar preparados ante las coyunturas históricas que se avecinan pues la experiencia que nos brinda la caída de Rusia y todos sus antiguos satélites, hoy convertidos en naciones libres que luchan denodadamente, pero con fe, esperanza y optimismo, nos indica claramente que la cura de la libertad, es siempre preferible a la extensión artificial en el tiempo, de modalidades de gobierno encubiertas en la justificación de que no se puede hacer un cambio rápido del sistema socialista. Esto, lo que haría en realidad es prolongar indefinidamente grandes consecuencias negativas en todos los aspectos, pues tal razonar no sería más que un argumento infundado que solamente tendría como resultado mantener precariamente en agonía al pueblo cubano un poco más de tiempo y hacerlo continuar viviendo bajo un totalitarismo de estado que, como el siglo XX ha demostrado fehacientemente, ha fracasado pues ha desconocido la naturaleza espiritual del ser humano. La demora en establecer el régimen liberal y democrático normado por la Constitución de 1940 no tendría justificación ni desde el punto de vista sociológico ni desde el aspecto económico. A vivir en tiranía ningún pueblo se acostumbra ya que el ser humano es espíritu además de materia y está transido de un hambre metafísica que no se puede desconocer. Además, desde el punto de vista económico, el sistema comunista ha sido un completo fracaso porque, pretendiendo solucionar necesidades colectivas, que por otra parte no satisfizo, cometió el error, que también lo llevó a su actual desplome, de desconocer la iniciativa privada, no tener en cuenta el afán muy legítimo del ser humano de usar sus energías y su trabajo para procurar una mejor vida para él y los suyos.

Tampoco no debemos alarmarnos de que existan en la antigua Europa comunista países como la dividida y agónica Yugoslavia sufriendo grandes convulsiones en esta transición. porque se trata de un país caracterizado por extraordinarias tensiones étnicas. Esta experiencia en modo alguno puede asimilarse al caso de Cuba, en donde todas las provincias se han sentido siempre integradas en el sueño de libertad y que tiene una población en la que se ha efectuado a través de la historia, una indudable integración racial, que se hace muy patente también en nuestra cultura, a pesar de todo lo que han dicho y puedan decir sobre este aspecto, los interesados sociólogos de la izquierda internacional.

José Ortega y Gasset, el gran filósofo español, señalaba que quizás la democracia no sea un régimen político perfecto pero que era indudablemente el mejor de todos los sistemas políticos que el hombre había inventado a través de la historia. Y nuestro Martí en su memorable ensayo «Nuestra América», afirmaba que lo elemental del arte de gobierno en América es el conocimiento de los elementos peculiares de los pueblos.

La Constitución de 1940, como aquí ya se ha explicado, fue el resultado de un proceso histórico en el que intervinieron miembros de un gran número de sectores de la sociedad cubana, que incorporaron a sus normas el resultado de sus experiencias vitales y las meditadas aspiraciones de progreso del pueblo que representaban y por ello tiene una indudable inspiración martiana. Por su contenido, que asienta el ordenamiento jurídico de la República en una base de equidad, justicia, tolerancia, respeto a los derechos humanos y cultivo de la plena dignidad del hombre y por haber sido la última manifestación del Poder Constituyente que sólo el pueblo cubano en su totalidad tenía la facultad de ejercer, la Constitución de 1940 es un documento jurídico, de extraordinaria relevancia histórica que debe inspirar el futuro de la nueva Cuba. Los que han dedicado su vida al estudio de la historia, saben que el historiador nunca puede perder su capacidad de sorprenderse del devenir humano, pero también están conscientes, contemplando el lento pero constante ascender en el camino de la civilización que, pese a las ocasionales caídas –y el comunismo ha sido una de ellas– el hombre ha avanzado, lenta pero constantemente en lo que Stuart Mill, el filósofo inglés llamó el camino del progreso. A este concepto la filosofía positivista, le dio una connotación marcadamente científica, y el siglo XX lo dotó de una significación más ética, en lo que lo técnico y lo espiritual se integran, tras su triste experiencia al contemplar, en las guerras mundiales y en la creación de sistemas imperialistas totalitarios, las graves consecuencias destructivas que la unión del conocimiento científico y la pasión política pueden conllevar,

No se puede predecir ingenuamente lo que sucederá en los primeros momentos en una sociedad convulsa sometida por tanto tiempo a tan terribles presiones, pero debemos ser optimistas porque el pueblo cubano tiene, para enfrentarse a la tarea, una gran tradición de libertad. La Carta Magna de 1940, con su ideología democrática, su respeto a la libertad y los derechos humanos, su expreso interés en la creación de una sociedad en que prime la justicia social, merece ser la norma suprema para iniciar con paso firme el anhelado y necesario proceso de recuperación nacional.

EL ENSAYO EN LA REPÚBLICA

La ensayística cubana en el siglo XX sigue muy de cerca el proceso histórico de la República inaugurada el 20 de mayo de 1902. Como se sabe la euforia del logro de la independencia vino un tanto ensombrecida por la imposición de la Enmienda Platt y precisamente un muy destacado ensayista del siglo XIX, Enrique José Varona, que por su valor y prestigio tuvo gran reconocimiento en la nueva nación, hizo una llamada de advertencia sobre los peligros que para la estabilidad del naciente Estado podría acarrear el exceso de pasión política que caracterizaban esos inicios. Sin embargo esa voz de sensatez que se levantó en el momento adecuado intentando prevenir males mayores no fue oída y las dos intervenciones de los Estados Unidos le dieron la razón. Además, en este período de inicio de la República, se atenuó el proceso del desarrollo cultural cubano que fue en parte la necesaria consecuencia de la cruenta guerra de emancipación que tuvo que llevar a cabo el pueblo de Cuba para lograr su libertad, a lo que también contribuyeron los fallos y claudicaciones productos de la inexperiencia cívica que caracterizan la vida política de toda nueva nación.

Esta situación fue denunciada por Varona en su discurso de ingreso en la Academia Nacional de Artes y Letras de Cuba de 1915 en la que el eminente escritor llamó la atención a sus conciudadanos de que los males coloniales habían resurgido en la República. Esta sensación de frustración se refleja en algunos de los nuevos valores de la intelectualidad cubana, entre los que cabe citar a Fernando Ortiz en su ensayo *La decadencia cubana* escrito en 1924 y a José Antonio Ramos, en su obra de ensayos de 1916, *Manual del Perfecto Fulanista,* que tiene como subtítulo, «Apuntes para el estudio de nuestra dinámica político-social». Sensación que se hace presente también en Jorge Mañach y sus compañeros de la *Revista Avance,* en los que nos detendremos más adelante.

Debe subrayarse, no obstante, que este enfrentamiento a nuestra problemática de estos destacados intelectuales, no constituyó indicio de un generalizado pesimismo en el futuro de la nueva Cuba sino que fue prueba, como se hace evidente del análisis de la obra de los mismos, de un valioso esfuerzo para contribuir a corregir los errores y superar los males que retrasaban ese feliz desarrollo de la naciente nación que había anhelado tanto el apóstol de la libertad cubana y al que todos ellos aspiraban. Lo expuesto precedentemente nos muestra además dos características del ensayo cubano que se han mantenido durante toda la historia patria y a las que me he referido en trabajos anteriores[97], una es la constante preocupación por Cuba y la otra, ese humanismo que ha hecho que muchos de nuestros intelectuales hayan cultivado además del ensayo literario, el histórico, el sociológico, el político, etc. o se hayan enfrentado a cualquier tema desde muy distintas perspectivas.

Establecidas estas premisas, debe señalarse que en el siglo XX se continuó en cuanto al ensayo la tradición establecida en la centuria decimonónica en lo que se refiere al número extraordinario de cubanos valiosos que se dedicaron a este género literario. Debemos aclarar que, dada las limitaciones de tiempo a que estamos sometidos, intentaremos, para evitar la enumeración exhaustiva de autores, que siempre conlleva el riesgo de ser tediosa, presentar una revisión panorámica del ensayo en la República, en la que, aunque aludiremos en algunos casos a la perspectiva literaria, histórica, socio-política, etc., nos detendremos fundamentalmente en un número muy limitado de ensayistas que, por la importancia y específicas características de sus aportaciones, son muy representativos de ese proceso.

No se puede iniciar esta revisión sin dejar de referirnos a dos ensayistas del siglo XIX, uno al ya aludido Enrique José Varona y el otro a Manuel Sanguily, que publicaron valiosos trabajos en el XX, pues como se sabe Sanguily murió en 1925 y Varona en 1933. Aludiremos a modo de ejemplo, en cuanto a Sanguily, a su libro *Literatura*

---

[97] Véase mi libro *Cubanos de dos siglos. Ensayistas y críticos*, Miami, Ediciones Universal, 1998 y el trabajo «La preocupación por Cuba en sus ensayistas del siglo XIX» en *Conciencia y Quimera,* New York, Senda Nueva de Ediciones, 1985, 181-198.

Universal. Páginas de crítica, de 1919, que reunió escritos aparecidos en distintas etapas de su vida y fue publicado para complacer a su gran amigo y destacado intelectual Rufino Blanco Fombona. Debe destacarse que Sanguily en sus ensayos de crítica literaria se valió tanto de la técnica positivista de Hipolito Taine como del impresionismo exegético, ambas escuelas críticas muy de moda en el siglo XIX.[98] En cuanto a Varona, hay que indicar que dos de sus libros fundamentales de crítica literaria fueron también publicados en el XX y merecieron una muy entusiasta acogida de sus exégetas, me refiero a *Desde mi belvedere* de 1907, en la Habana, y cuya segunda edición apareció en Barcelona diez años más tarde y *Violetas y Ortigas* que vio la luz en Madrid en 1908 con prólogo de Alfonso Hernández Catá. En algunos trabajos de estos libros muestra su vinculación a la escuela taineana con su apreciación sociológica y también hace evidente la orientación del criterio psico-biográfico de Sainte Beuve.

En unión de estas figuras señaladas se destacan además, en esta primera parte del siglo XX, otros nacidos en el siglo anterior como Fernando Ortiz, Emilio Gaspar Rodríguez, Medardo Vitier, José Manuel Carbonell Rivero, el antólogo de la tan citada *Evolución de la Cultura Cubana* en 18 volúmenes y sus hermanos Néstor y Miguel Ángel, Luis Rodríguez Embil, José María Chacón y Calvo, Juan J. Remos, Francisco González del Valle y Antonio Iraizóz, entre otros igualmente valiosos.

Fernando Ortiz fue un escritor de cultura enciclopédica y laboriosidad creadora que brilló en muchos campos. Fue un destacado ensayista que fue reconocido como sociólogo, criminólogo, filólogo y considerado internacionalmente como un maestro en los estudios etnográficos. En esta especialidad publicó muy valiosos textos que recibieron una gran atención crítica, entre ellos, al principio de su carrera de escritor, *Hampa afrocubana: Los negros Brujos* y *Hampa afrocubana: Los negros esclavos*. En la década del cincuenta dio a la luz tres libros donde estudió las manifestaciones artísticas de la

---

[98] Me he detenido en este aspecto de su obra en mi ensayo»Impresionismo y positivismo en la crítica literaria de Manuel Sanguily», que aparece recogido en mi libro, *Conciencia y Quimera*, 69-80.

población afrocubana: *La africanía de la música folklórica en Cuba*, *Los bailes y el teatro de los negros en el folklore de Cuba* y *Los instrumentos de la música afrocubana*. De sus preocupaciones en el campo arqueológico surgieron *Arqueología Indo-Cubana* y *Las cuatro culturas indias de Cuba*. Su amor y preocupación por la patria se hizo evidente en sus valiosos libros dedicados a estudiar aspectos sociológicos, histórico-políticos y económicos del desenvolvimiento de Cuba como nación; baste citar *Entre cubanos, Las relaciones de Cuba y los Estados Unidos* y su muy comentada obra *Contrapunteo cubano del azúcar y del tabaco*. También puso de manifiesto su cubanía convirtiéndose en un destacado promotor y animador de la cultura cubana. Participó activamente en la fundación de la Academia Cubana de la Lengua, la Sociedad del Folklore Cubano, la Institución Hispano-Cubana de Cultura y colaboró en la reorganización de la Sociedad Económica de Amigos del País. Fue un brillante cultivador del ensayo etnográfico, socio-político, histórico e inclusive del filológico.

Medardo Vitier es el autor de una obra que mereció una muy amplia y positiva acogida exegética, me refiero a *Las ideas en Cuba* que apareció en dos volúmenes en 1938 y que recibió el Premio Nacional de Literatura del Ministerio de Educación, libro al que añadió diez años más tarde, *La Filosofía en Cuba*. *Las ideas en Cuba* es realmente un análisis erudito y riguroso del desarrollo cultural de la nación cubana en donde se destacan los enfoques sobre el desarrollo de la filosofía, el pensamiento político social y las bases del enfrentamiento exegético a las obras literarias. Vitier fue también un estudioso muy destacado de la vida y la obra de Enrique José Varona, muy especialmente en cuanto a las vertientes socio-política y filosófica de la labor de su admirado maestro. A los estudios varonianos contribuyó con *Varona, maestro de juventudes*, *La lección de Varona* y *Enrique José Varona. Su pensamiento representativo*. Otros forjadores de la nación cubana que llamaron su atención fueron el apóstol de la libertad cubana al que dedicó su medular y riguroso libro *Martí, estudio integral* y el evangélico director del Colegio «El Salvador» sobre el que escribió su iluminadora obra *José de la Luz y Caballero como educador*. Siguiendo la tradición de Varona, Vitier estudió la ensayística hispanoamericana y también a figuras de gran importancia filosófica, entre ellas cabe citar a Enmanuel Kant y José Ortega y Gasset. Su libro póstumo publicado en 1960, el mismo año de su muerte, en que se recogieron sus artículos periodísticos, tiene por título *Valoraciones*.

José María Chacón y Calvo es sin duda una de las grandes figuras de la ensayística cubana del siglo XX. Su familia estuvo siempre muy interesada en la cultura y muy apegada a la tradición española aunque supo oír el llamado de la patria, pues su padre, por ejemplo, fue un gran amigo y admirador de Martí y apoyó la causa de la independencia cubana. Todo esto constituyó un elemento fundamental de indudables consecuencias en la vida y en el quehacer literario de Chacón. En los valiosos libros que la exégeta más destacada de Chacón, Zenaida Gutiérrez Vega ha dedicado a este autor, pero fundamentalmente en el primero de ellos, *José María Chacón y Calvo, Hispanista cubano,* se hace evidente la influencia de los factores familiares y del medio ambiente de la época inicial de la República cubana en todo el proceso formativo de Chacón. También Gutiérrez Vega subrayó los largos años que este ensayista pasó en España trabajando primero en el Consulado de Cuba en Madrid y después en la Embajada, lo que le permitió, dada su cultura, discreción y simpatía personal, ganar la amistad de grandes figuras de las letras españolas, así como llevar a cabo una investigación muy rigurosa en los archivos literarios e históricos de la Madre Patria. Por eso Chacón puede señalarse como un ejemplo notable de otra característica del ensayo cubano en general, es decir, la permanente indagación que llevó a cabo de nuestras raíces, la preocupación constante que tuvo por la gran cultura española. Por eso es que Chacón y Calvo fue reconocido por algunos de los más prominentes literatos españoles de su época como un hispanista muy sobresaliente. Esto lo demuestra su valiosa obra de 1928 *Estudios de literatura española.* Creo que se debe aludir por un instante al magnífico ensayo de este libro, «Cervantes y el Romancero», donde Chacón plantea al romancero como fuente de *El Quijote*, pues quiero destacar que el mismo constituyó un valioso aporte a los estudios cervantinos y que este ensayo fue reconocido por Ramón Menéndez y Pidal, como Gutiérrez Vega señaló, como un antecedente al conocido trabajo de aquél, «Un aspecto en la evolución de *El Quijote*». Chacón siempre también destacó la precedencia que, en cuanto a indicar al romancero como fuente de *El Quijote* , tuvo Varona en su discurso de 1905, «Cervantes y *El Quijote*». Cuba republicana tuvo varios notables especialistas de Cervantes pero entre ellos sobresalen, por el reconocimiento internacional que disfrutaron en esa época, Chacón y Calvo, Enrique José Varona, José de Armas y Cárdenas (Justo de Lara) y Jorge Mañach.

Pero además de su preocupación por la literatura española, Chacón estudió con la brillantez que le caracterizó, la literatura hispanoamericana y dentro de ella, desde luego, mostró interés especial en la de su patria. Chacón fue un cubano ejemplar que no sólo dedicó una gran parte de su obra a estudiar la cultura cubana sino también se sintió obligado a luchar por ella. Como su amigo Fernando Ortiz, fue un gran promotor de la divulgación cultural en la isla, colaboró y ocupó posiciones dirigentes en importantes instituciones culturales cubanas y desempeñó la Dirección de Cultura del Ministerio de Educación, donde llevó a cabo una labor muy fecunda, alejándose de todo sectarismo político. Ejemplos de su obra ensayística sobre la cultura cubana fueron sus libros *Literatura cubana. Ensayos críticos* de 1922 y de igual año, *Las cien mejores poesías cubanas,* que ha merecido múltiples ediciones y en 1939, su bien acogido y ampliamente comentado *Estudios heredianos,* en el que no solamente emplea el método histórico-comparado de crítica sino expresa algunas consideraciones suyas sobre este acercamiento exegético. Además de estos libros de crítica literaria deben citarse otras dos obras que Gutiérrez Vega califica con acierto como libros de ensayo de creación que son *Hermanito menor* de 1919 y *Ensayos sentimentales* de 1923, escritos en una prosa poética de gran belleza literaria.

Semejante genuina vocación literaria a la de Chacón y Calvo, es la de otro muy notable ensayista de la República. Aludo a Juan J. Remos, autor de *Historia de la literatura cubana*, extensa y valiosa obra en tres volúmenes, publicada en Cuba en 1945, que mereció un gran reconocimiento crítico, ya que en ella se evidencia la acuciosidad, rigurosidad y erudición del autor. La misma fue reimpresa en

Miami, en 1969. En *Proceso histórico de las letras cubanas* de 1958 se hace más evidente la presencia del ensayista, pues aquí, por su enfoque y su carácter más sintético, la documentación deja más lugar al comentario de crítica literaria, por eso se ha dicho con razón que cada capítulo del libro constituye un trabajo aislado con sus valores propios. Ya antes en un libro de 1937, *Micrófono*, se había mostrado al mismo tiempo el maestro y el ensayista, pues en él se recogieron artículos escritos para la radio en programas de divulgación cultural. Genuino humanista, Remos escribió libros y ensayos muy valiosos que abarcan además de su acercamiento a la literatura cubana y universal, estudios filosóficos, históricos y de crítica musical.

Una de las figuras fundamentales del ensayo en el período republicano fue Jorge Mañach, que muestra, en su extensa obra escrita, una inclinación muy fecunda por el estudio tanto de la literatura de su país, como de las esencias y las raíces de la cultura de Hispanoamérica y la rica y extraordinaria tradición cultural de la Madre Patria que siempre admiró.

Jorge Mañach continuó la gran tradición de Varela, Varona y Martí, ya que reflejó en su obra una gran preocupación por su patria. Su prosa mostró elegancia impecable de estilo y en ella se integró muy felizmente la ponderada búsqueda de la verdad y la objetividad del pensamiento. Mañach fue un típico intelectual de Hispanoamérica, que tuvo que hacer su obra entre la vorágine de la vida pública a la que lo arrastraron sus inquietudes cívicas, lo que no le impidió ser un querido profesor universitario, un escritor destacadísimo, un activo participante en la vida cultural de la nación, un profesor invitado en universidades extranjeras, un periodista muy leído, en cuya tarea mostró también su amor por la patria y la cultura y hasta creó y dirigió la Universidad del Aire, un programa radial que llevó a cabo una formidable labor de divulgación cultural entre su pueblo.

Entre sus obras sobre las letras y las tierras de la Madre Patria, deben señalarse *Examen del Quijotismo* de 1950 al que indirectamente aludí con anterioridad al fijar la posición del autor entre los más destacados cervantistas cubanos, también *Visitas españolas* del sesenta. De su interés por la Filosofía, cátedra que tuvo en la Universidad de la Habana, da cuenta *Hacia una filosofía de la vida* y su preocupación por Hispano América se hace evidente en su libro póstumo *Teoría de la frontera*. Sus ensayos *La crisis de la alta cultura* de 1925; *Indagación al choteo* de 1928 y los dos que contiene su libro *Historia y Estilo* de 1944, es decir: «La nación y su formación histórica» y «El estilo en Cuba y su sentido histórico» fueron objeto de una evaluación exegética muy amplia. He señalado en otra ocasión que estos cuatro trabajos están interconectados estructuralmente y constituyen por su rigor metodológico y su enfoque temático un intento muy serio e inteligente de enfrentamiento a la problemática cubana desde el punto de vista histórico, sociológico y cultural. En efecto en *La crisis de la alta cultura,* Mañach estudió las causas de que nuestro proceso cultural del XIX no se consolidara en la República; en *Indagación al choteo*, buscó las raíces de los problemas psicológicos del pueblo cubano; en «La nación y su formación histórica», que es el más polémico de los cuatro, con enfoque sociológico, histórico y político, aunque con apoyatura cultural, intentó fijar las razones por las que él consideraba que Cuba no se había podido forjar en nación y en «El estilo en Cuba y su sentido histórico», fue en el fondo un estudio comparativo entre nuestra historia literaria y la Historia de Cuba, vista desde el punto de vista socio-político y hasta en ocasiones, económico.

Es verdad que los cuatro ensayos reflejaron la agonía de Mañach por su patria, pusieron de manifiesto las deficiencias que él vio y trataron de apuntar soluciones y fijar los instrumentos de superación de la joven nación, pero en mi opinión, y así lo he expresado en los estudios sobre el ensayo cubano y específicamente sobre Mañach, éste, que sentía tan hondamente los dolores de la patria, llevado por las circunstancias de su tiempo, por ese dolor por Cuba que se descubre bajo la tersura de su prosa, por lo que llamé en una conferencia pronunciada hace ya algunos años, su serena impaciencia, se dejó arrastrar por un innegable pesimismo basado en ese momento histórico, aunque concluyó su discurso «La nación y su formación histórica», como él mismo lo reconoció, con un mensaje de esperanza.[99] Hoy, terminado el siglo XX, cuando observamos la evolución cultural e histórica de la República, con una más amplia perspectiva, podemos darnos cuenta de los grandes logros que en un poco más de medio siglo ésta experimentó pese a los quebrantamientos del ritmo constitucional que padeció. La gran cantidad de valiosos libros publicados por exiliados cubanos sobre la cultura de su patria en el período republicano, del cual fue Mañach una de las figuras descollantes, y la inquebrantable fe del pueblo cubano que en agónico exilio o en la isla prisión, sigue soñando, después de más de cuatro décadas de sufrimiento, con el ideal martiano, es una prueba de la innegable evolución cultural y cívica de nuestro pueblo.

Pero volviendo a la obra de Mañach, es necesario apuntar que el contraste entre la realidad que veían y la república ideal soñada por Martí, llevó a aquél y a su generación, a intentar el estudio del Apóstol en su verdadera dimensión humana, tratando de superar el proceso de deificación que había experimentado en los primeros años de la república y el que, según ellos, había contribuido en cierta medida a determinada frustración popular. Fue la biografía de 1933, *Martí, el apóstol*, el libro suyo que recibió más acogida y el que tuvo y actualmente sigue teniendo más ediciones. A éste añadió décadas más tarde *El espíritu de Martí,* que aunque no tuvo la repercusión de la biografía, quizás por los tristes momentos históricos que ha vivido el pueblo cubano desde su publicación, es sin duda, un sustancial aporte a la bibliografía pasiva de Martí.

El ensayista y crítico Félix Lizaso, miembro de la generación de Mañach, también dedicó una parte sustancial de su vida y de su obra al estudio de Martí, esa figura central de nuestra literatura. En esta vertiente fundamental de su labor exegética, merecen citarse, *Mendive, maestro de Martí,* que apareció en 1927 y años más tarde, entre 1938 y 1942, publicó otros tres valiosísimos libros sobre el apóstol de la independencia cubana, *Pasión de Martí, Martí, místico del deber* y

---

[99] Véase mi trabajo «La serena impaciencia de Jorge Mañach» en Rafael Corbalán Torres, Gerardo Piña-Rosales y Nicolás Toscano Liria, *Confabulaciones,* Ensayos sobre artes y letras hispánicas, Nueva York, Monografías de ALDEU, 2001, 17-30.

Martí y la utopía de América. Recibió gran reconocimiento crítico por esas obras a las que agregó varias antologías de los textos martianos. Además hay que destacar en este estudio panorámico, la devota tarea que efectuó como Editor del *Archivo José Martí* en que se recogieron muy valiosos estudios de exégesis sobre nuestro eminente ensayista, poeta y crítico. La labor de Lizaso como antólogo se extendió a las obras de otros cubanos notables, forjadores de nuestra nacionalidad, como fueron Enrique José Varona, Vidal Morales y Rafael M. Merchán. Como crítico e historiador de la literatura y la cultura cubana se distingue también con la publicación de *Panorama de la cultura cubana* y *Ensayistas cubanos contemporáneos*.

Otro de los miembros de esa generación de Mañach, llamada generación del 23, que fue un activo participante del Grupo Minorista y uno de los editores de la *Revista de Avance* de extraordinaria trascendencia en la historia literaria cubana de ese período fue Francisco Ichaso. Todos estos escritores vieron en Enrique José Varona el maestro ejemplar. Dijo al efecto Ichaso; «Nuestra generación vio en él a un guía recto y sapiente, a un verdadero apóstol de la cultura. Constantemente acudían los jóvenes a su casa del Vedado, convertida en templo cívico, a escuchar la palabra del filósofo, a recibir sus consejos y orientaciones».[100] En efecto es en ese gran valor ético donde está la base de su gran influencia en todos ellos, pues ninguno siguió al maestro en su afiliación al positivismo en lo filosófico. En cuanto a su adhesión militante al método sociológico de Hipólito Taine y al criterio psicobiográfico de Sainte Beuve en la crítica literaria, esas influencias, aunque aparecen en algunos de sus discípulos, Juan J. Remos por ejemplo, están en general, bastante diluidas y siempre se muestran unidas a otros criterios exegéticos del siglo XX.

Ichaso fue como su amigo Mañach, un periodista brillante, maestro, pues fue profesor de la Escuela Profesional de Periodismo de la Habana y tuvo una abundante participación en la vida pública. No obstante se diferencia de Mañach, en que, aunque valiosa, su obra quedó mayormente dispersa en revistas y periódicos de su época pues

---

[100] Francisco Ichaso, «Ideas y aspiraciones de la primera generación republicana», *Historia de la nación Cubana,* Vol. VIII, 1952, 339.

recogió su labor en muy pocos libros. Entre ellos, cabe señalar, *En torno a Juan Sebastián Bach,* sobre el gran compositor y *Góngora y la nueva poesía* y *Lope de Vega: poeta de la vida cotidiana,* sobre esas dos figuras inmortales de la literatura española y su *Martí y el teatro,* tan comentado por los especialistas del género, pero en mi opinión, es su libro *Defensa del hombre,* en la que reunió una serie de ensayos muy valiosos, su aporte fundamental a la ensayística cubana de la República, obra, que no ha recibido de la crítica el reconocimiento que merece. Este libro ratifica una vez más, esa pulcritud formal de su prosa, esa capacidad reflexiva y esa extraordinaria erudición que lo caracterizaron.

Lo cierto es que pese a las convulsiones políticas que experimentó la República, la cultura cubana adquirió durante la corta existencia de ésta, un gran desarrollo en todas sus manifestaciones, al que el género ensayo no fue ajeno, pues se puede decir con toda objetividad, que el ensayo en la República fue digno sucesor de el del siglo XIX, a pesar de la extraordinaria altura que ese género tuvo en dicha centuria décimonona y no obstante los grandes autores que lo prestigiaron, baste citar a Varela, La Luz y Caballero, Varona, Sanguily, Piñeyro, Montoro y Martí.

En el período republicano brillaron en la ensayística, además de los escritores en que nos hemos detenido, otras figuras valiosas, muchas de las cuales salieron al exilio agónico pero digno, con una ejecutoria ya brillante en Cuba, en los que, en su mayoría, nos hemos detenido en nuestros previos estudios sobre el ensayo. Algunos, como el eminente historiador Emeterio Santovenia, murieron al poco tiempo de su llegada al exilio, otros continuaron con su magnífica labor por décadas hasta su muerte, como Humberto Piñera, Mercedes García Tudurí y Dionisio de Lara en el campo filosófico y en el literario; Roberto Agramonte en el sociológico y el literario; los doctores José Cid Pérez y Dolores Martí de Cid en el puramente literario, fundamentalmente en la exegética del teatro cubano e hispanoamericano en general; Eugenio Florit y Gastón Baquero, grandes poetas pero excelentes cultivadores del ensayo; Leví Marrero, Herminio Portell Vilá y Carlos Márquez Sterling, que sobresalieron en la ensayística histórica, mientras que otros, como Rosario Rexach, José Olivio Jiménez y Zenaida Gutiérrez Vega en el literario u Octavio Costa en el histórico, siguieron contribuyendo en tierras generosas, pero ajenas, al estudio de la cultura cubana.

Algún día, desaparecida la dictadura comunista que ha agobiado al pueblo cubano por más de cuatro décadas, con su absoluta supresión de la libertad intelectual que es la base fundamental para el desarrollo de una genuina cultura, el ensayo, en la nueva república martiana, volverá a florecer en el suelo patrio y será digno de la grandeza que le caracterizó en los dos últimos siglos.

EL REINO DE ESTE MUNDO DE ALEJO CARPENTIER: PESIMISMO PROFUNDO ANTE LAS REVOLUCIONES

Es necesario como presupuesto de este estudio subrayar la estrecha relación de influencia entre la estética surrealista y la obra de Carpentier, aunque precisando que, si bien existe esa influencia, la novelística de Carpentier representa en cierta medida una superación de la estética surrealista

El surrealismo, como se sabe, surge ante la crisis de valores que experimentó la civilización occidental, como parte del resultado de un proceso que culminó en la Primera Guerra Mundial, pues el conflicto bélico con todos sus horrores, hizo perder la ingenua tranquilidad con que el hombre del naciente siglo XX, veía la vida, confianza que emanaba de la excesiva fe en la ciencia que había surgido bajo la influencia del positivismo francés, en especial de las ideas de Augusto Comte y del evolucionismo de Herbert Spencer en Inglaterra y la idea del progreso humano.

El surrealismo reacciona frente al racionalismo sistemático, duda de la realidad. Considera que la verdadera realidad está en los sueños, entendida ésta como la que el hombre es capaz de crear por sí. Del sueño fisiológico con su falta de lógica y su sistema de disloques en la manera de plantear las cosas, toman los surrealistas parte de su técnica. En el poema surrealista brilla la sorpresa de la imagen y el símbolo en general, pero éste carece de historia y argumento. Carpentier va a emplear algunos de estos elementos en su literatura.

Los surrealistas llevaron a Carpentier a descubrir la América hispana. Él creía que éstos tuvieron una influencia decisiva en el redescubrimiento de la América latina, por la cultura occidental.[101] En su alejamiento del racionalismo sistemático, en su búsqueda de lo maravilloso, vieron en América latina, lo primitivo y lo inconsciente.

---

[101] Luis Harss, *Los Nuestros,* 53.

Atisbaron en ella, una visión del mundo más bien mítica, es decir en un sentido amplio, como lo que no está basado en una racionalización de la realidad.

Sin embargo la falta esencial de fe en los surrealistas es lo que aleja a Carpentier de ellos, porque como éste señala «muchos se olvidan con disfrazarse de magos a poco costo, que lo maravilloso comienza a serlo de manera inequívoca cuando surge de una inesperada alteración de la realidad (el milagro)».[102] Y a ese efecto, concluye: «de ahí que lo maravilloso invocado en el descreimiento –como lo hicieron los surrealistas durante tantos años- nunca fue sino una artimaña literaria, tan aburrida al prolongarse, como cierta literatura onírica – arreglada -, cierto elogios de la locura, de los que estamos muy de vuelta».[103] Pero que su actitud es una superación y no un retroceso, lo indica el propio autor cuando afirma, «no por ello va a dársele la razón, desde luego a determinados partidarios de un regreso a lo real».[104]

Carpentier cree pues en lo maravilloso, en lo real maravilloso. Para empezar, dice: «la sensación de lo maravilloso presupone una fe. Los que no creen en santos no pueden curarse con milagros de santos, ni los que no son Quijotes pueden meterse en cuerpos, almas y bienes, en el mundo de Amadís de Gaula o Tirante el Blanco».[105]

Carpentier vio lo maravilloso en su tierra hispanoamericana y trató de acercarse a ella. Primero la búsqueda de lo maravilloso fue una búsqueda intelectual, y así señaló: «me consagré durante años enteros a leer todo lo que encontraba sobre América, desde las cartas de Cristóbal Colón, hasta los autores del siglo XVIII, pasando por el Inca Garcilaso de la Vega. No hice otra cosa por años, creo, que leer textos americanos. América se nos presentaba como una enorme

---

[102] Alejo Carpentier, Tientos y diferencias, 118.
[103] _____, *Tientos y...*, 119.
[104] _____, *Tientos y...*, 119.
[105] _____, *Tientos y...*, 118.

nebulosa que yo trataba de comprender, pues sentía vagamente que mi obra se desarrollaría allí, que iba a ser profundamente americana».[106]

Después la visita a Haití en 1943, le abrió ante sus ojos ese mundo americano. Tuvo una primera noción de lo real maravilloso cuando visitó el Reino de Henri Christophe. «Las ruinas tan poéticas de Sans Souci; la mole, imponentemente intacta a pesar de rayos y terremotos, de la ciudadela de La Ferriere y de conocer la todavía normanda ciudad del Cabo».[107]

Es decir, Carpentier como creador, trata de captar lo maravilloso en nuestras tierras pero huye de los estereotipos y trata de apresarlo y busca encontrarlo en la realidad de su tierra americana, en la virginidad del paisaje, en la presencia fantástica del indio y del negro, en los fecundos mestizajes que propició, «América –dice- está muy lejos de haber agotado su caudal de mitologías» y se pregunta «¿Pero qué es la historia de América toda, sino una crónica de lo real maravilloso?».[108] Y eso, una crónica novelada de lo real maravilloso es *El Reino de este mundo*.

Esta obra consta de cuatro partes, las tres primeras corresponden a tres momentos históricos de Haití, la última representa una recapitulación de las anteriores. La novela posee unidad, pues todas las diferentes partes están entrelazadas por una relación de secuencia en la narración, ya que se pasa de una circunstancia a otra con ligereza y fluidez, al mismo tiempo, que se estructuran por su contenido simbólico.

En la primera parte se nos presenta la revolución de Mackandal. Todos estos capítulos están llenos de atisbos y sugerencias a la supervivencia de toda la tradición cultural africana, bajo la aparente postura del esclavo. «En el África, el rey era guerrero, cazador, juez y sacerdote; su simiente preciosa engrosa estirpe de héroe. En Francia, en

---

[106] Luis Harss, *Los Nuestros*, 55.

[107] Alejo Carpentier, *Tientos y* ..., 115.

[108] _____, *Tientos y* ..., 121.

España, en cambio, el rey enviaba a sus generales a combatir».[109] En el segundo capítulo ocurre el hecho trascendente, la mutilación del brazo de Mackandal y en los capítulos siguientes, se insinúa por títulos simbólicos, el crecimiento del brote revolucionario, hasta que al final de la primera parte queda establecido el mito de la supervivencia del Manco Rebelde.

La segunda parte, que ocurre veinte años después, muestra el brote revolucionario del jamaicano Bouckman. El ritmo de la novela se hace acelerado, la escena se enrojece con la sangre del cerdo negro, preludio de la que se derramará después, tras «el lento mugido de los caracoles». Luego el éxodo de los colonos franceses a Santiago de Cuba, la presentación de Paulina Bonaparte, con la crónica de sus frivolidades que atempera el ritmo de la acción y al final, el Apocalipsis: la terrible epidemia de cólera que arrastraba la muerte ante sí: terror, muerte y desenfreno.

En la tercera parte, el contraste entre el regreso de Ti Noel, ahora al fin, hombre libre y su nueva caída en la esclavitud, enfrenta al lector, al gobierno de Henri Christophe, presentación caricaturesca de las cortes francesas. Esta parte termina con la muerte dramática del dictador, cuyo cadáver se hunde simbólicamente en una argamasa de piedra, para hacerse parte integrante de la fortaleza que representaba su sueño de poder.

La cuarta parte es corta, concisa. Presenta a Ti Noel llevando una vida bucólica en su senectud, viviendo de sueños, sumido en el desvarío su mente. De pronto, la presencia de los agrimensores, lo lleva a un brusco despertar. Su alma primitiva se rebela y busca liberarse en sus creencias, instiga a sus imaginarios súbditos, pero sólo la naturaleza le responde con furor.

En toda la obra, se mantiene cierta técnica musical, pues se parte de una presentación del tema, introductoria del desarrollo del mismo y se concluye en una especie de recapitulación de los hechos, epílogo de la vida de Ti Noel, a través de la cual se tejió la trama. La tormenta que se desata tras la alocución de Ti Noel, a manera de obertura final, deja latente las últimas notas. Es innegable que el factor musical es un

---

[109] _____, *El reino....*, 13.

elemento muy importante en la obra de este novelista. Recuérdese tan sólo su ensayo sobre la música en Cuba. *El acoso*, otra de sus obras, desarrollada siguiendo los movimientos de la Sinfonía Heroica de Beethoven; *El siglo de las luces*, del que el propio Carpentier señaló: «es una construcción sinfónica en la que tres personajes principales encarnan respectivamente un tema masculino, uno femenino y uno neutro».[110] El tema musical está también latente en *Los pasos perdidos*. La música, pues, tiene múltiples implicaciones en la obra de Carpentier.

Como se ha puesto de manifiesto en este trabajo, mediante el directo análisis del texto de la novela en cuestión, Carpentier refleja en esta obra un profundo pesimismo hacia todo proceso revolucionario. En la misma, las tres revoluciones aludidas comienzan intentando defender la libertad humana pero finalizan negándola y se convierten en regímenes de terror y de muerte. Luis Harrs en *.Los nuestros* señala que «en los libros de Carpentier, las revoluciones son siempre fracasos a corto plazo»[111], no obstante, aunque no puede desconocer esa realidad, agrega que las revoluciones son en ellos «también anuncios del porvenir».[112] Lo cierto es que Harss veía en Carpentier una dualidad, así afirmaba: «el militante alterna con el erudito ecuménico para quien lo esencial en la historia consiste en que se repite», es decir, aludía al eterno retorno que tanto nos recuerda a Azorín. Algunos exégetas han señalado que la militancia política de Carpentier, en cuanto a su adhesión entusiasta a la dictadura comunista de Cuba no fue auténtica o por lo menos no estaba en concordancia con su verdadero sentir.

Luis Harrs, en sus intentos de justificar y reconciliar las contradicciones ideológicas del escritor cubano, que en efecto son muy patentes tanto en *El reino de este mundo* como en algunas otras de sus novelas, como por ejemplo, *El acoso* y *El siglo de las luces*, afirmaba que «Carpentier como novelista subordina la ideología al proceso

---

[110] Luis Harss. *Los nuestros*, 61.

[111] _____, *Los Nuestros*, 64.

[112] _____, *Los Nuestros*, 65.

narrativo».[113] Rosario Rexach, que fue uno de los primeros críticos en destacar las contradicciones ideológicas de Carpentier aludidas, ha indicado: «Es que cuando Carpentier teoriza sobre la novela ve lo que él quiere o puede ver. Pero cuando hace su obra de ficción, ésta lo arrastra a ser lo que es, como arrastra y ha arrastrado siempre a todo creador más allá de toda deliberada intención. Por eso la obra de este autor quedará por siempre. Porque no es la obra de un autor que defiende una tesis, o proclama un dogma o se adhiere a una ideología, aunque esto trate de hacerlo también. Sino que es la obra de un hombre de este siglo, espectador y actor en un mundo en crisis».[114]

Esther Mocega González en su libro *Alejo Carpentier: estudios sobre su narrativa,* incluye sobre este aspecto que estamos tratando un valioso ensayo titulado «Revoluciones (o revolución) en la obra de Carpentier», en la que enfoca en cuanto a esta novela como idea central de la misma el concepto de la esclavitud u opresión del hombre por el hombre[115] y destaca a Ti Noel como representativo del ansia de libertad del ser humano.

BIBLIOGRAFÍA

Alejo Carpentier, *La música en Cuba*, México, Fondo de Cultura Económica, 1ª. Edición, 1946.

_____, *Los pasos perdidos*, Compañía General de Editores, 3ª. Edición, 1966.

_____, *El reino de este mundo*, Barcelona, España, Editorial Seix Barral, 1967.

_____, *Tientos y diferencias*, Montevideo, Uruguay, Editorial Arca, 1967.

_____, *Concierto barroco*, México, Siglo Veintiuno Editores, 1974.

---

[113] _____, *Los Nuestros,* 64.

[114] Rosario Rexach, Prólogo en Esther P. Mocega González, *Alejo Carpentier: estudios sobre su narrativa.* Madrid, Editorial Playor, 12.

[115] Esther P. Mocegas González, *Alejo Carpentier: estudios sobre su narrativa*, 119.

_____, *El arpa y la sombra*, México, Siglo Veintiuno Editores, octava edición, 1980.

Luis Harss, *Los Nuestros*, Buenos Aires, Editorial Sudamericana, 1966.

Esther P. Mocega González, *Alejo Carpentier: estudios sobre su narrativa*, Madrid, Editorial Playor, 1980.

PLAYA GIRÓN: SU SIGNIFICACIÓN HISTÓRICA

El pueblo cubano del exilio, representado por esta benemérita asociación que nos acoge, conmemora el cuadragésimo octavo aniversario de una fecha gloriosa de la patria en que nuestro pueblo efectuó un heroico intento de recuperar sus ansiadas libertades, repitiendo en el siglo XX, las inolvidables hazañas de Yara, Baraguá y Baire del siglo XIX. Tuvo Playa Girón, las mismas motivaciones de los tres gritos anteriores, fue inspirado en el amor a la patria y el afán de plasmar un genuino Estado de Derecho, es decir, en el que se respetara la libertad, los derechos humanos y la creación de un régimen democrático. Si bien es verdad que Yara y Baraguá no lograron el objetivo que logró la Guerra de Martí, o sea, el nacimiento de Cuba como una nueva república independiente, es indudable que desde el punto de vista histórico, sociológico y patriótico, tuvieron, y siempre tendrán, una misma significación pues fueron efemérides muy representativas de la firme voluntad del pueblo cubano de mantener una lucha inquebrantable por ganar, o en el caso de Playa Girón, recuperar, un régimen democrático de gobierno, donde se podría pensar hasta en mejorar los grandes logros que nuestro pueblo pudo alcanzar en poco más de medio siglo que duró la República que naciera el 20 de mayo de 1902.

Lo cierto es que, pese a las limitaciones impuestas a la nueva República –me refiero desde luego a la Enmienda Platt y a las intervenciones que el gobierno norteamericano realizó en Cuba al amparo de ésta– nuestra República, como acabamos de apuntar, alcanzó un gran desenvolvimiento jurídico, económico, cultural y sociológico. Es verdad que Cuba, como otras naciones hermanas de Nuestra América, para usar una denominación muy preferida de nuestro Apóstol, sufrió caídas como ha quedado probado en la Historia. No obstante la laboriosidad e inteligencia de los cubanos, fueron paulatinamente superando los factores negativos a los que se enfrentó la naciente república. Las estadísticas internacionales desmienten claramente, con pruebas muy objetivas la intencionada visión negativa que del período republicano ha tratado infructuosamente de plantear, el gobierno comunista cubano, pero en las frecuentes ocasiones en que lo ha hecho en las varias décadas transcurridas, siempre ha fracasado en tal empeño.

La invasión de Playa Girón fue un acontecimiento histórico de dimensión extraordinaria que hubiera podido cambiar felizmente no sólo el acontecer de nuestro país sino también la de la comunidad internacional, si se hubiera ejecutado como había sido planeada por la administración del Presidente Eisenhower, según la versión autorizada de algunos de los escritores cubanos y periodistas norteamericanos de la época que se han interesado en el esclarecimiento de todos estos hechos. En efecto, como sabe este auditorio, tan interesado en nuestra historia, se ha imputado en algunas de estas versiones, a la vacilación y falta de experiencia del presidente Kennedy y en otras, a su incompetencia y a su excesivo temor al poderío soviético, el haber cancelado las otras fases del proyecto, que se referían al planeado apoyo aéreo norteamericano. Esto hubiera protegido el completo desembarco de la totalidad de las tropas invasoras de la ya entonces conocida poderosa aviación marxista cubana que en tan poco tiempo el dictador comunista había fomentado con la absoluta cooperación del bloque soviético, la que hubiera quedado destruida completamente en sus bases, si se hubiera ejecutado el proyecto original y hubiera propiciado suficiente tiempo para que el pueblo cubano, dirigido por las múltiples instituciones anticomunistas clandestinas, se levantara en las calles de las ciudades y pueblos de la Isla. De haberse hecho así, no hubiera pasado lo que pasó, es decir el encarcelamiento masivo a través de la Isla de cientos de miles de simpatizantes afectos al movimiento antidictatorial, que estaba dando muestras de su vigor en la lucha clandestina y había efectuado ya actos de protesta pública contra la dictadura marxista que mostraba muy claramente su intención de convertir a Cuba en un horrendo infierno totalitario.

A medida que han pasado los años, se han ido haciendo público los correspondientes documentos oficiales de los archivos secretos del gobierno de los Estados Unidos, que han permitido a los investigadores contemporáneos tener una mejor y más clara visión de este polémico y complicado proceso histórico. En el excelente y recientemente publicado libro, *Luces y sombras de Cuba,* del destacado historiador cubano Néstor Carbonell Cortina, éste inicia la tercera parte de su obra que titula «El exilio», con un estudio en el que se enfrenta a lo que no dijo el Informe del Director de la CIA, Lyman B, Kirkpatrick sobre ese hecho histórico. En el mismo, el historiador cubano reconoce que en ese informe hay muchas verdades pero también omisiones y falsedades. Por ejemplo, se le señala a Kirkpatrick que fue muy severo en la crítica a la actuación de la CIA, pero desconoció las omisiones incurridas por el Pentágono y la gravísima responsabilidad del Presidente Kennedy por las alteraciones y reducciones que a última hora efectuó en el plan recomendado. Carbonell recordó algunas de las polémicas surgidas en torno a ese informe, por parte de los funcionarios que se creyeron aludidos, bien personalmente o por pertenecer a los Departamentos involucrados en las decisiones tomadas. En mi prólogo a este medular libro de Carbonell, he señalado como el historiador cubano destacaba que Kirkpatrick había reconocido que la responsabilidad era en realidad mucho más amplia y que alcanzaba en pleno al gobierno de los Estados Unidos, indicando también como factores determinantes de la derrota, la falta de planeamiento por no comprometerse el facilitar los recursos necesarios tanto en armamentos como en tropas que realmente pudieran necesitarse.

Volviendo de nuevo a la preocupación central de mi trabajo que es evaluar la significación histórica de lo que he aludido como el grito de Girón para asimilarlo en jerarquía y dimensión a las tres esenciales manifestaciones de voluntad del pueblo cubano en el siglo XIX en que expresó su inquebrantable decisión de luchar por la libertad de su patria, a los que ya me he referido, Yara, Baraguá y Baire, es innegable que Girón es el cuarto momento de igual grandeza y trascendencia de nuestro pueblo que se integra con los otros tres al largo y honroso proceso de nuestra historia patria. Así, la sangre derramada en Girón recoge toda una tradición gloriosa de siglos y se une a la de muchos otros que ya habían ofrecido la suya en defensa de la libertad conculcada en «la tierra más fermosa que ojos humanos vieron», según la frase inmortal del Descubridor de nuestra América, Cristóbal Colón.

Este nuevo y triste sacrificio, que muestra el idealismo y la espiritualidad de un pueblo incorruptible, honrosamente representado por un puñado de valientes que solamente pudieron ser vencidos cuando se acabaron las balas de sus armas de fuego y no tenían machetes para emular a los patriotas independentistas, ha sido germen y exaltación, «raíz y ala», para utilizar palabras tan queridas del Apóstol, para reforzar aún más en el alma de nuestro pueblo, la decisión inquebrantable de seguir luchando, como lo ha hecho a través de ya más de cinco décadas, por el restablecimiento de la república martiana, sean cual fueren las circunstancias históricas que conspiren contra nuestras más altas apetencias. Es la voluntad de lucha que surge del amor a la patria que lanzó en el siglo XIX a esos ejércitos mambises con pocas armas y mal vestidos, a vencer las huestes bien alimentadas, bien entrenadas, perfectamente armadas, de una de las naciones más poderosas de la tierra en esa época, que tenía un gobierno empeñado en no perder la más preciada joya de su corona. Esa voluntad que alienta la rebeldía y la protesta de nuestro pueblo contra los horrores de la dictadura comunista, bien sea en el exilio, en las principales ciudades del mundo, como en Nueva York, en París, en Madrid o en Ginebra, bien sea en las tristes cárceles cubanas, que son templos de la espiritualidad humana o en la resistencia, en las calles rebeldes de los nuevos disidentes que cada día surgen y aumentan de número como reacción ante el recrudecimiento de la violencia del régimen de horror que la patria padece. Girón, como dijo la profesora Esther Sánchez Grey Alba, con ese lirismo que le es tan característico, hace algunos años, en esta misma tribuna de la dignidad cubana que es Pro-Cuba, Girón, repito, es ciénaga pero es también aurora.

La creación de esa conciencia nacional en Cuba que irrita y resulta tan incompresible a la dictadura cubana cada día más decadente, como lo prueba sus constantes purgas stalinistas, ha sido un proceso que duró siglos y que se inició con la sangre de nuestros primeros mártires. Es muy significativo que uno de de los primeros cubanos que fue ejecutado en el garrote en una plaza pública habanera fuera Eduardo Facciolo, un joven idealista que imprimió y distribuyó clandestinamente en plena Habana, el primer periódico independiente de Cuba, denunciando la intolerancia del gobierno colonial español y que el Colegio Nacional de Periodistas Cubanos, en plena República, honrara calificándolo como el primer mártir cubano que muriera en defensa de la libertad de pensar. Fueron dos sacerdotes, José Agustín Caballero y Félix Varela, de los primeros que defendieron esa libertad de pensar, el primero, al explicar la libertad de razonar, cuando en el prestigioso Seminario San Carlos de la Habana estudió la duda metódica cartesiana y el segundo, en el propio seminario, cuando en su cátedra de Derecho Constitucional explicó a sus alumnos las bases jurídicas de la liberal Constitución española de 1812, que, como se sabe, fue heredera de los sublimes principios de la revolución francesa y de la americana del siglo XVIII y amparado en ellos, Varela defendió en sus cursos, los derechos del ser humano,

A esa labor de formación de la conciencia nacional contribuyeron nuestros héroes épicos en una vertiente y nuestros hombres de pensamiento, en la otra. Corrientes que se integraron en una, en muchas de nuestras figuras más representativas, en las que se unió el común amor a Cuba y el talento para luchar por la libertad y la independencia de su patria. Baste recordar y solamente a modo de ejemplo, entre la primera a Carlos Manuel de Céspedes, el Padre de la Patria, los generales Máximo Gómez, Antonio Maceo, Calixto García, Ignacio Agramonte, Flor Crombet, etc. que escribieron páginas de gloria tanto en la Guerra de los Diez Años, como en la Guerra Chiquita y en la del 1895. En cuanto a la segunda vertiente. y también a modo de ejemplo, a José Antonio Saco, eminente economista y sociólogo, que escribió *Historia de la Esclavitud,* uno de los alegatos críticos más fundamentales sobre la trata de esclavos no solamente de la cultura cubana, sino de la universal. Saco, recuérdese, fue expulsado de su patria por el Gobernador Tacón. Otra gran figura entre los grandes forjadores de nuestra nación fue José de la Luz y Caballero, el gran Maestro de la juventud cubana, que en las aulas de su famoso Colegio El Salvador, forjó las almas de muchos de los héroes de la Guerra de los Diez Años.

La relación de los fundadores de la patria también es interminable e incluye desde Antonio Bachiller y Morales, Domingo del Monte, Enrique José Varona, Manuel Sanguily, hasta valiosísimos poetas como José María Heredia y José Martí, el Apóstol de la Independencia de Cuba, el que cada día que pasa, va alcanzando también mayor jerarquía patriótica y cultural. Playa Girón es y seguirá siendo semillero de nuevos forjadores de la patria. Y se continuará estudiando y analizando esta efeméride luminosa, que ya pertenece a la Historia patria.

Un ejemplo muy significativo de la específica vigencia y trascendencia histórica que ya tiene el 17 de abril en nuestro presente, trágico y lleno de agonía y que alcanzará una mayor repercusión cuando el sueño de libertad y democracia se convierta en realidad en el futuro, puede atisbarse en tres significativos documentos recientes, en los que me quiero detener, para avalar esos factores, que tienen tan íntima relación con la significación histórica de esta fecha gloriosa de la nación cubana.

El primero es un muy interesante e ilustrativo artículo, titulado «La base Track» de uno de los heroicos sobrevivientes de Playa Girón, José Dauzá, que apareció en el volumen de la revista *Ideal* de Miami, No. 360 de 2009, año XXXVII. El autor comienza la crónica con el traslado desde la ciudad de Miami, de un poco más de cuarenta cubanos, que irían a formar parte del Batallón #3 de la Brigada 2506, a la base aérea de Retalhuleu en Guatemala y su subsiguiente desplazamiento en camiones por muy abruptos caminos que los condujeron a la base de entrenamiento aludida en el titulo del trabajo. Con gran precisión, nos indica la impresión que todos ellos sintieron: «Aquí comenzamos a sentir que a partir de ese momento, todo lo que venía, no era fácil».

Con una prosa fluida, atrayente, nos narra con muchos detalles, el entrenamiento a que fueron sometidos los brigadistas en tierras centroamericanas. Esta crónica objetiva, presenta la peligrosa cotidianidad de esa vida de preparación de los brigadistas, que como se ha dicho frecuentemente, representaban muy amplios sectores de nuestro pueblo, para la lucha por la liberación que se avecinaba. En mi opinión, uno de los méritos mayores de este trabajo, además de la valiosa información que nos brinda sobre la vida de estos genuinos héroes de nuestra patria, en esta difícil y azarosa situación, es el que nos permite asomarnos, a través de múltiples anécdotas, a la idiosincrasia de nuestro pueblo. Aquí está su sentido del humor, esa reacción festiva ante las dificultades y hasta los peligros, esa burla constante entre amigos, ese rechazo un poco satírico de lo trágico y lo pomposo. Ese estoicismo nuestro pese a nuestros excesos verbales, que tanto nos caracteriza. Muy significativa es la sencillez con que el propio autor termina el articulo, después de aludir al viaje de regreso a Cuba, que destaca muy sutilmente la grandeza heroica de los brigadistas «Al llegar, cumplimos nuestro compromiso de luchar por la libertad de nuestra patria».

El segundo documento es un magnífico y hermoso artículo que como parte de esa especie de boletín informativo mensual de Alpha 66, me refiero en este caso al del presente mes, escribió el Secretario Ejecutivo de esa patriótica institución, el poeta y expreso político cubano Ernesto Díaz Rodríguez, titulado «Una fecha gloriosa», sobre ese gran momento de nuestra historia que nos reúne hoy aquí. Permítaseme leer sólo una pequeña pero luminosa cita, de gran belleza poética pero cargada de un profundo significado. Dice así: «El 17 de Abril, repito, es fecha de sacrificio y abnegación. Y es fecha que ha de servir de orgullo para todos los cubanos. Acontecimientos históricos la hacen diferente. La hacen más hermosa y significativa, más radiante de luz, como faro incandescente que señala el rumbo hacia ese alba sin cadenas, que buscamos con creciente ansiedad».

Por último, quiero referirme a la copia fotostática de una carta, que se reprodujo en una Memoria que se publicó hace poco de un prestigioso Colegio Católico cubano. Se trata de la copia del facsímile de la carta que según aparece en la nota aclaratoria al pie de dicha copia, escribió un brigadista que fue alumno de ese centro docente, Fernando Casanova Gómez, a sus padres y a su abuelo desde New York, días antes de salir para el campamento de Guatemala para liberar a Cuba, donde participó en combate el 17 de abril del 1961 y murió al día siguiente.

Es un patético mensaje de un hijo que quiere, por fidelidad a sus progenitores, confiarles la decisión que lo llevó al sacrificio de su vida. «Tengo necesariamente –dice- que asumir una responsabilidad para vivir con paz y en concordancia con mi conciencia y aunque mucho me ha costado, tengo que compartir estos momentos con Uds.». Casanova alude y repite una y otra vez en su misiva, de su deber de hombre con la patria y con hondos tintes martianos, que recuerdan la famosa carta a su madre del mártir de Dos Ríos, les pide: «…perdónenme si les causo dolor pero soy hombre y no puedo dejar de cumplir con mi deber, mis derechos y mi conciencia. Defiendo a Uds., a mi religión, a mi tierra y a los principios que me inculcaron».

Ha pasado casi medio siglo de ese memorable acontecimiento y todavía la lucha por el reestablecimiento de la democracia y la libertad se mantiene enhiesta en Cuba. Todavía la sangre se derrama en la isla. Todavía los presos políticos sufren con estoicismo y dignidad los horribles castigos y los refinados tormentos de los chacales y verdugos comunistas, por defender la espiritualidad humana que ellos, nuestros presos, tan dignamente representan. Todavía sigue vigente en la disidencia, la concepción espiritualista y trascendente de la vida que tan consustancial ha sido a la manera de ser de nuestro pueblo, como se hace patente, cuando se observa la historia de nuestra Patria, en todos estos siglos de luchas y agonías, ya que pocos pueblos en la historia de la Humanidad han sufrido tanto por defender los valores en que se asienta, lo que ha dado en llamarse la Civilización Occidental. Todavía jóvenes intelectuales, continúan rechazando el realismo obsoleto marxista en que fueron educados y se unen al exilio cubano, poderoso en su dignidad y sublime en su intransigencia.

El comunismo, derrotado en Europa y desprestigiado universalmente por el fracaso del Imperio Soviético, que tan simbólicamente subrayó la caída del muro de Berlín a finales del siglo XX, se apresta a dar la última batalla en la América y en Asia, para sobrevivir, pero ya empieza a mostrar esas horribles grietas interiores, ideológicas y humanas que marcaron en el pasado, su fracaso.

En cuanto a nuestra querida Cuba, todas las circunstancias presentes nos muestran el justificado temor de las altas esferas gubernamentales de la dictadura comunista ante los profundos temblores sociológicos, morales y económicos que hoy en día, agitan la patria de Martí y de Maceo. A pesar de las cándidas ofertas de conciliación y acercamiento de la nueva e inexperta administración norteamericana, el totalitario régimen marxista cubano se hace cada día más cruel, las persecuciones más despiadadas, el presidio político más infernal, las frustraciones de las grandes masas populares más profundas, la rebeldía de la juventud ante la falta de libertad más osada y la conciencia de una vida sin esperanza, más lacerante.

La sangre y el sacrificio de los héroes de la Brigada 2506 en la tierra cenagosa de la Península de Zapata, serán fecundos, como siempre lo ha sido en Cuba, la entrega de sus mejores hijos. La hoy agónica isla de palmeras, por el esfuerzo del incorruptible exilio y de la pujante disidencia, que cada día se nutre como nunca de los más jóvenes, nos anuncia un nuevo amanecer de libertad.

HUMBERTO PIÑERA LLERA Y SU FECUNDA LABOR EN EL EXILIO

Humberto Piñera Llera, el destacado escritor y educador cubano, vivió la tercera parte de su vida en este país. Nació en 1911 en la ciudad de Cárdenas, Cuba y fue en 1960 cuando abandonó su tierra natal para trasladarse a los Estados Unidos, después de renunciar a su cargo de Profesor de la Escuela Filosofía y Letras de la Universidad de la Habana, por no estar de acuerdo con el régimen marxista que se había impuesto en la isla. A su llegada a Nueva York y en virtud del alto reconocimiento internacional que ya disfrutaba[116], fue nombrado Profesor del Departamento de Español de la Escuela de Estudios Graduados de New York University, cargo que ejerció hasta 1976, año en que se retiró como Profesor Emérito de esa prestigiosa institución y se trasladó a Miami, Florida, donde vivió hasta que murió en 1986.

Su valiosísima labor en los Estados Unidos abarcó la de profesor universitario; la de conferencista en universidades y congresos profesionales; la de crítico en prestigiosas revistas literarias; la de autor de muy importantes libros sobre filosofía y las letras españolas e hispanoamericanas y la de articulista en la prensa hispánica de este país, en la que divulgó la gran tradición de nuestra cultura e inspirado por su gran patriotismo, denunció la dictadura marxista que sufre Cuba.

En esta ponencia intentaremos destacar toda la aludida labor cultural de Piñera, pero nos detendremos, aunque sea necesariamente en forma panorámica, en su faceta de ensayista y crítico y nos referiremos más específicamente a algunos de sus valiosísimos libros o a determinados trabajos en colecciones de ensayos o en revistas literarias.

---

[116] Al Dr. Humberto Piñera se le han publicado dos libros de homenaje. Estos volúmenes son: *Studia Gratularia*. Dedicados a Humberto Piñera, Madrid, Editorial Playor, 1979 y Estela Piñera y Alberto Gutiérrez de la Solana, *Humberto Piñera Llera: Pensador, escritor, crítico y educador*. New York, Senda Nueva de Ediciones, 1991.

Como educador, Piñera, como ya se ha apuntado, fue profesor de la Universidad de New York, donde enseñó muchos cursos sobre literaturas hispánicas a nivel graduado y dirigió y asesoró numerosas tesis para el doctorado en su especialización, siendo además, desde 1972 a 1976, Director Residente del Programa de Español de esa universidad en Madrid, que tenía como sede el Instituto de Cultura Hispánica de esa ciudad. Fue, en 1961, Profesor Visitante en Middlebury College en Vermont y también en esta universidad de Columbia dictó cursos de 1962 a 1963 y en su Escuela de Verano en los años 1966 y 1967. Después de su traslado a Miami, enseñó en diferentes centros universitarios de esa ciudad. Es decir, Piñera continuó en este país la intensa labor pedagógica que había iniciado en Cuba, donde además de Profesor de Filosofía de la Universidad de la Habana, dio cursos en la Universidad de Oriente, participó también en numerosos congresos internacionales y ofreció conferencias en las universidades de Buenos Aires, Santiago de Chile, Lima y Panamá y fue uno de los fundadores de la Sociedad Interamericana de Filosofía.

También en los Estados Unidos su labor intelectual fue más allá de la cátedra universitaria. Piñera colaboró con el Círculo de Cultura Panamericano, desde su fundación en 1963, siendo ponente en muchos de sus congresos anuales y contribuyó asiduamente a su publicación *Círculo: Revista de Cultura.* Fue Presidente Nacional de esa institución en el bienio 1980-1981. En 1968 fue designado Director Asociado de la *Revista Cubana*, otro valioso empeño de estudio de la cultura de su patria, que fue de los primeros esfuerzos del exilio cubano por rescatar la gran tradición cultural de Cuba que su presente gobierno de facto ha tratado siempre de desconocer. También fue Consejero y colaborador de *Exilio. Revista de Humanidades* y desde 1982 hasta su fallecimiento, Vicepresidente del Instituto Jacques Maritain, fundado en Cuba y posteriormente trasladado a Miami. Fue consejero y orientador cultural de la Agrupación Abdala, institución en que se agrupan un amplio y muy meritorio grupo de jóvenes cubanos exiliados empeñados en mantener vigente el amor a su patria, ampliar sus conocimientos de la historia y la cultura de su país y luchar por la restauración de una Cuba democrática.[117]

Como resultado de la tarea cultural que Piñera realizó durante su estancia en EE.UU, el destacado profesor también recibió otros numerosos honores, premios y reconocimientos que harían su enumeración interminable; baste mencionar a modo de ejemplo, la designación de Miembro Correspondiente de la Academia Norteamericana de la Lengua Española.

En cuanto a su labor periodística en este país, Piñera, inspirado en el ejemplo y en la obra de su admirado José Martí, se dio a la tarea de divulgar en la prensa en español, la importancia de la gran tradición cultural de España e Hispanoamérica como un medio de fortalecer en nuestra población hispana en Estados Unidos, el justo orgullo que deben inspirar nuestros grandes logros culturales. También, como ya hemos apuntado, animado por su amor patrio, denunció con objetividad y adecuada documentación, la carencia de un Estado de Derecho en su Cuba y las constantes violaciones de los derechos humanos que caracterizan al régimen marxista cubano.

Específicamente fue colaborador asiduo del periódico *Diario las Américas* de Miami, Florida, durante muchos años y sus artículos periodísticos contenían una temática muy variada, aunque primaban en ellos los temas culturales y cívicos-políticos. Cabe destacar que aun en su prosa periodística, aparecían siempre esos acercamientos filosóficos, literarios o históricos que caracterizaron su genuina preocupación intelectual, por lo que es de esperar que algún día esos trabajos puedan ser recogidos en libros, porque en ellos se integraban la profundidad de contenido con la claridad expositiva que le caracterizó. Recibió, por su labor en este campo, el Premio Periodístico José Martí del Colegio Nacional de Periodistas de Cuba en el Exilio.

---

[117] Para una más amplia visión de la vida del Dr. Humberto Piñera tanto en Cuba como en los Estados Unidos es referencia obligada el trabajo de su esposa la Dra. Estela Piñera, titulado «Información biográfica de Humberto Piñera Llera» del libro sobre el Dr. Piñera de 1991 aludido en la nota 1 de este trabajo.

En un trabajo que escribí hace años[118] señalé que la obra ensayística de Humberto Piñera abarcaba esencialmente dos grandes vertientes: la puramente filosófica y la filosófica-literaria. En la primera distinguía tres divisiones, la que incluía las obras didácticas escritas en Cuba, una sobre Lógica y otra sobre Filosofía, aunque de ésta última fue publicada una nueva versión en este país, en 1980. La segunda división agrupaba las obras de historia del pensamiento filosófico cubano, una escrita en Cuba, en que estudiaba las ideas contemporáneas en la isla, de 1957 y otra titulada *Panorama de la Filosofía Cubana* de 1960, que fue el primer libro de Humberto Piñera que vio la luz en la etapa de su exilio, aunque había sido escrito en Cuba. La tercera división de esta primera vertiente, agrupaba el resto de toda su labor estrictamente filosófica y se acercaba en ella a los problemas que enfrenta todo filósofo o evaluaba distintas figuras de la filosofía universal. Representativos de esa última corriente fueron su libro *Filosofía de la vida y Filosofía Existencial,* publicado en la Habana en 1952 y otro, durante su exilio, titulado *Las grandes intuiciones de la Filosofía* en el que evaluó las contribuciones de diez grandes filósofos, que consideraba intuitivos, desde Parménides hasta Heidegger.

En la segunda gran vertiente de la obra ensayística de Piñera, la que denominamos la filosófica-literaria, señalé que debe incluirse el libro de 1975 *Filosofía y literatura: aproximaciones*, en que teóricamente Piñera define con gran penetración las relaciones entre ambas disciplinas, y aquéllos que dedica a autores de las letras hispánicas que han matizado su labor literaria de genuina preocupación filosófica. Éstos últimos, los dividimos, por su contenido temático, en tres sub-vertientes; los que tratan de escritores de la literatura española, los que estudian los de la hispanoamericana y los que evalúan los de la cubana, pues si bien es verdad que estos últimos tienen que considerarse dentro de la literatura de la América española, los trabajos de Piñera sobre las letras de su patria, por su número e importancia merecen, a

---

[118] Se trata de mi estudio «La ensayística de Humberto Piñera Llera: Filosofía y Literatura» que ha sido recogido últimamente en mi libro *Cubanos de dos siglos. Ensayistas y críticos*, Miami, Editorial Universal, 1998.

los efectos del estudio de su ensayística, agruparse y formar una clasificación por sí sola.

Entre los de temática española, tenemos *Unamuno y Ortega y Gasset. Contraste entre dos pensadores* de 1965, que constituyó un singular aporte al estudio de estos dos eminentes pensadores españoles y en el que nos detendremos más adelante. Además no se puede dejar de aludir a *El pensamiento español en los siglos XVI y XVII* que apareció en 1970 y que sin duda constituye una profunda y lúcida evaluación del renacimiento y el barroco español. Muy sugerente, en este libro, es el enfrentamiento que Piñera efectúa del problema de la tensión del hombre de la época barroca que se hace evidente en la literatura de esa época en España y trata de encontrar la causa de la misma. Piñera argumenta que el Renacimiento despojó al hombre del Barroco de la ingenuidad que caracterizó al hombre del Medioevo. El crítico sostiene que el escritor medieval creaba para Dios, mientras que el del Barroco –que había tenido lo que denominaba Piñera, la descomunal experiencia de la individualización renacentista– creaba para sí mismo, y ahí encontraba Piñera la causa de esa tensión que tanto lo caracterizaba, porque, explicaba, Dios y el mundo se habían recogido dentro de él y lo tiraban con igual fuerza y por tanto, concluía, que el drama del hombre barroco radicaba en ese idealismo subjetivo. Piñera emplea su intento de fijar las características del pensamiento español en los siglos XVI y XVII para estudiar bajo esa nueva luz la labor literaria de Juan Luis Vives y los erasmistas españoles; las de Fray Luis de León, de Diego Saavedra Fajardo, de Baltasar Gracián y de Francisco de Quevedo y Villegas. Otros ejemplos de los muy valiosos trabajos de Piñera de temática española fueron su libro de 1971, *Novela y ensayo en Azorín,* que es un original y penetrante acercamiento a esa gran figura de la generación de 1898 y sus trabajos sobre Antonio Machado, Quevedo y Cervantes.[119]

---

[119] Me refiero a sus artículos «Tempo de Proust en el tiempo de Machado», *La Torre,* Puerto Rico, enero-abril, 1965, 137-154 y «Ética y moral de Quevedo»*, Exilio,* New York, IV, Num.1, 1970, 3-31 y a su conferencia leída en 1961 en Middlebury College, «Realidad y fantasía en el Quijote».

Dentro de los estudios que dedicó a la literatura hispanoamericana, baste mencionar a modo de ejemplo, entre los de carácter panorámico «El ensayo en Hispanoamérica» de 1967[120] y en relación a específicos autores, los dedicados a Alejandro Korn, José Enrique Rodó y Jorge Luis Borges.[121] Sobre literatura cubana, mencionaremos entre los panorámicos: «Cultura y revolución en Cuba', «Literatura y evasión» y «Cuba en su historia y literatura».[122] Sobre los dedicados a autores de su patria, su amor a ésta y su interés por la cultura cubana lo llevaron a escribir sobre la mayoría de los grandes fundadores de la nación cubana y sobre muchas destacadas figuras de las letras de Cuba, entre ellos José Martí, al que dedicó el último libro que publicó en vida, *Idea, sentimiento y sensibilidad en José Martí*.

Imposible sería evaluar en este trabajo toda la vastísima e importante obra de Piñera, aun, como en este caso, en que estamos solamente estudiando la de la última parte de su vida, la de exiliado en este país, por tanto nos detendremos en unos pocos de sus trabajos que son representativos de esa valiosísima labor. Vamos a escoger de la primera gran vertiente, la puramente filosófica, su libro *Panorama de la Filosofía Cubana* y de la segunda, es decir la filosófica-literaria, su original *Filosofía y Literatura: aproximaciones* de 1975 en el que tan luminosamente reflexiona sobre lo cerca que genuinamente están ambas disciplinas y ya dentro de esa vertiente, como representativo del grupo de temática española, *Unamuno y Ortega. Contraste entre dos pensadores* de 1965 y dentro de los grupos de temática hispanoamericana y cubana, *Idea, sentimiento y sensibilidad de José Martí*,

---

[120] Humberto Piñera, «El ensayo en Hispanoamérica», *Revista Interamericana de Bibliografía,* XVII, 1967, 317-321.

[121] Estos trabajos de Humberto Piñera son: «Alejandro Korn y la libertad creadora»*Homenaje en el centenario de su nacimiento* .Estudios sobre Alejandro Korn, Argentina, Universidad Nacional de la Plata, 1963, 173-182.; «José Enrique Rodó y la libertad», *Enlace*, Vol. 1, julio-sept., 1976, 126-147 y «Borges, el escritor y el enigma», *Mundo Nuevo,* Madrid, 120-123.

[122] Los trabajos citados fueron publicados, el que estudia la cultura y revolución en Cuba en *Sur* de Buenos Aires en 1965 , Núm. 293, 68-93 y el titulado «Literatura y evasión» en *Exilio* New York , XXI, 1972, 35-53. «Cuba en su historia y literatura» fue una conferencia dictada en 1970, en España en la madrileña Sociedad de San Vicente de Paúl.

porque las representa a ambas dignamente, ya que el eminente cubano es a su vez una figura fundamental de las letras de América española.

El primero que hemos mencionado es *Panorama de la Filosofía en Cuba*, que apareció en una colección sobre el pensamiento en América que la Unión Panamericana, con sede en Washington D.C., venía publicando En esta obra, debe destacarse el hecho de que Piñera comenzaba por exponer que se alegraba de la invitación recibida porque venía preocupándose por no haber escrito ampliamente sobre la filosofía cubana, aunque lo cierto era, como él mismo reconoció, que en su libro de 1957, *Historia Contemporánea de las ideas en Cuba,* se había detenido en esos estudios.

Piñera no desconoció los peligros que corría con esta obra que intentaba, dada la reconocida instrumentalización de la filosofía hispanoamericana y por tanto de la cubana que formaba parte de aquélla. Era indudable que en Cuba, como en el resto de América hispana, la filosofía había servido para impulsar ciertas ideas fundamentales que habían ejercido una extraordinaria influencia en el desarrollo de nuestro proceso histórico, lo que la despojaba, sin lugar a dudas, de una genuina autonomía. Esto, desde luego, lo llevaba al debatido problema de la originalidad de la filosofía cubana y por ende de la hispanoamericana, asunto que Piñera no entraba a discutir, alegando que no existía todavía distancia histórica que permitiera evaluar con la adecuada visión este problema. Más polémicamente que Piñera, Alejandro Korn, se enfrentó a la impugnación de la falta de originalidad de la filosofía en Hispanoamérica, argumentando que en la historia de la filosofía universal, realmente eran pocos los genuinos momentos originales que se habían producido.

Volviendo al tema de la instrumentalización de la filosofía cubana, Piñera señala con acierto la influencia del pensamiento de Vitoria y Suárez en las Leyes de Indias; la trascendencia de las ideas de la Revolución francesa y el movimiento enciclopédico en las Guerras de Independencia del continente y la influencia del Positivismo en la función renovadora que ejerció el cientificismo en la centuria decimonona.

Con ese didactismo tan suyo, sutil y diluido al mismo tiempo, y con su capacidad de síntesis, Piñera divide la historia cultural de Cuba en siete etapas que le permiten cumplir su objetivo. En la primera, «La filosofía teológica, destaca su falta de relieve pero se admira de la presencia de esa preocupación filosófica en contraste con el poco desarrollo cultural de la colonia en esa época. En el período de reacción contra el escolasticismo, destaca la labor renovadora en el campo filosófico, con excepcionales efectos en el pedagógico, de dos sacerdotes católicos, José Agustín Caballero y Félix Varela, que la inician precisamente desde sus cátedras del Seminario San Carlos de la Habana. En la etapa que titula «La polémica filosófica», subraya la participación del gran erudito y maestro cubano José de la Luz y Caballero, haciendo énfasis en el fondo político que conllevó esa polémica filosófica en Cuba surgida entre los años 1838 y 1840. Muy breves, son el capítulo cuarto dedicado al fracasado intento de importar el krausismo a la Isla y el sexto, en que estudia a Rafael Montoro y su hegelianismo, de quien señala que tuvo menor resonancia filosófica que Varona. De mayor extensión, dada su importancia y trascendencia, son los capítulos quinto dedicado a Enrique José Varona y su positivismo, en donde reconoce que a pesar del pesimismo del destacado filósofo su obra arroja un saldo llamativamente favorable y el séptimo, que tituló «La Filosofía Actual» en donde analiza el vacío cultural producido por los conflictos de independencia que se extendieron a los inicios de la República y como la labor de la recién creada Sociedad Cubana de Filosofía y la edición de la *Revista Cubana de Filosofía* fueron factores fundamentales en la gran recuperación en el campo filosófico que se produjo en la Isla. Piñera hace un recuento de las nuevas figuras que, con talento y seriedad, se dedicaron a traer a Cuba la evaluación de las nuevas corrientes filosóficas europeas del siglo XX, aunque llevado por la modestia que le era tan habitual, no señaló que fue él, como dijera la Dra. Mercedes García Tudurí, el principal propugnador de ese inmenso renacimiento filosófico en la Cuba de la vigésima centuria.[123]

Filosofía y literatura: aproximaciones de 1975[124] es la segunda obra en que nos detendremos En una muy esclarecedora advertencia, al comienzo del texto, el autor confiesa que la idea del libro había surgido con motivo de un curso que sobre las relaciones entre la filosofía y la literatura había dictado en New York University para sus estudiantes de literaturas hispánicas. Comprendiendo la dificultad que representaba que sus alumnos no tuvieran un básico conocimiento filosófico, decidió presentar ejemplos concretos de obras de filósofos que habían mostrado un esencial interés en la literatura y de literatos que a su vez se hubieran sentido atraídos por la filosofía. De esa manera, afirma, pudo presentar en forma directa esas relaciones, con relativa claridad, basadas fundamentalmente en las semejanzas y diferencias de las dos actividades. Piñera consideraba que esa interrelación ponía de relieve que «la cultura tiene un fondo común que, desde el punto de vista de su quehacer, o sea como pura actividad, consiste en dirigirse a esa realidad última en la cual se apoyan las cosas como los sucesos» (10) Y a continuación agregaba: «Si *Edipo Rey*, *La montaña mágica* y *Los monederos falsos* nos hacen pensar profundamente es debido a esas cuestiones filosóficas» (10).

Este libro consiste en ocho medulares ensayos, el primero «Filosofía y literatura» en que se enfrenta teóricamente al problema de las relaciones entre ambas disciplinas y los siete siguientes en que indaga esas aproximaciones concretas a que aludía en la advertencia, cuatro dedicados a filósofos interesados en la literatura, Aristóteles, Haidegger, Sartre y Ortega y Gasset y tres literatos con grandes preocupaciones filosóficas, Jorge Luis Borges, René Marqués y Eduardo Mallea. Piñera destaca el hecho de que los tres literatos escogidos hayan sido hispanoamericanos porque con ello no queda sin representación la

---

[123] Mercedes García Tudurí, «El Dr. Humberto Piñera y el renacimiento de la filosofía en Cuba, *Círculo: Revista de Cultura,* Vol. XVII, 1988, 15.

[124] Humberto Piñera, *Filosofía y literatura: aproximaciones*, Madrid, Playor S.A., 1975. Todas las posteriores citas de este libro se referirán a esta edición y aparecerán solamente co el número de la página correspondiente, entre paréntesis a continuación de la cita.

cultura de lengua española en América. Piñera no deja de advertir también que «Nuestro tiempo nos presenta multitud de casos parecidos, con la particularidad de que muchas veces (Unamuno, Sartre, Camus, etc.) el filósofo se dobla en literato; sin que falte por supuesto, la contrapartida de este último vertido a la filosofía (Mann, G, Hesse y Pirandello, etc.)» (11).

En su ensayo inicial Piñera afirma que suele hablarse de filosofía y literatura como dos cosas diferentes, es decir, que la primera es una actividad especulativa, que reduce a una abstracción las cosas que la rodean, mientras que la literatura es esencialmente imaginativa. No obstante reconocer esa distinción, el autor considera que en los últimos tiempos se ha llegado a ver en ellas, dos maneras de expresión de la realidad. La irrupción del existencialismo, añade, cambió la concepción de la filosofía anterior que quería hacer de la vida una réplica del pensamiento puesto que la filosofía existencial pretendió hacer del pensamiento una réplica de la vida. Esto es lo que ha permitido que se aceptara que escritores como Marcel, Sartre, Camús, Hesse y otros fueran tan novelistas y dramaturgos como filósofos. De ahí, que Piñera señalara que la diferencia entre ambas disciplinas era más aparente de lo que se creía y por eso, traía a colación los casos de Unamuno y Sartre, es decir, dos aproximaciones metodológicas a una temática común. En efecto, el problema de la lucha entre la razón y la fe acerca de la vida eterna que inspira las meditaciones de Miguel de Unamuno en su obra de ensayo *Del sentimiento trágico de la vida* constituye la temática fundamental que anima la imaginación unamuniana en la construcción de su novela *San Manuel Bueno, Mártir*. Lo mismo ocurre con Sartre, pues como dice Piñera, *La Náusea* «es la 'novelización' de lo dicho filosóficamente en *El ser y la nada*» (13).

Pese a que Piñera reconoce que tanto el filósofo como el literato adoptaban un determinado punto de vista –lo que suponía que no veían la realidad del mismo modo, pues el filósofo se interesa por la esencia de las cosas y el literato toma una manifestación particular y concreta y la convierte en argumento de su obra– el crítico señala que había un fondo común a ambas actividades, pues para él, lo que llamamos imaginación en relación al literato es lo que se conoce como especulación en el filósofo, ya que, según afirma, ninguna realidad se nos da jamás exactamente. Y aclarando esta afirmación concluye: «En consecuencia, toda actividad humana es, de alguna manera una ficción y, por lo mismo, si descendemos hasta el fondo de las ficciones que son «especular» e «imaginar», descubrimos que es una misma cosa. Al fin y al cabo, por débil que sea el contenido de una novela o un drama, junto a lo imaginado por el autor hay siquiera una pizca de especulación, es decir, de pensamiento reflexivo. Como tampoco hay filosofía que no sea de alguna manera, un esfuerzo de reflexión. Porque mientras la realidad es sólo una, hay, en cambio, distintos modos de acceder a ella» (17).

La tercera obra, a la que ya hemos aludido y que fue publicada en 1965, *Unamuno y Ortega y Gasset, contraste de dos pensadores*[125], surgió también de su labor didáctica en New York University, pero fue producto de muchos años de estudio y reflexión sobre esas dos grandes figuras del pensamiento español por los que siempre sintió atracción. En este libro, en virtud de lo que promete en el título, estudia con mucha seriedad y cuidado el antirracionalismo y el racionalismo de estos dos pensadores. Piñera comienza su evaluación, señalando que Unamuno era un pensador cuya insobornable naturaleza religiosa lo convertía en un tenaz y porfiado opositor de la razón mientras que Ortega, por el contrario, era indiferente en materia religiosa. También señala el contraste entre la que llama *rigurosa e irreductible subjetividad unamuniana* y la *objetividad* de Ortega y Gasset, a lo que agrega además, que Unamuno era un poeta místico mientras que Ortega era un esteta dominado siempre por el afán de una sobria claridad racional.

Piñera, al examinar con detenimiento la personalidad y el pensamiento de ambos pensadores, arriba a esta conclusión: «de la actitud religiosa de Unamuno se deriva una *mística*, la cual implica cierto *antirracionalismo*, que se manifiesta (en el orden del pensamiento)

---

[125] Humberto Piñera, *Unamuno y Ortega y Gasset. Contraste de dos pensadores*. Centro de Estudios Humanísticos de la Universidad de Nuevo León, México, 1965, 55. Todas las posteriores citas de este libro se referirán a esta edición y aparecerán solamente con el número de la página correspondiente, entre paréntesis a continuación de la cita.

bajo la forma de una *tendencia poética*. Mientras la indiferencia religiosa de Ortega engendra una posición dialéctica, que se expresa en cierto *racionalismo*, cuya culminación es (en el orden del pensamiento) la *actitud ensayística»* (51).

Sobre el antirracionalismo en Miguel de Unamuno, Piñera lo interpreta como aquello que es contrario «al concepto y uso que de la razón hizo sobre todo, la filosofía moderna» (55). Pero es necesario destacar que Unamuno reconoce que a pesar de todo, el hombre no puede prescindir de la razón, de ahí que el exégeta trajera a colación ciertas esclarecedoras frases de Unamuno en el *Sentimiento trágico de la vida*: «Y sin embargo necesitamos de la lógica, de este poder terrible, para trasmitir pensamientos y percepciones, porque pensamos con palabras, percibimos con formas» (36). En fin, que Unamuno al mismo tiempo que reconocía la necesidad que el ser humano tenía de la razón, señala las grandes limitaciones de ésta. Claro está que el antirracionalismo unamuniano está muy estrechamente ligado al hambre de inmortalidad del hombre. Su protesta contra la razón surgía del hecho de que ésta no le decía nada a él acerca de las cuestiones últimas y fundamentales, por eso se ha señalado que esa ansia metafísica dominó completamente la vida de Unamuno.

En cuanto a Ortega, Piñera considera que siendo éste, filósofo como Unamuno, coincide con aquél en «que el *problema* fundamental es el del acceso a la realidad» (57), aunque inmediatamente el crítico hace la distinción: «pero no en la forma mística de la anulación de la distancia entre el pensamiento y las cosas. Para Ortega, por el contrario, el hombre es el ser siempre preocupado por 'saber *a qué atenerse* respecto al mundo y a sí mismo'» (58). En definitiva, según Ortega, para el hombre tener acceso a la realidad debe situarse frente a ella a una adecuada distancia y tratar mediante el intelecto de descubrir su significado. De ahí que para él, el pensamiento sea el ajuste del hombre con el contorno, pues para la captación de ese mundo latente, el hombre necesita más que la vida sensorial, necesita la razón, necesita el ajuste intelectual. Por tanto, la razón está totalmente ligada a la vida, está indisolublemente ligada a ella, en fin, se trata de una razón que el propio Ortega calificó de vital.

De ahí, la necesidad del hombre de pensar. Pensar es para Ortega salir de la duda en que se ha caído y estar otra vez en lo cierto. Por eso es que Piñera indicaba que para este filósofo español, el enigma que las cosas proponen al hombre, alcanza solución cuando éste «halla la idea que escribe o ilustra –digamos así– la auténtica actitud del hombre frente a la dificultad que esas cosas suscitan» (59).

Este libro de Piñera es sin duda un valioso aporte al estudio de estas dos grandes figuras, en el que, asimismo, se muestran las grandes cualidades didácticas del crítico en su análisis comparativo del pensamiento de ambos escritores, entre los que se trazan semejanzas y diferencias sustanciales, pero además, hace evidente la extraordinaria erudición del autor, no solamente en cuanto revela su profundo conocimiento de la obra de los pensadores estudiados sino también su vastísimo saber filosófico.

El último libro de Piñera en el que nos detendremos, fue su medular *Idea, sentimiento, y sensibilidad de José Martí*, sobre el que publiqué una reseña casi a raíz de que saliera a la luz pública.[126] Este libro constituye un serio y riguroso intento de sistematización y evaluación del pensamiento martiano sobre los problemas fundamentales de la realidad omnitemporal a la que se enfrenta todo escritor medularmente meditativo. Como explica el autor en la introducción, la obra pensada de Martí contiene todas aquellas nobles preocupaciones propias de la meditación. Para Piñera, esto es consecuencia de producirse en Martí el portento de un pensamiento vinculado a un sentimiento y a una sensibilidad.

El libro está dividido en doce capítulos que se refieren a esas diferentes preocupaciones que para Piñera son constitutivas de la poderosa personalidad meditativa de Martí: la palabra y el silencio; el hombre individual y el colectivo; madurez y edad; amor, dolor y deber; el soñador y el hombre práctico; vida, muerte, alma, Dios; idea del tiempo; previsión y organización; sentimiento y dolor del destierro; la libertad y el último, dedicado a la patria.

---

[126] Me refiero a la reseña que sobre este libro del doctor Humberto Piñera publiqué en *Círculo: Revista de Cultura*, Vol. XII, 1983, 123-125, del cual incluyo en este trabajo algunos párrafos que creo pertinentes reproducir.

Con su cultura y su profundo conocimiento en su especialización filosófica, Piñera realiza una revisión panorámica de la evolución del pensamiento occidental sobre esas preocupaciones fundamentales del Martí soñador que él ha señalado, para después, con las citas directas de los textos martianos, intentar fijar la posición del ilustre americano sobre cada una de ellas. Empresa titánica, pues siendo Martí un genuino poeta, aun su prosa está cargada de lirismo y es intrínsecamente sugerente. Piñera no sólo ha logrado una sistematización del pensamiento martiano en esas básicas cuestiones a las que se ha enfrentado el hombre a través de los siglos, sino a su vez, nos ha expuesto sus reflexiones y meditaciones sobre las ideas del Apóstol. Se trata de un acercamiento, cuidadoso, metódico y responsable del filósofo profesional que es Piñera a la obra de quien fue sin duda un genial escritor meditativo. Debe subrayarse, no obstante que la labor sistematizadora e interpretativa del pensamiento martiano que hace Piñera, no aleja al lector de la obra del Apóstol, ya que el autor se las arregla para hacer constantemente presente en el libro, la prosa martiana.

No quiero terminar estas breves alusiones, sin referirme a los dos últimos capítulos. En el penúltimo, dedicado a la libertad, Piñera no sólo efectúa la indicada revisión de este concepto desde el punto de vista filosófico, con todas las necesarias incursiones en el libre albedrío y el determinismo, amplísima visión que abarca desde la Grecia clásica hasta Jasper, Sartre, Camus, Heidegger, Buber y Croce, sino también lleva a cabo un estudio sumario del proceso histórico de la libertad política en el mundo occidental. El último capítulo está dedicado a la patria, que en Martí es fundamental, porque, como indica el crítico, presenta tres dimensiones inextricablemente unidas entre sí, como pensamiento, como sentimiento y como acción tendiente a liberarla.

En resumen, en el presente trabajo hemos intentado, aunque panorámicamente, acercarnos tanto a la valiosísima obra cultural del profesor Humberto Piñera en el exilio como a su vida, tan caracterizada por altos valores; a su sensibilidad, que se integraba tan felizmente con su capacidad analítica; a su genuina humildad –que he calificado ya hace tiempo de un tanto franciscana–; al lacerante amor a la patria que siempre iluminó su espíritu y que en él, estaba tan unido a la devoción martiana; o sea, a todas esas cualidades suyas, que sirven para dar la genuina medida de ese hombre excepcional, dotado de un extraordinario talento para la filosofía y para las letras, cuyos grandes logros nunca le entibiaron su capacidad de amar y servir al prójimo, en el que siempre vio a un hermano.

Libros de Humberto Piñera aludidos en este trabajo

Lógica, Habana, Cultural S, A., 1952.
Filosofía de la vida y filosofía existencial, La Habana, Lex, 1952.
Introducción a la Filosofía, Habana, Cultural S.A., 1954.
Historia Contemporánea de las ideas en Cuba, México, Fondo de Cultura Económica, 1957.
Panorama de la filosofía cubana, Washington D. C. Unión Panamericana, 1960.
Unamuno y Ortega y Gasset. (Contraste entre dos pensadores), México, Edit. Jus S.A., 1965.
El pensamiento español en los siglos XVI y XVII, New York, Las Américas Publishing Co., 1970.
Novela y ensayo en Azorín, Madrid, Agesa ,1971.
Las grandes intuiciones de la filosofía, Madrid, Oscar, 1972.
Filosofía y literatura: aproximaciones, Madrid, Plaza Mayor, 1975.
Introducción e Historia de la Filosofía, Miami, Ediciones Universal, 1980
Idea, sentimiento y sensibilidad de José Martí, Miami, Ediciones Universal, 1980.

LA MUJER CUBANA EN EL PRESIDIO POLÍTICO MARXISTA

En primer lugar quiero agradecer a esta Directiva de la Asociación de Ex Prisioneros Políticos Cubanos, el que me hayan invitado una vez más a ocupar esta digna tribuna. El tema que me han pedido desarrollar hoy, «La mujer cubana en el presidio político marxista» es, por su significación y contenido tan amplio y sugerente, que un estudio exhaustivo del mismo escaparía al tiempo que ustedes normalmente asignan a este tipo de charlas, pero me limitaré en esta ocasión a enfrentarme en términos generales a este específico y doloroso aspecto de la horrible problemática cubana actual y después a detenerme en dos figuras representativas, Gladys Campanería Herrera y Martha Beatriz Roque Cabello, que son dignos ejemplos de la entereza, valentía y profunda espiritualidad de la mujer cubana que han llevado a un número extraordinario de ellas a sufrir en su persona los horrores del presidio político marxista por reaccionar dignamente a la abolición absoluta en Cuba del Estado de Derecho, en que resultó la implantación en nuestra patria de una dictadura comunista, con su proverbial ataque a la libertad y a la dignidad de la persona y con su consiguiente desconocimiento de esos Derechos Humanos por los que tanta sangre ha sido derramada en el largo y fecundo proceso de formación de nuestra civilización occidental.

La historia de nuestro país muestra, desde muy temprana etapa, la preocupación del pueblo cubano por el destino de la Isla. El inicio de la formación de la conciencia nacional, aunque tiene algunos valiosos antecedentes anteriores, hay que buscarla en la etapa colonial del siglo XVIII en la que las mentes más ilustradas de la época supieron sentir las influencias libertarias y democráticas que inspiraron la revolución norteamericana de 1776 y la francesa de 1789. Hombres del calibre intelectual y moral de Francisco Arango y Parreño, Tomás Romay y el Padre José Agustín Caballero, por citar solamente algunos, aprovecharon la presencia simultánea en la Isla, de Don Luis de las Casas como Gobernador de la colonia y el Obispo Juan José Díaz de Espada, como máximo jerarca de la Iglesia Católica, ambos caracterizados por su cultura y tolerancia y profundamente influenciados por las nuevas ideas de la Humanidad que buscaban el mejoramiento de la vida del ser humano. En efecto, esos cubanos ilustres, sin perder tiempo alguno, comenzaron a proponer a dichas autoridades, mejoras para el pueblo de la colonia e intentaron difundir entre sus coterráneos todas esas nuevas corrientes ideológicas. Después, en el siglo XIX, el pueblo cubano influido por el Romanticismo –que no se puede olvidar, como aclaró Enrique José Varona, que fue además de un movimiento literario un movimiento socio-político– comenzó a formar una conciencia nacional que primero se hizo patente en la labor fecunda de los iniciadores y primeros mártires y después en la lucha irredenta de nuestros gloriosos mambises –Máximo Gómez, Antonio Maceo, Calixto García, baste mencionar solamente algunos de nuestros grandes héroes– que conllevó la Guerra de los Diez Años, la Guerra Chiquita y la Revolución martiana de 1895 que nos trajo la república independiente. La participación de la mujer, pese a las limitaciones que las costumbres de la época imponían, fue muy importante, no solamente con el apoyo que dieron a sus maridos e hijos, esposas y madres, acompañándolos en los territorios que caían en poder de los patriotas y un grupo de ellas, inclusive, luchó denodadamente en el campo de batalla y en el exilio en las labores de recaudación de fondos y envío de tropas y suministros bélicos a la Isla. Sobre la participación directa de la mujer en las guerras de independencia se han publicado en el presente exilio, dos valiosos, documentados y muy iluminadores trabajos por dos profesoras cubanas exiliadas, la primera, Rosario Rexach[127], lamentablemente fallecida hace dos años y la otra, muy cercana a mí, Esther Sánchez-Grey[128].

---

[127] Rosario Rexach, «Las mujeres del 68". *Revista Cubana.* Número Extraordinario. Año I, Num. 1, New York, NY., Enero-Junio 1968, 123-142.

[128] Esther Sánchez-Grey, «La participación de la mujer en la Guerra de los Diez Años y en la formación de la conciencia nacional cubana». *Las minorías determinantes*, Editorial Calíope, Madrid, 2003, 132-143.

Como se sabe, el nefasto presidio político al que sometió la metrópoli española a los independentistas cubanos determinó la crítica que le hizo el apóstol de la libertad cubana José Martí en uno de sus primeros trabajos, estudio que, pese a la temprana edad de su autor, se considera una obra maestra de la ensayística política cubana, me refiero, desde luego, a «El presidio político en Cuba». Ese mismo dolor e indignación que experimentó Martí, ha llevado a numerosos presos, a veces desde sus propias celdas, a denunciar los horrores cometidos por la dictadura comunista contra todos los dignos cubanos que se han opuesto a sus desmanes. Agonía que ha inspirado a otros autores del exilio a denunciar las violaciones flagrantes de los derechos humanos que vienen ocurriendo desde hace cuatro décadas en las cárceles cubanas con los prisioneros políticos. De ahí, la crítica acerba al rigor, la impiedad y la violencia de los horribles castigos que se imponen en el presidio político marxista que revelan numerosas obras históricas, políticas, sociológicas, entre las que se incluyen colecciones de testimonios de mártires, ex-prisioneros y actuales reclusos. También la presente tragedia cubana ha originado la llamada literatura de denuncia del exilio que incluye manifestaciones en los cinco géneros, es decir, poesía, ensayo, cuento, novela y teatro, en muchas de las cuales hay incontables referencias al presidio político cubano.

Vamos a referirnos, como ya habíamos apuntado previamente, a Gladys Campanería Herrera y a Marta Beatriz Roque Cabello, que sufren el presidio político comunista en dos etapas distintas de este casi medio siglo que lleva subsistiendo desgraciadamente el régimen marxista de la Isla. Campanería, al principio, apenas pasado cinco años de la instauración del régimen, cuando el mundo no quería ver la traición ostensible de la ya abusiva dictadura cubana y los sufrimientos de los presos políticos no le preocupaban nada más que al agobiado exilio cubano y Roque, ahora, que la causa de los presos políticos cubanos ya ha ganado la atención internacional y hasta la Unión Europea, aunque con ciertas vacilaciones diplomáticas de algunos de sus miembros participantes, expresa conmiseración por el triste destino de los que sufren en las cárceles políticas de Cuba.

Gladys Campanería Herrera es condenada a tres años de prisión en la causa 70 de 1964, que se convierten en años de sufrimientos dantescos, en la primera etapa de la triunfante revolución y cumple en su totalidad la pena impuesta en la temible Cárcel de Guanajay. Campanería, desde 1960 se había dado cuenta del traicionero desprecio a los ideales democráticos que ya caracterizaba al gobierno revolucionario, al que empezó a combatir valientemente. Ingresó en el Movimiento de Recuperación Revolucionaria, alcanzando el grado de teniente en esa organización y colaboró eficazmente con los alzados en El Escambray que se levantaban contra la dictadura comunista. Constantemente vigilada por los organismos de seguridad del régimen, trató de salir clandestinamente del país y fue capturada en un fracasado intento, que originó la causa arriba mencionada y la consiguiente sanción penal. Gladys había nacido en Matanzas, aunque desde muy temprana edad se trasladó a la capital de la República. Provenía de una familia de patriotas y políticos, Uno de sus tíos fue el conocido senador matancero Ricardo Campanería que había sido también Alcalde de la Atenas de Cuba y otro, Luis Rodríguez, hijo del legendario General de las Guerra de Independencia Mayía Rodríguez. De muy niña, sorprendió a su familia por su precocidad porque a los seis años ya escribía poesía y a los doce componía canciones. Vocaciones que ha continuado cultivando durante toda su vida. El feliz hogar familiar en que se cultivaba el amor a la patria, a la libertad y a la justicia y esa sensibilidad y talento que le hicieron amar las artes, templó su alma y le dio la fortaleza necesaria para la prueba a la que se enfrentó en la vida. Estudió la enseñanza primaria y secundaria en prestigiosos colegios habaneros y desde muy joven le atrajo el periodismo que ejerció en publicaciones de la ciudad capital de su patria y que sigue cultivando en el exilio pues hasta hoy día continua denunciando incansablemente la feroz dictadura que sufre su pueblo. Su labor por muchos años en la revista *Temas* de Nueva York, los periódicos *La Tribuna, La Razón* y *El Nuevo Litoral* de New Jersey y *La Campana* de Miami, le han ganado amplio reconocimiento. Ha participado muy activamente en la Junta Patriótica Cubana de Nueva York, el Círculo de Cultura Panamericano y el Colegio de Periodistas Cubanos en el

Exilio, Delegación de New Jersey y New York. Y siempre ha brindado su colaboración entusiasta desde sus columnas periodísticas y con su presencia física a los cientos de actos que el exilio cubano de esta zona viene incansablemente realizando. También ha obtenido premios y menciones como compositora de canciones en festivales musicales y como escritora en concursos literarios y culturales.

 Sus recuerdos de los años de la prisión constituyen una pesadilla imborrable que le llena los ojos de lágrimas con el recuerdo de sus compañeras desaparecidas, pero su voz se llena de orgullo para decir que esas mujeres cubanas con las que compartiera las galeras eran valientes y de una extraordinaria firmeza de carácter. Entró en la prisión de mujeres de Guanajay que ya en ese tiempo la dictadura marxista la tenía dedicada primordialmente a las presas políticas, aunque había dejado una galera para las presas comunes de delitos más violentos, con el propósito de amenazar a las encarceladas por motivos políticos que fueran más rebeldes, con ponerlas en la misma celda con varias de las presas comunes más peligrosas. Campanería fue asignada a una galera llamada Ingreso Una en la que ponían a las presas políticas, que los servicios de inteligencia consideraban que podían ser más levantiscas. Ella cuenta que las obligaban a dormir en el suelo donde abundaban cucarachas y grandes hormigas cuyas picadas eran muy dolorosas y tendían a infestarse. Para protegerse del frío de la noche, prendían clandestinamente los papeles que podían, en unos fogoncillos improvisados cuyo humo le producía a ella y a algunas otras, una muy molesta alergia en los ojos, que toleraban por temor a que el frío de la madrugada en el lecho de tierra, las enfermase. Trabajaban forzadamente en labores agrícolas desde el amanecer hasta el anochecer en campos anexos a la cárcel que los comunistas habían incorporado a la prisión, cercándolos para formar parte del perímetro carcelario. A Gladys y sus compañeras les hacían preparar los campos más inhóspitos para hacerlos tierras de cultivo. Muchas veces tenían que limpiar la tierra cargando grandes piedras y utilizar instrumentos pesados de labranza, todo lo que le ocasionó grandes dolores en la columna vertebral, que unido a la enfermedad de sus ojos y las picadas de insectos se convirtieron en graves problemas de salud, ya que ellos no recibieron una adecuada atención médica. Todo esto provocó que llegara a pesar solamente sesenta libras y que cuando cumplió su condena, su familia la tuvo que cuidar en su casa bajo tratamiento médico y el proceso de recuperación duró varios meses, sin contar que sus dolencias de la espalda provocaron una lesión incurable que ha amargado su vida con grandes dolores físicos. Pero como ella recuerda, todas esas angustias y pesares que le produjo la rigurosidad del tratamiento carcelario, incluyendo la alimentación deficiente, la falta intencionada de agua para beber y satisfacer sus necesidades higiénicas, resultaban más soportables que las refinadas torturas psicológicas copiadas de las cárceles stalinistas. En efecto, durante su prisión, recibió con frecuencia visitas de psicólogos con propósito de adoctrinarla pues querían demostrarles lo erróneo de sus convicciones políticas, intentos que siempre fracasaron, ante la firmeza de sus convicciones. Cada fracaso de las autoridades del penal en cambiar su manera de pensar se convertía en nuevas sanciones y mayores aislamientos de sus compañeras. En general, había un premeditado plan para no dejar dormir a las reclusas por delitos políticos. Las requisas se repetían constantemente en medio de la noche; las linternas con luces poderosas que tenían los custodios se proyectaban en sus caras para interrumpirles el sueño; la música estridente y alucinante se iniciaba abruptamente y en cada hora aumentaba su volumen, lo cual las hacía temer enloquecer. En fin, se les sometía a una horrible campaña psicológica que podía durar a veces, dos o tres días, en la que se cerraban los pasillos y se clausuraban las galeras para tenerlas aisladas y que las dejaba completamente exhaustas. Campanería recuerda que quedaban vacilantes y desorientadas y que cuando callaba la música y les permitían caminar por los pasillos, chocaban entre ellas y se tenían que apoyar en las paredes pues no podían mantenerse en pie. Este es el tratamiento que se daba a la mujer en el presidio político marxista en la década de los sesenta.

Marta Beatriz Roque Cabello, fue una estudiante brillante de la Escuela de Economía de la Universidad de la Habana y después de su graduación fue nombrada Profesora de la misma. Su labor en favor de los Derechos Humanos le ganó el reconocimiento internacional y desde luego, la repulsa del régimen marxista. La fundación que efectuó en 1994 del Instituto Cubano de Economistas Independientes, la separó definitivamente de sus antiguos colegas, pues el gobierno cubano no tolera la existencia de ningún tipo de asociaciones independientes y menos de una institución profesional que con gran seriedad académica se dedicara a evaluar objetivamente la política económica del Estado cubano. Estos análisis tenían necesariamente que detectar los errores extraordinarios del gobierno comunista cubano, pese al monstruoso aparato burocrático creado para ocuparse de la economía del país, pues como todo el mundo sabe, siempre ha dependido absolutamente en última instancia, de la voluntad omnímoda de un incapaz dictador, que en los últimos años está dando muestras de una senilidad creciente. Además de que como es un hecho conocido, al final del Siglo XX se comprobó fehacientemente, el fracaso definitivo del comunismo no solamente en la Unión Soviética sino en todos los países de Europa que habían caído bajo el imperialismo soviético.

Roque Cabello fue autora con otros tres compatriotas, Félix Bonne Carcassés, René Gómez Manzano y Vladimiro Roca Antúnez, del documento *La Patria es de* todos de 1997 en la que con rigurosidad y valentía se denunciaba ante el Mundo, la falta de seriedad y genuino fundamento de la Agenda del Quinto Congreso del Partido Comunista Cubano, celebrado en ese año. Como en el caso de Gladys Canpanería, todos sus antecedentes cívicos y políticos que se guardaban cuidadosamente en los cuerpos represivos marxistas, conspiraron contra ella. Fue procesada y condenada en unión de sus tres compañeros por el delito de sedición y por haber efectuado acciones contrarias a la seguridad del Estado cubano y cumplió tres años y medio de prisión pues en la Cuba comunista, pensar libremente y expresarse sin hipocresía es cometer ese supuesto delito. Sufrió en la cárcel, la brutalidad y la maldad que son características del presidio político comunista y este tratamiento despiadado al que fue sometida y la absoluta injusticia de la sanción penal que recibió, fue objeto de denuncia por el exilio cubano y recibió el apoyo de las instituciones que se dedican universalmente a defender los Derechos Humanos, de ahí, por ejemplo, que fuera declarada por Amnistía Internacional, en unión de los otros tres firmantes de *La Patria es de todos*, «prisioneros de conciencia».

Cumplida su sentencia, regresó al hogar y recibió la ayuda de su familia deseosa de cuidarla para que recuperara su salud tan destruida por los sufrimientos y castigos del presidio, pero ya en 2002 su ferviente deseo de que su pueblo transformara el régimen de represión vigente por uno democrático, la llevó a la constitución de la Asamblea para promover la Sociedad Civil, la que recogería en su seno a cientos de instituciones de distintas formas, estructuras, métodos de acción y dimensiones, esparcidas por el territorio nacional, que aspiraban a una mayor apertura democrática. Esta Asamblea declaraba firmemente al constituirse, que estaba encaminada a dos propósitos fundamentales: uno educativo y cultural y otro cívico y político. El primero cubre específicamente el fomento e información de la opinión pública; el intercambio de ideas y el trabajo directo con la población, es decir, un proyecto que mostraba una franca oposición a lo que ha postulado siempre la ideología marxista, comenzando con el Manifiesto Comunista de Carlos Marx y continuando con todos los trabajos de Lenin, que recomendaban, de acuerdo con Marx, el adoctrinamiento de las masas y el inicio de la lucha de clases para crear la dictadura del proletariado. El segundo de los propósitos de la Declaración señalaba muy claramente la necesidad de la preparación del pueblo cubano para el cambio hacia la democracia y hasta calificaba el proceso por el que se lograría tal objetivo como participativo, democrático y pluralista, adjetivos, desconocidos o desvirtuados en todo régimen comunista.

La reacción no tardó en producirse y Roque Cabello fue detenida de nuevo en 2003 como parte de un grupo de setenta y cinco dignos cubanos que pacíficamente venían mostrando su oposición a la cada vez más sanguinaria y despiadada dictadura marxista. El gobierno cubano con su deshonestidad característica, le inició la causa aprovechando el hecho de la creación de un cibersitio que había creado el Instituto Cubano de Economistas Independientes, de la cual era su dirigente, para acusarla de agente de los Estados Unidos y de distorsionar el estado actual de la economía cubana, que según fuentes oficiales está más floreciente que nunca, pese a lo evidente del hambre que padece actualmente el pueblo cubano.

La historia de la prisión de Marta Beatriz Roque Cabello en los inicios de siglo XXI es muy similar a la de Gladys Campanería en la sexta década del siglo XX: la violencia despiadada que se le hizo objeto, la falta de cuidados médicos adecuados, la lista interminable de enfermedades, en este caso, diabetes, alta presión arterial, paralización de la parte izquierda del cuerpo, dolores en el pecho, desorientación, vómitos, trastornos estomacales y como consecuencia de todo esto, la pérdida alarmante de peso, en Roque más de cuarenta libras y siempre el temor lacerante de su sufrida familia por el riesgo que ella corre. Afortunadamente, en estos momentos históricos, la dictadura cubana ha caído en absoluto desprestigio y el resto, es historia conocida que ha aparecido en las primeras páginas en los periódicos y revistas más importantes del mundo, sorpresiva reacción de la prensa mundial ante la campaña represiva contra las setenta y cinco víctimas. A esto se ha unido la denuncia de gobiernos hasta hace muy poco indiferentes y la salida nebulosa del gobierno cubano, de otorgarle a Roque y a algunos de los otros prisioneros de conciencia una difusa prisión domiciliaria, que han aclarado que puede ser revocable, con el vano intento de acallar el creciente escándalo internacional por la violación flagrante de Derechos Humanos en Cuba, que cada día es más grande y tiene mayor difusión, Ahora, la dictadura pretende detener el valiente llamado de Roque Cabello y sus compañeros de lucha a un enfrentamiento pacífico con el gobierno, el próximo veinte de mayo, de gran significación y de múltiples implicaciones, en defensa de la apertura democrática que el pueblo cubano anhela cada día más evidentemente.

Toda esta labor de los hombres y mujeres que sufrieron y sufren su destino aciago, que les ha impuesto su propia dignidad cívica en las prisiones políticas cubanas y que se han convertido ante la Historia en legítimos representantes del pueblo cubano con su enfrentamiento a la dictadura, hace patente el completo fracaso del presente régimen dictatorial cubano en todos los aspectos, ya que ha hundido al país en una absoluta bancarrota económica; crisis que se extiende a la cultura, pues la libertad de pensar, que no existe en Cuba, es el factor fundamental para un genuino desarrollo cultural. Esa verdad no la puede ocultar el régimen, a pesar de que, con la absoluta falta de seriedad que le caracteriza, llame «éxitos educacionales» a su labor de adoctrinamiento marxista. En definitiva, la realidad es que el gobierno comunista se muestra impotente en solucionar la gran crisis espiritual que está atravesando el sector más alerta de esa juventud, nacida y criada bajo el comunismo, que cada día nutre más los movimientos cívicos que se enfrentan al régimen. Esta juventud, a la que se le ha cerrado de plano todo futuro y que sabe ver en el fracaso de las vidas de sus padres y abuelos, el destino inexorable a que está condenada si no lucha por un futuro en que el credo martiano de amor, libertad y democracia sea restablecido en nuestra patria

EL PRESIDIO POLÍTICO:
VOZ DE LA DIGNIDAD DEL PUEBLO CUBANO

Muy justa y significativa ha sido la decisión de The National Association of Cuban-American Women, con su activísima y laboriosa Directiva Nacional, presidida por la dinámica y valiosa Dra. Siomara Sánchez y fundada por la benemérita Dra. Ana María Perera, de conceder el prestigioso Premio Elena Mederos, figura ilustre de la historia y la cultura cubana, a las ex-prisioneras políticas plantadas Ana Lázara Rodríguez, Miriam Ortega, Genoveva Felixgraw, Olga Morgan y Clara Berta Cantón Gómez, que han venido desde Miami, la capital del exilio y de Gladys Campanería, nuestra querida y destacada colega del periodismo cubano en la gran zona metropolitana de Nueva York. Todas ellas tienen de común su valiente conducta en las prisiones castristas en las que supieron defender su dignidad con la entereza de una Mariana Grajales y su continua labor de denuncia en el exilio, de los horrores del presidio político comunista cubano.

Ana Lázara Rodríguez empezó a conspirar contra el régimen comunista desde las aulas de la Escuela de Medicina de la Universidad de la Habana. Fue detenida a principios de 1961 y condenada a treinta años de prisión, de los que cumplió diecinueve. En el exilio publicó, en 1995, su libro, *Diary of a Survivor, Nineteen Years in a Cuban Women's Prison,* en el que más adelante nos detendremos.

Miriam Ortega participó en la lucha clandestina contra la dictadura castrista, fue apresada y confinada a la prisión de Guanajay. Cumpliendo su sentencia, se escapó de la Seguridad del Estado y se incorporó en la zona del Cobre, Oriente, a la lucha contra el comunismo, siendo apresada de nuevo y torturada. Cumplió dieciocho años de cárcel, salió de Cuba y se estableció en este país, donde ha continuado su labor patriótica.

Genoveva Felixgraw; también ha sido presa política plantada y luchadora incansable en el exilio por la libertad de la patria en cadenas.

Olga Morgan y su esposo, el norteamericano William Alexander Morgan se conocieron y se casaron en 1958, cuando ambos participaban en la lucha contra el gobierno de Fulgencio Batista. Ya en los inicios de la revolución en el poder, comprendieron la traición de Castro y empezaron a conspirar de nuevo. Arrestaron a su esposo y cinco meses después a Olga. Un mes más tarde, fusilaron a Morgan. Noticia que ocupó los titulares de la prensa norteamericana por tratarse de un ciudadano de este país. A Olga la sometieron a torturas y vejaciones en las cárceles cubanas y la libertaron, sin explicación alguna, al cabo de doce años. En 1980 la dejan salir para reunirse con su familia y siguió combatiendo la dictadura. Los restos mortales de su esposo todavía no les han sido devueltos, pese a la promesa de Castro ante la prensa internacional, de que se permitiría que los enviaran a los Estados Unidos para que su familia los enterrara en su tierra nativa.

Clara Berta Cantón Gómez; había completado su segundo año en la Facultad de Farmacia cuando se cerró la Universidad de la Habana. En 1962, el aparato de represión comunista la apresó, en unión de sus padres, al no poder encontrar en la casa familiar a su hermano que estaba acusado de conspirar contra el gobierno. Pese a que el hermano fue detenido después, los cuatro fueron condenados a treinta años de prisión. A Clara Berta y a sus padres se les condenó solamente por no haber delatado a su hermano. Cuando ella salió de prisión empezó a luchar en Cuba no sólo por su hermano, sino por todos los otros prisioneros políticos cubanos, labor que continúa realizando después de su retiro.

Gladys B. Campaneria Herrera tuvo una temprana inclinación por las letras y la música, que le hizo desde muy joven escribir poemas, artículos y canciones Su devoción martiana la llevó a combatir la traición comunista desde las filas del Movimiento de Recuperación Democrática y también desde las de Alpha 66. Fue apresada por sus labores patrióticas y condenada a tres años que cumplió en la prisión de Guanajay a donde fue sometida a trabajos forzados, tortura psicológica y a vivir en condiciones infrahumanas que le ocasionaron un desprendimiento de vértebras en la columna que le ha hecho sufrir intensamente durante su vida. Fue a la Agricultura para poder salir de Cuba y venir a este país, donde reside desde hace treinta y cinco años en esta zona metropolitana neoyorquina, en la que sus columnas en periódicos y revistas hispanas, siempre en defensa de la libertad de su patria, le han ganado la admiración y el respeto de sus hermanos cubanos y el público en general.

Estas damas cubanas son verdaderas heroínas que cumplen con todas las características del heroísmo épico pues tienen las cualidades que los poetas siempre exaltan cuando sueñan con los grandes valores humanos, es decir, la valentía, la grandeza, la espiritualidad, la generosidad con los más débiles, aun cuando se esté padeciendo situaciones deprimentes, la entrega total a las causas más altas y las más nobles, en este caso, la defensa de la libertad, la dignidad humana y de los derechos por los que el ser humano ha luchado a través de las centurias.

Pero lo que quiero subrayar –y esto tiene una importante significación en este homenaje– es que los grandes narradores de la épica inmortal, la griega, la romana, la medioeval, la renacentista y la de la epopeya de América, proclamaron las hazañas y sacrificios de los hombres en su condición de guerreros, como lo hizo Homero en la *Iliada* o en la *Odisea*, Virgilio en la *Eneida*, Ariosto en *El Orlando Furioso,* los poetas anónimos españoles a los que se les atribuyó la creación del *Mio Cid Campeador* y Alonso de Ercilla y Zúñiga en nuestro *Caopolicán,* pero la prisionera política cubana «plantada» ha sabido estar a la altura de la valentía y el estoicismo del hombre que en la prisión ha sabido mantener con firmeza el baluarte de su dignidad. Es decir, se reprodujo en este triste período de la Historia de Cuba, la valiente y heroica participación de la mujer en la manigua redentora, en el siglo XIX, durante nuestras guerras de independencia.

Cuando esta horrible noche desaparezca y nuestros historiadores del futuro estudien la luminosa lección que dieron las «plantadas' y «plantados» del presidio político marxista, ellos reconocerán con tristeza, la dolorosa verdad de que esos verdugos infames, que fueron capaces de cometer abusos tan horribles con sus dignos compatriotas, hubieran nacido en nuestra patria, pero por contraste expondrán con orgullo, la heroica conducta de las prisioneras y prisioneros políticos cubanos bajo el presente régimen dictatorial.

Esa presencia de la mujer en el presidio político cubano, ha llegado a ser tan masiva, que ha provocado que se haya tenido que construir durante la dictadura comunista, numerosos establecimientos carcelarios para recluir específicamente a las prisioneras políticas. Todos estos hechos están absolutamente documentados por una muy valiosa investigación que ha llevado a cabo el exilio cubano con la cooperación de los disidentes de la Isla.

Esta labor de denuncia se ha efectuado, en ocasiones personalmente, por los propios ex-prisioneros que han narrado sus dantescas experiencias en las cárceles cubanas, como por ejemplo, *Diary of a Survivor , Diario de un sobreviviente*, de 1995 de Ana Lázara Rodríguez y algunos artículos y declaraciones de Gladys Campanería a los que aludí en mi conferencia «La mujer cubana en el presidio político marxista» pronunciada hace poco en la Asociación de Ex-presos Políticos Cubanos de esta zona. También lo han denunciado escritores y periodistas defensores de los derechos humanos, cubanos exiliados en su mayoría, miembros de la heroica prensa independiente de Cuba y nuestras muy valiosas instituciones patrióticas cubanas del exilio. Además, en lo que se refiere específicamente a la destrucción del Estado de Derecho, que tan estrecha relación tiene con los crímenes producidos en las prisiones cubanas por el régimen comunista, se han realizado estudios muy valiosos por los colegios profesionales como el Colegio Nacional de Abogados de Cuba y el de Abogados de la Habana y por específicos escritores cubanos, muchos de los cuales pertenecieron a la Judicatura y al Foro de Cuba. No enumeramos ejemplos por no cansar a este auditorio tan al tanto de los mismos.

La vida en las prisiones de mujeres en Cuba ha sido y todavía sigue siendo un infierno, muy especialmente la de las presas políticas plantadas que, como las que honramos hoy aquí, no claudican en su conducta cívica ni en sus ideales, sino que se mantienen firmes, rechazando las ofertas de mejorar sus condiciones de vida en la prisión y hasta de reducir el número de años de sus sanciones, que les ofrecían oficiosamente los funcionarios de las cárceles. Los testimonios de las propias presas están llenos de impresionantes recuerdos que hacen hervir la sangre de indignación ante tanta bajeza moral y tanta maldad de los verdugos carcelarios y de los gobernantes marxistas, que son los responsables mayores de que tales vergonzosas situaciones se produzcan. Un ejemplo que da luz sobre las horribles condiciones de vida en ese infierno es la descripción de las celdas en donde se les aísla de las otras reclusas. Son demoníacamente pequeñísimas sus dimensiones, un metro de ancho por dos de largo. El suministro de agua para beber y bañarse está muy limitado pues proviene de un tubo de dos pulgadas. Las prisiones no le dan a las presas ni ropas, ni productos de aseo personal, todo esto tiene que procurárselo su familia en unas visitas que no se conceden con la periodicidad deseada. De más está decir que en el caso de las presas políticas y las plantadas en particular, las condiciones en general son más estrictas.

Es frecuente encontrar en los artículos de denuncia de las presas políticas, las quejas contra la presencia molesta y desagradable en las celdas, de ratones, cucarachas, mosquitos, arañas, etc. El piso está constantemente húmedo por la fuerza del agua cuando inesperadamente llega y las dificultades para dormir son extraordinarias, como la incomodidad de las literas, cuando las hay, pues en muchos casos, el lecho es el piso de tierra o el suelo de concreto y el frío o el calor de las celdas, es muy riguroso de acuerdo con las estaciones del año. Todos estos factores propician la desesperación y el insomnio. En resumen es una vida inconcebiblemente cruel, creada específicamente para romper la voluntad de resistencia más férrea.

Esta maldad, impiedad y refinamiento para conseguir su nefasto propósito de destruir la esencia espiritual del ser humano que caracteriza al régimen comunista cubano, se manifiesta en todas las otras medidas que ha tomado para lograr su malsano propósito. Existe, como se viene denunciando desde hace años, la tendencia a mezclar en las prisiones a las presas comunes de alta peligrosidad con las políticas, incitando a aquéllas a que hostiguen y ejerzan violencia sobre éstas, con privilegios y promesas de mejor tratamiento. Incluso acusan de delitos comunes a ciudadanos desafectos del gobierno para poderlos llevar a las cárceles sin aumentar las estadísticas de presas y presos políticos de Cuba.

Otras medidas se refieren a la alimentación, que es muy deficiente. No solamente son muy escasos los alimentos y se repiten constantemente sino también hay denuncias reiteradas de que se ha servido con frecuencia comidas descompuestas. Parte de estos problemas están ligados a la intensa corrupción administrativa que caracteriza al régimen pero de todas maneras tienen que ver en muchos casos, con el deseo de los guardianes, cumpliendo órdenes superiores, de afectar la salud de la población penal sobre todo la de las plantadas, para debilitar su resistencia espiritual.

A la inadecuada alimentación, se une la falta de cuidado médico, No hay en las prisiones de Cuba ni un adecuado número de médicos y de enfermeras, ni de medicinas, ni de equipos y materiales para que el escaso personal técnico con los que se los dota pueda hacer frente a las dolencias, enfermedades y accidentes que cotidianamente se presentan y esta denuncia específica es una constante de todos los testimonios e informes que se han hecho sobre este agudo problema que sufren las prisiones cubanas. Factores que, reitero, se agravan en el caso de las prisioneras cubanas plantadas por las razones ya explicadas.

A Esther y a mí nos impresionó extraordinariamente un recuerdo de su prisión que nos contó nuestra admirada amiga Gladys Campanería Herrera, sobre el siniestro plan que se tenía en la cárcel de Guanajay para no dejarlas dormir. Ha quedado impreso en nuestras memorias, el relato de las requisas constantes en medio de la noche, las luces poderosas de las linternas de los guardianes en sus caras, la música estridente y alucinante que se iniciaba abruptamente y que aumentaba en volumen con las horas, todo lo que les hacía temer enloquecer. Se trataba de una monstruosa campaña psicológica que en ocasiones duraba dos o tres días y en las que se les aislaba, cerrando galeras y pasillos, que les parecía que duraba eternamente y que las dejaba exhaustas y desorientadas. Relato digno de aparecer en ese libro inmortal de la literatura de denuncia de todos los tiempos, como lo fue *Los castigos* de Víctor Hugo.

En un iluminador libro *Voces tras las rejas,* editado por José M. González Llorente, publicado en el 2004, por el Instituto y Biblioteca de la Libertad de Miami, Florida, su editor, en un estudio preliminar, efectuó una excelente y comprensiva síntesis de los horrores que padecen los prisioneros políticos cubanos. Incluye González Llorente, la falta de condiciones mínimas razonables en lo que se refiere a alimentación, acceso a agua potable, luz y aire puro; la falta de higiene más elemental, torturas y maltratos físicos y psicológicos; restricciones a contactos con la familia, a tratamientos médicos en general y a la ayuda espiritual y religiosa; prohibición de material informativo y recreativo; incomunicación con el mundo exterior; ubicación de los presos a enorme distancia de sus viviendas; situar a los presos políticos en las mismas celdas de los presos comunes de alta peligrosidad; confinamiento solitario a los que rechazan el adoctrinamiento político, hacinamiento en las prisiones y amenaza de castigo a los familiares.

Debe destacarse entre todos estos aportes de denuncia el libro en inglés al que he aludido previamente, *Days of a Survivor, Nineteen Years in a Cuban Women's Prison*, de una de nuestras homenajeadas de hoy, Ana Lázara Rodríguez, escrito en colaboración con Glenn Garvin, publicado en 1995 por St. Martin Press, Nueva York. Es una exhaustiva y valiosa denuncia del presidio político cubano, que con buscada objetividad pero con precisión, meticulosidad y fabulosa información, capta la conmovedora odisea de una brillante y sensible mujer cubana en las horribles prisiones de nuestra agónica isla.

En resumen, en la Cuba de hoy, por la propia naturaleza de su régimen de gobierno, el delito político tiene una extraordinaria imprecisión y una desmesurada amplitud en las nuevas leyes penales que el gobierno comunista ha promulgado. Este hecho, de por sí, constituye una negación absoluta de lo que es un Estado de Derecho. Partiendo de esa premisa, es obvio concluir que, en la Cuba comunista, la aplicación de una sanción penal a quien se le atribuya el haber cometido un supuesto delito político, constituye una injusticia absoluta porque la norma vigente, no sólo de jerarquía legal, sino la constitucional, no cumple sus funciones de proteger al ciudadano.

En contraste, la Constitución de 1940 fue creada en un proceso de genuina raíz democrática, con una verdadera aportación pluralística, incluso las de los delegados del partido comunista, que en aquella época se denominaba Partido Socialista Popular. Fue esta norma constitucional un orgullo del país por su modernidad y su equilibrio. Llegó a ser en el siglo XX, ejemplo digno a seguir en naciones europeas, que así públicamente lo proclamaron. Desgraciadamente el presente gobierno comunista la sustituyó por otra norma constitucional espuria, que no fue producto del pueblo sino del cínico dictador rodeado de funcionarios serviles, que se dio a sí mismo, como poder ejecutivo, todas las facultades, olvidándose de la famosa ley del equilibrio de los poderes públicos de Montesquieu que nos legó la Revolución francesa y dejó los poderes Legislativo y Judicial sin fundamento para ejercer las funciones que normalmente se les atribuyen. Además, a ese estado de indefensión que sufre el pueblo cubano, se une el régimen de terror en que vive, que lo intimida hasta para expresar su pensamiento más recóndito, temor que abarca hasta los propios empleados del sistema.

Es de todos conocido que la caída del Muro de Berlín en la última década del siglo XX –recogido por las cámaras de la televisión internacional y trasmitido a la atónita y sorprendida población mundial– pareció resaltar para la Historia, el completo fracaso del comunismo y digo pareció, porque ha bastado el transcurso de menos de dos décadas de ese luminoso acontecimiento, para que su enseñanza comience a olvidarse, pues aunque ya en estado de decadencia, al dictador cubano, le han surgido en América Hispana, nuevos discípulos vociferantes y radicales en Venezuela, Bolivia y Ecuador, y otro no tan nuevo, con muchos fracasos y derrotas, en Nicaragua. Hay que anotar, sin embargo, que la admiración por el tirano empieza a decaer y a llenarse de salvedades en otras naciones poderosas de Hispanoamérica, cuyos dirigentes, asustados, ante el radicalismo y los tropiezos que comienzan a experimentar los intransigentes de la extrema izquierda, empiezan, aunque con timidez, a mostrarse más discretos y moderados. De ahí, que el extraordinario ejemplo de las presas y presos políticos plantados adquiera una mayor significación y trascendencia, pues rebasa la connotación nacional para alcanzar la mundial. Nos está recordando las razones que determinaron el gran fracaso del comunismo que hizo patente la trascendente rebelión de los pueblos sometidos directamente por los soviéticos y la de sus estados satélites, tanto los bálticos, como los balcánicos. El comunismo fracasó tan rotundamente porque es un sistema político que desconoce esa naturaleza espiritual del ser humano que lo eleva sobre sus limitaciones físicas y lo matiza de un ansia de pacífica convivencia, de un profundo sentimiento de amor al prójimo y de un afán de inmortalidad y trascendencia. Además, por ser el marxismo un nefasto sistema social, que niega la libertad humana; por su intrínseca estructura totalitaria que tiene como premisa la destrucción de la democracia como forma de gobierno en la sociedad contemporánea, en definitiva, la población mundial pudo contemplar el repudio del comunismo por millones de seres humanos de Europa y Asia, que conllevó que la otrora poderosa Unión Soviética se desmembrara y la consiguiente destrucción del Imperio Soviético.

Estos hechos constituyeron una extraordinaria derrota histórica pero hicieron que los gobiernos comunistas que sobrevivieron en el mundo se aferraran más a la absoluta intolerancia como el único medio para que ese régimen pueda subsistir. En Cuba se mantiene la más terrible persecución política con empleo de la violencia más despiadada contra el que disienta de su totalitarismo iconoclasta y pese a falsas alusiones a futuros cambios, se niega con más vigor la libertad y todos los derechos humanos reconocidos en el largo pero fecundo camino que la civilización ha recorrido en la Historia. La lucha sigue en pie, el ejemplo de estas seis dignas cubanas, que hoy nos honran con su presencia, debe iluminar a su pueblo, el del exilio y el de la Isla. La entrega total a la causa cubana se necesita más que nunca, en momentos como los actuales en los que, la decadencia del gobierno es irremediable. La misma fanática represión que ha desatado el gobierno cubano a la vez que manipula estadísticas en sus informes para intentar mostrar en vano que se ha reducido el número de presos políticos, última falacia que acaba de denunciar la disidencia cubana, revela su indecisión, su debilidad y su profundo temor. Nunca ha podido ser más fecundo el ejemplo de la heroicidad y el estoicismo en las celdas horribles de las cárceles comunistas, de estas seis grandes cubanas, y de todas las que ellas representan, que en estos momentos en que el Parlamento de La Unión Europea reitera su rechazo a la dictadura cubana, concediéndole el Premio Sakharov a las Damas de Blanco y en los que se llevó a cabo internacionalmente una serie de actos, este pasado domingo 18 de marzo en apoyo a los presos políticos cubanos y sus familiares y a las Damas de Blanco. Precisamente con ese motivo, en ese mismo día, Ana Lázara Rodríguez participó desde Miami con otros ex-prisioneros hombres y mujeres, en una tele-conferencia en que intervinieron desde la Habana, las Damas de Blanco y ex-prisioneros de la causa de los 75 que han sido excarcelados.

Tengamos la fe de los Varela, los Caballero y los Varona, fundadores, que sentaron las bases de nuestra conciencia nacional; tengamos la fe de los Céspedes, los Agramonte, los Maceo, los Gómez y los Martí, libertadores que nos dieron la patria libre; tengamos la fe de todos nuestros mártires y héroes que dieron su vida por desterrar el comunismo de nuestra triste Cuba; tengamos la fe de los presos y expresos políticos del presidio marxista cubano. La semilla .que lleva décadas sembrando por el mundo, este pueblo triste y errante, empieza a dar frutos. Ya no estamos solos. América Hispana ha pasado del temor a la digna militancia ante la reciente erupción de violencia comunista que quiere devorarla. El estoicismo y la heroicidad que iluminó e ilumina las almas en las celdas del presidio político cubano, hoy baña con luz nueva el camino de la civilización. Dignas cubanas que hoy nos honran con su presencia, que Dios las bendiga.

LA DEFENSA DE LA DIGNIDAD HUMANA EN LOS ESCRITORES DEL EXILIO CUBANO

La destrucción del Estado de Derecho que produjo en Cuba la implantación de un régimen comunista en la isla, por su propia naturaleza totalitario, determinó el masivo y continuado desplazamiento de una gran parte del pueblo cubano que se ha dispersado en todo el globo terráqueo aunque se ha concentrado en una mayor proporción en este país. La agonía ante los males de la patria que el comunismo conlleva, los horrores del presidio político cubano que fue implantado por tan despótico sistema, unido al desgarramiento y los dolores que el forzoso alejamiento de la tierra natal, que todo exiliado sensible experimenta, incitaron a los escritores cubanos del destierro a ir creando una destacada, variada y valiosa vertiente literaria. En ella se denuncia los sufrimientos que al pueblo de la Isla, le impuso un gobierno dictatorial que ha castigado con la muerte o la tortura física o espiritual a los cubanos que osan ejercer públicamente su libertad de pensar y defender el debido respeto a la dignidad humana y a los derechos que la civilización occidental ha venido reconociendo a través de su historia.

Esta literatura de denuncia, que ha sabido mantener su valor artístico al propio tiempo que cumple con un deber patrio, se ha nutrido de numerosos libros de ensayos en los que se analiza el problema cubano desde los puntos de vista político, histórico, sociológico, etc. No obstante, no solamente en este género, que es el más adecuado para llevar a cabo esta constante denuncia, sino también en la narrativa, ya sea cuento o novela, en el teatro y en la poesía, la maestría de nuestros escritores, han podido plasmar la crítica a la dictadura cubana y la defensa de valores como la libertad, la justicia y la tolerancia, que parten del milagro griego, se fundamentan con el Derecho Romano, adquieren mayor dimensión con la aportación judeo-cristiana, crecen con el Iluminismo y logran con el Romanticismo, una gran connotación social y política en las revoluciones norteamericana y francesa.

El presente trabajo, por su carácter panorámico, aspira solamente a señalar algunas de estas manifestaciones en los distintos géneros literarios, entre las muchas que por su calidad intrínseca y su carácter representativo, pueden dar una idea más definida de la importancia de esta vertiente de la literatura de nuestro exilio.

Un grupo muy numeroso de estas obras lo forman los ensayos y artículos periodísticos que, desde el principio del exilio, se produjeron y todavía se siguen publicando, en los que los autores recuentan sus experiencias personales y fundamentan el gran engaño que constituyó el proceso revolucionario por la aviesa traición de algunos de sus líderes, especialmente Fidel Castro, que habían prometido al pueblo cubano la instauración de un genuino régimen democrático.

Algunas obras son de carácter testimonial, aunque muchas contienen además penetrantes e ilustrativos análisis políticos, históricos, económicos, etc. que denuncian todas las maniobras del gobierno revolucionario para convertirse en un régimen totalitario; que desconoce absolutamente el Estado de Derecho y llaman la atención a la descarnada intolerancia que los gobernantes comunistas ejercen contra todos los ciudadanos que se atrevan a disentir del sistema político vigente.

En algunos de estos libros, se hace una bien fundada denuncia de la aplicación de la pena de muerte en el paredón de fusilamiento, resultado de juicios sumarísimos, en los que los tribunales de excepción, siguen procedimientos en que se desconocen todas las garantías que el moderno Derecho Penal internacional reconoce a los acusados. En resumen, todos estos libros intentan llamar la atención a la opinión pública mundial, sobre la creación en Cuba de un feroz régimen comunista que ha destruido completamente la base democrática en la que se había asentado la República, pese a los fallos y caídas que, como toda nación joven, había experimentado.

Dado el enfoque panorámico que intentamos y las limitaciones de tiempo que tenemos, señalaremos, entre estas numerosas manifestaciones de nuestros escritores, dos ejemplos, que vieron la luz en fecha relativamente temprana. Me refiero a *Cuba R,S.S* de 1964 de José Luis

Massó y *Furias e improperios* de 1972 de Agustín Tamargo, ambos destacados periodistas y escritores

En *Cuba R.S.S.,* José Luis Masó presenta su denuncia, reuniendo las notas y escritos que fue produciendo ante el proceso de consolidación de la dictadura comunista y confiesa que su publicación obedece a la necesidad que sintió, como señala en su Observación Previa, de advertir al mundo de los peligros que constituía para toda la Humanidad la instauración de una dictadura comunista en plena Hispanoamérica. En este libro interesante e iluminador, Masó se enfrenta a los continuos fracasos del gobierno castrista en el campo educativo, económico, sociológico, etc. Impresionante y desgarrador es el capítulo dedicado a «El presidio político» y la descripción detallada de los horrores a que se somete a los presos políticos cubanos.

En *Furias e improperios,* Tamargo reúne tras un hermoso prefacio, numerosos artículos, notas periodísticas y dos discursos. Pese a que el autor afirma que ha escrito esos artículos apasionadamente y que les faltan méritos literarios e inclusive agrega que nunca se ha ufanado de la perfección de un párrafo, lo cierto es que estamos frente a un genuino escritor y un reconocido maestro del periodismo, cuya prosa, fuerte, vibrante, esencialmente combativa, llena de la angustia que nace de su profunda cubanía, refleja una gran capacidad analítica y una amplia erudición. La pluma de Tamargo flagela a los criminales gobernantes cubanos por la incapacidad, deshonestidad y cobardía que ha producido el extraordinario fracaso que constituyó el repudio y el abandono de la gran tradición democrática que inspiró a los fundadores de nuestra nación y por el hondo sufrimiento del pueblo cubano. También, fustiga a los intelectuales cubanos plegadizos que por cobardía moral o por intereses materialistas prostituyen su dignidad humana y su libertad de pensar

Pero además de esta denuncia directa del fracaso del gobierno comunista que tanta destrucción y dolor ha traído a la sufriente patria, los escritores cubanos exiliados se han enfrentado a la poderosa labor de propaganda de ese gobierno y sus aliados en el mundo entero para desvirtuar nuestra tradición cultural y los grandes logros que el pueblo cubano había tenido antes de la implantación del terror comunista en la Isla. Estos pensadores cubanos han estado conscientes del oculto propósito del marxismo internacional de presentar a la Cuba anterior al régimen de Castro, como un típico ejemplo de país completamente subdesarrollado tanto en el aspecto cultural, político, económico, etc. Lo cierto es que las irrebatibles estadísticas de nuestra era republicana, hechas por instituciones profesionales y organismos de carácter internacional muy prestigiosos, que el exilio cubano ha traído a colación muy oportunamente, muestran que en todos estos aspectos, Cuba aparecía siempre en uno de los primeros lugares entre las naciones hispanoamericanas y en un lugar muy respetado entre las del mundo entero, compitiendo con países con mayor población, riquezas naturales y experiencia como nación independiente. Entre los primeros ejemplos de esta responsable y fecunda labor, debemos señalar el libro *Estudios sobre Cuba* de más de 1700 páginas publicado en 1963 por la Universidad de Miami, a cargo del Grupo Cubano de Investigaciones Económicas de esa Universidad que integraron José Álvarez Díaz, Roberto González Cofiño, Roberto Hernández Morales, José Illán González, Rafael Miquel Zayas, Raúl Shelton y Ofelia Tabares y *Cuba, datos sobre una economía en ruinas. 1902-1963* de José Illán, cuya segunda edición fue publicada en 1964

En efecto, los trabajadores intelectuales de nuestro exilio han dedicado centenares de libros, productos de una cuidadosa y rigurosa investigación, a revisar, a la luz de las más modernas y avanzadas técnicas críticas, nuestro destacado pasado cultural y la gloriosa y digna historia de Cuba. Han estudiado el largo proceso de formación de la conciencia nacional cubana que se mantiene tan vigente, pese a casi el medio siglo de horrible dictadura. Conciencia nacional que ha alentado a millares de héroes que han ofrecido su vida por la libertad de su patria y que hoy siguen llenando las prisiones de la isla y protestando valientemente en las calles de las ciudades cubanas, como lo hacen actualmente en la Habana las heroicas Damas de Blanco por la injusta y prolongada prisión política a las que el gobierno somete a sus familiares, por el único delito de denunciar públicamente el fracaso de la dictadura.

Los estudios más luminosos y esclarecedores sobre nuestro Apóstol, no se han producido en la Cuba comunista, donde no hay libertad para pensar fuera de los mandatos oficiales que tratan de presentar al Hombre de la Rosa Blanca como un simpatizante del marxismo, sino fuera de la Isla. Ahí están, para probarlo, los libros fundamentales de Roberto Agramonte, *Martí y su concepción del mundo* de 1971 que es un feliz esfuerzo por sistematizar el pensamiento martiano y subrayar que su profundo espiritualismo lo aleja absolutamente del marxismo, al que los oficiosos funcionarios de la educación cubana han tratado vanamente de afiliarlo, y también ese otro aporte de Agramonte, *Las doctrinas políticas y educativas de Martí* de 1991, en que se pone tan evidente la relación que para Martí tiene la cultura con la libertad y la ética, conceptos tan desvirtuados por los comunistas cubanos. Ahí está *Idea, sentimiento y sensibilidad de José Martí* de 1980 de Humberto Piñera en la que se demuestra como la obra martiana estuvo siempre orientada a la defensa de los valores Verdad, Justicia y Caridad, de los que está tan alejado el régimen comunista.

Ahí están también muchas de las obras del incansable y brillante estudioso de Martí, Carlos Ripoll, en donde se fundamenta con constantes citas del Apóstol, lo alejado que está del comunismo y del marxismo o *La Raíz y el ala* de José Olivio Jiménez en el que encuentra la vinculación de Martí con ciertas posiciones filosóficas que están más en concordancia con el hambre metafísica del ser humano y la trascendencia, posiciones muy distantes del ateísmo marxista y su infecundo materialismo. Ese mismo esfuerzo de mostrar al mundo las verdaderas dimensiones ideológicas de Martí está presente en muchos trabajos de otros destacados exiliados cubanos. Baste agregar a esta enumeración los de Mercedes García Tudurí, Rosario Rexach, Adalberto Alvarado o cubanos de la siguiente generación como Ángel Cuadra, Eduardo Lolo, Onilda Jiménez, etc. También se debe mencionar los dos libros del Círculo de Cultura Panamericano que reúnen las Memorias de los Congresos que el CCP celebró, titulados *José Martí en la crítica actual (En el centenario del* Ismaelillo*)* de 1983 y *Martí en el centenario de su muerte* de 1996.

Pero no es solamente la vida y la obra del mártir de Dos Ríos lo que el gobierno cubano presente ha tratado de desconocer en ciertos aspectos y mal interpretar en otros, de acuerdo con sus intereses políticos, sino también ha tratado de hacer lo mismo con todos nuestros fundadores. A Félix Varela, se le ha recordado como patriota pero se le ha ignorado como educador, como filósofo afiliado a doctrinas espiritualistas, como pensador profundo que siempre concilió sus ideas con su firme fe religiosa, como sacerdote, como cruzado del amor de Cristo. Ahí están también las obras del exilio con sus valiosas interpretaciones exegéticas guiadas por un firme propósito de honestidad profesional. Véanse los trabajos por Humberto Piñera y Mercedes García Tudurí o el libro de 1991 sobre Varela y Mañach de Rosario Rexach, o las Memorias que fueron publicadas de algunos congresos dedicados al que nos enseñó a pensar como el de la Sociedad Cubana de Filosofía en 1979; el de Georgetown University en 1990; el del Instituto Jacques Maritain de Cuba en el exilio de 1991 o el volumen de *Círculo: Revista de Cultura* con los estudios dedicados a Varela en virtud de su bicentenario o las bibliografías de este patriota, educador y filósofo de Enildo A. García y Manuel Fernández Santalices, ambas de 1991.

También Enrique José Varona es recordado en Cuba comunista como el pensador positivista y el crítico del imperialismo, pero se oculta su lucha contra la dictadura machadista, su ejemplaridad ética desde su cátedra en la Facultad de Filosofía de la Universidad de la Habana y la extraordinaria visión política que demostró al criticar al marxismo y al comunismo desde 1885 en su *Revista Cubana*, actitud que mantuvo en el resto de su vida. Baste recordar su luminoso artículo «¿Abriremos los ojos?» que recogió en su libro *De la colonia a la república* de 1918. También a Varona los escritores del exilio le han dedicado tres libros, dos de este autor, *Enrique José Varona: crítica y creación literaria* de 1976 y *Los estudios cervantinos de Enrique José Varona* de 1979 y uno de José Sánchez Boudy *Enrique José Varona y Cuba* de 1990 y además ha sido objeto de muchos artículos de autores exiliados, en revistas literarias y periódicos de este país, de Hispanoamérica y de Europa.

Lo mismo pudiera decirse de otras grandes figuras intelectuales como José de La Luz y Caballero, Antonio Bachiller y Morales, Manuel Sanguily, Enrique Piñeyro y otros de semejante valía. El gobierno cubano desconoció a muchos de ellos y cuando por su importancia y su trascendencia histórica no los pudo desconocer, se empeñó entonces en desvirtuarlos, interpretando con gran deshonestidad sus obras. Pero el exilio laborioso con legítimo orgullo de su pasado cultural, los sometió a valiosos estudios y se empeñó en publicar obras poco recordadas de estos titanes de nuestro acervo intelectual, para probar que había una muy meritoria cultura en esa hermosa isla de palmeras, que existía una firme y poderosa conciencia nacional, formada por mambises y pensadores y que había una sólida tradición democrática, cuya reconquista ha costado a la patria en ocasiones, como hoy cuesta, la sangre de sus mejores hijos. No se debe olvidar en esta tarea de rescate de nuestro pasado cultural, la meritoria labor de la Editorial Cubana de Miami, Fl que dirigen los doctores Luis Botifoll y José Ignacio Rasco.

También quisieron desconocer el sacrificio de nuestros primeros mártires y nuestros mambises y trataron de borrar las gloriosas guerras de independencia, llegando a la ignominia de calificar la naciente república cubana, por la que tanta sangre fue derramada, como la «neocolonia». Los historiadores del exilio llevaron a cabo por eso, una extraordinaria labor para estudiar el proceso histórico cubano con la rigurosidad técnica debida, reproduciendo algunos de ellos sus libros ya agotados o escribiendo nuevas obras históricas que, como la del maestro Leví Marrero *Cuba: Economía y Sociedad,* serán siempre objeto de consulta obligada en los estudios históricos del futuro. Junto a él, hay que recordar la labor de Carlos Márquez Sterling, Octavio R Costa, Herminio Portell Vilá, Raúl Shelton y otros igualmente valiosos. Menciones específicas merecen Néstor Carbonell Cortina y Enrique Ros, el primero por sus fundamentales y luminosos estudios sobre el devenir cubano contemporáneo y el segundo por sus rigurosas publicaciones históricas en las que ha puesto en evidencia, con precisa documentación y abundantes pruebas, los horrores cometidos por el régimen comunista cubano tanto en el orden nacional como en el internacional.

En cuanto a otros géneros literarios, como ya hemos apuntado al principio de este trabajo, nuestros narradores no se han quedado a la zaga de sus colegas, en la denuncia de la dictadura marxista por sus agresiones a la dignidad del ser humano, en obras que van de lo testimonial a lo simbólico, reproduciendo fielmente en algunas o haciendo alusión en otras, al estado de insuperable terror en el que ha vivido el pueblo cubano y a las torturas que se infringen a los presos políticos en las cárceles de la isla esclava. Una enumeración exhaustiva de novelas y cuentos de escritores del exilio en los que se ha efectuado este enfrentamiento a la triste situación política de su país, sería interminable. Baste poner a modo de ejemplos, *Plantado* de Hilda Perera; *Perromundo* de Carlos Alberto Montaner; *Desterrados al fuego* de Matías Montes Huidobro; *No hay aceras* de Pedro Entenza; *A través de las rendijas* y *A través de las rejas,* ambas de Jorge A. Alarcón; *Vuelta al génesis* de Onilda Jiménez; *La Habana Virtual* de Alberto Yannuzzi y la colección de cuentos *Termina el desfile* de Reinaldo Arenas.

La preocupación por el destino de Cuba y su horrible situación, ha animado también en el exilio la labor de dramaturgos, como Raúl de Cárdenas, Pedro Monge Rafuls. Julio Matas, Matías Montes Huidobro, Leopoldo Hernández, José Corrales, Héctor Santiago, José Triana y Jorge Valls entre otros. Valls, aun en la prisión, a donde fue condenado por largos años, escribió el drama simbólico *Los perros jíbaros* en el que presenta la agonía del ser humano a quien se le ha despojado absolutamente de libertad. La obra tiene una dimensión universal, pues constituye, sin lugar a dudas, un poema de exaltación a la naturaleza espiritual del hombre a la que le es tan consustancial el ejercicio de la libertad y el debido respeto a su dignidad.

Un dramaturgo cubano que reiteradamente muestra en muchas de sus obras esa denuncia del sufrimiento de su pueblo en el casi medio siglo que vive bajo la tiranía presente, es Raúl de Cárdenas. Por ejemplo, en *El pasatiempo nacional* trata de un tema tan cotidiano en la Cuba de hoy, como es el sueño de tantos cubanos de salir de la isla y las dificultades que encuentran para lograr sus propósitos, entre ellas, el temor a ser delatados por miembros de su propia familia. En *Nuestra Señora de Mazorra,* pinta todas las tragedias que afronta una familia cubana, la muerte en Angola de un familiar por el servilismo del dictador, que subordinó los intereses nacionales al entonces poderoso imperio soviético; la pérdida de jóvenes ahogados en el Caribe tratando de escaparse de la isla en balsas improvisadas; los problemas de todos los días de falta de alimento y carencia de medicinas; el constante adoctrinamiento de los niños, en fin, Cárdenas presenta en esa obra, una vida terrible sin solución, ni futuro.

Esta angustia por la patria y sus dolores también la han experimentado los poetas exiliados, ¿acaso la poesía no es, como decía Antonio Machado, el producto de una honda palpitación del espíritu? Es indudable que para una mayoría de los poetas cubanos el desgarramiento de la tierra natal, la nostalgia de la patria, la triste situación a la que el comunismo ha sometido al pueblo cubano, han sido fuentes de inspiración. La enumeración de estos poetas también sería interminable. Bastaría recordar las numerosas antologías que se han hecho en estos largos años de exilio recogiendo no sólo los versos de los poetas cubanos exiliados en que palpitan preocupaciones espirituales íntimamente relacionadas con la temática de la defensa de la dignidad humana que he venido desarrollando en este trabajo, sino también los poemas de la disidencia escritos muchos de ellos en el presidio político cubano; preocupaciones que en la voz de los mismos adquieren impensadas dimensiones,

Quiero terminar aludiendo a tres poemas que son representativos de esa nostalgia de la patria y de la pena que agobia a sus autores, pues tienen siempre presente los sufrimientos de su querido pueblo: Dice Sara Martínez en «Bajo un cielo prestado» del libro *La Soledad Detenida*: « Mi patria es una isla donde el miedo/ hizo una vez su casa/ donde no hay lugar para los sueños/ y anda la fe descalza'; «Mi patria es soledad a la deriva'/ y es un hoy sin mañana,/ es el mejor rincón para un sudario/ de sonrisas tapiadas»; «Mi patria es paredón del sentimiento/ y es un árbol de lágrimas,/ es un cerco de hogueras donde yacen/ promesas fusiladas»; «Mi patria es una noche sin estrellas/ y es un verso sin alas,/ mi patria es una cárcel donde habita/ mi niñez mutilada».

En «Llueve...» de la obra *Con una salvedad congruente...*, de Pablo Le Riverend, también está presente la agonía por la patria. En sus versos como en los de Sara Martínez, pese al dolor, al cáliz de amargura que ha mojado sus labios de exiliado errante, pese a la soledad, hay una denuncia, una protesta ante el mundo indiferente, que se olvida o desconoce el dolor de su patria. Dice así Le Riverend: «Esta noche nos llueve lentamente/ la sangre,/ sin adornos ni anécdotas »; «Esta noche/ nuestra tierra en martirio/ ahogada entre fusiles y rapiñas extrañas, / nos llueve grano a grano/ tan lejos/ que esfuma las siluetas de la mente.»; Esta noche/ la sangre derramada,/ lentamente/nos duele/ y adormece»

Luis Mario en su poema «El Descubridor» que pertenece a su libro de 1993, *Cuba en mis versos,* cuyo título anuncia ese dolor de patria, esa nostalgia y agonía que lo une a Sara Martínez y a Pablo Le Riverend, usa la presencia de dos de los más eximios fundadores de nuestra patria, José Martí y Félix Varela, para hacer una alusión fundamental a esa formación de la conciencia nacional del pueblo cubano que es, como he venido señalando, la raíz de ese optimismo legítimo y de esa inquebrantable y poderosa fe en el futuro que tiene el exilio cubano pese a nuestra prolongada agonía. Dice el poeta en su estrofa inicial: «El *Colegio de San Carlos/* fue la cuna de la patria,/ por eso puede decirse/ que Cuba nació en la Habana» y concluye en tres iluminadoras estrofas finales; «Félix y José nacieron/ en la Habana / El primero fue raíz;/ riego cristiano de patria»; «el segundo / heredó / las enseñanzas / para que un 20 de mayo / –un 20 de Cuba libre– / fueran más palmas las palmas»; «El *Colegio de San Carlos* / fue la cuna de la patria / por eso puede decirse / que Cuba nació en la Habana».

EL CÍRCULO DE CULTURA PANAMERICANO: CUARENTA AÑOS DE LUCHA POR LA LIBERTAD DE PENSAR

Creemos que es un acto de justicia iniciar esta apertura del Congreso dedicado a conmemorar los cuarenta años de existencia de nuestra institución, con un reconocimiento a quien fuera el fundador del CCP, el Dr. Carlos M Raggi y Ageo, a Ana, su devota esposa y eficiente colaboradora, a los fundadores de la institución y a todos los socios que, durante estas cuatro décadas, han laborado incansablemente hasta llevar al Círculo a la prestigiosa posición que hoy ocupa entre las sociedades profesionales de este país, dedicadas a la divulgación de la cultura hispanoamericana y española.

Fue en efecto el Dr. Carlos M. Raggi, Profesor de Russell Sage College de New York en sus años de exilio, el que –reaccionando al dolor y terrible desarraigo que estaba experimentando su pueblo por la implantación en Cuba de una dictadura marxista y contando con la cooperación de muy eminentes intelectuales cubanos exiliados, con los que estuvo en estrecho contacto– concibió la idea de crear en este país, baluarte de la democracia y refugio de los amantes de la libertad del mundo, una institución cultural que estuviera orientada al estudio y promoción de la cultura hispanoamericana y española y a la defensa de los grandes valores democráticos de la sociedad panamericana y que integraría en su seno no solamente a profesores e intelectuales de Cuba sino de toda las naciones que se agrupaban bajo el movimiento panamericano. Fue muy feliz la selección del nombre que se le dio a la naciente institución, Círculo de Cultura Panamericano, pues como dijo Mercedes García Tudurí, una vez que había empezado a funcionar la institución «la cubanía se puso de pie y contempló la América». Y agregó, para subrayar el mensaje «Esto es para nosotros de primerísima importancia, pues la América como una estructura cultural, ha heredado los valores culturales de Occidente, a los que se han sumado los suyos propios, y no puede evadir un común destino histórico».[129]

También los fundadores consideraron la necesidad de incluir entre los objetivos de la sociedad, específicamente, la difusión y defensa en este país de la cultura cubana ya que todos ellos habían comprendido que se iniciaba entre los jerarcas de los organismos culturales del gobierno marxista, el absurdo intento de desconocer el pasado cultural cubano como un necesario instrumento político para desvirtuar la Historia de Cuba y facilitar, de este modo, la construcción de la nueva sociedad comunista a la que aspiraban. Entre esos intelectuales fundadores del CCP que acogieron el proyecto con entusiasmo, algunos de los cuales ya ocupaban cátedras de lengua y literaturas hispánicas en centros de alta enseñanza en los Estados Unidos, se encontraban los doctores José Cid Pérez, Dolores Martí de Cid, Alberto Gutiérrez de la Solana, Leví Marrero, Florentino Martínez, René Gómez Cortés, Edilberto Marbán, Luis A. Baralt, Calixto Masó, Humberto Piñera y las hermanas Mercedes y Rosaura García Tudurí.

Como señaló el Dr. Alberto Gutiérrez de la Solana, en su libro, *Apuntes documentados de la lucha por la libertad de Cuba,* el Círculo de Cultura Panamericano, creado en New York en 1963, fue, con la Cruzada Educativa de Miami constituida en 1962, de las primeras instituciones culturales organizadas por profesionales cubanos exilia-

---

[129] Mercedes García Tudurí, «Círculo de Cultura Panamericano: dos décadas de afanes culturales», *Círculo: Revista de Cultura,* Vol. XIII, 1984, 25-31. Otros estudios que pueden consultarse sobre la obra del Círculo son: Julio Hernández Miyares, «El Círculo de Cultura Panamericano en su vigésimo aniversario», *Círculo: Revista de Cultura,* Vol. 27, 1988, 59-62; los contenidos en el volumen XVIII de 1989 de la propia revista, número especial en conmemoración del vigésimo quinto aniversario del CCP, de José López Isa, «Apertura del XXVI Congreso del CCP», 11-12, de Zenaida Gutiérrez Vega, «Clausura del XXVI Congreso Anual del Círculo de Cultura Panamericano», 19-20 y Dolores Martí de Cid, « Apertura del VIII Congreso Cultural de Verano del CCP» 21-24 y por último, Rosario Rexach, 'El Círculo de Cultura Panamericano y sus treinta años de servicio a la cultura hispánica» *Círculo: Revista de Cultura,* Vol. XXIII, 1994, 9-15. Una evaluación de la significación histórica del Círculo de Cultura Panamericano puede encontrarse en Alberto Gutiérrez de la Solana, *Apuntes documentados de la lucha por la libertad de Cuba,* Miami, Ediciones Universal, 1997.139-148.

dos. A estas dos, agregaríamos nosotros también, el Patronato José Martí de los Ángeles, fundado el mismo año que el Círculo,

Al crearse la institución, nuestro fundador fue nombrado su Secretario Ejecutivo. Raggi había llegado al exilio con una ejecutoria profesional muy meritoria en Cuba, donde brilló en el ejercicio de su carrera de abogado como especialista de Derecho Laboral. Sus compilaciones de Derecho Obrero y sus libros sobre esta especialidad recibieron gran reconocimiento. Dotado de una genuina preocupación humanista efectuó muy valiosos estudios de Historia y Arqueología y fue Miembro de la Academia de la Historia de Cuba. También ostentó la representación de su patria en congresos internacionales de Derecho Laboral y fue profesor de la Escuela de Verano de la Universidad de la Habana y de la Universidad Nacional José Martí. Como señaló Julio Hernández Miyares, Raggi efectuó una valiosa obra exegética de las literaturas hispánicas, especialmente durante su exilio.[130]

Los comienzos del CCP fueron muy difíciles, como los de toda institución que se inicia. Aunque en el caso del Círculo, las dificultades se acentuaron porque en 1963, pese a que ya se había hecho evidente el carácter marxista del régimen castrista y se había iniciado un éxodo masivo del pueblo cubano que hoy todavía continúa, lo cierto fue que se encontró la incomprensión y hasta el antagonismo de muchos sectores académicos de las instituciones universitarias de este país, que se mostraban ciegos ante las violaciones de los derechos humanos que se evidenciaban en el nuevo gobierno de Cuba y no querían reconocer como el creciente aumento de la autoridad del Estado, mostraba claramente los deliberados propósitos del llamado gobierno revolucionario, de suprimir la libertad de pensar y de expresarse. Por otra parte, los recursos económicos de los exiliados eran muy escasos y no podían brindarle al Círculo el debido respaldo.

No obstante todas estas circunstancias políticas e históricas a las que el Círculo se enfrentó en sus comienzos, la voluntad inquebranta-

---

[130] Ver Julio Hernández Miyares, «Carlos M. Raggi y Ageo» en el Homenaje a Raggi, *Estudios literarios sobre Hispanoamérica*, publicado por el Círculo de Cultura Panamericano en 1976. También puede consultarse mi trabajo: «Carlos M. Raggi y Ageo»que publiqué en *Círculo: Revista de Cultura,* Vol. XIII, 1984, 113-116.

ble de todos nuestros socios fue haciendo posible el desarrollo, lento al principio, pero siempre firme y constante de nuestra institución.

En los primeros años, el Círculo efectuó sus reuniones anuales haciéndolas coincidir con los congresos de la Asociación Nacional de Profesores de Español y Portugués (AATSP) y los de la Asociación Nacional de Idiomas Modernos (MLA). De esa manera, la subvención que las universidades y centros de educación secundaria daban a sus educadores para asistir a tales congresos permitía a los socios del CCP participar al mismo tiempo en las reuniones de nuestra sociedad. En esa época, eran extraordinarios los esfuerzos que el Círculo tenía que hacer para poder alquilar un pequeño local en algunos de esos hoteles en que se celebraban dichas convenciones, pero pese a las dificultades económicas que se confrontaban, se logró desde el inicio, celebrar una reunión anualmente. En las mismas se presentaron conferencias sobre literatura y cultura cubana y también comenzaron a aparecer en ellas, destacando nuestro carácter panamericano, trabajos sobre la hispanoamericana y la española.

Durante los primeros años del CCP, además de las reuniones anuales se crearon diversos capítulos regionales en distintos Estados de este país, con el propósito de extender la labor del Círculo al ámbito nacional. Algunos muy pequeños no pudieron subsistir, pese al gran esfuerzo que realizaron sus organizadores; otros perdurarían hasta el presente. Un paso de importancia que ayudó extraordinariamente al reconocimiento que hoy disfruta el CCP, fue la decisión de crear una revista cultural que se constituyera en órgano de expresión de la sociedad. En efecto, en una reunión del Consejo Ejecutivo de 1969, se decidieron las últimas medidas para facilitar la impresión de la que sería la nueva publicación del CCP, *Círculo: Revista de Cultura*, dándosele al Dr. Raggi, como Editor de la misma un voto de confianza para que llevara a cabo el proyecto. La revista, que vio la luz en 1970, contó desde el comienzo con muy destacados colaboradores y se distinguió por su contenido que incluía estudios sobre temas de literatura, arte, historia, etc., reseñas de libros, noticias de interés cultural y una sección que informaba sobre las actividades de la sociedad.

Al año siguiente en 1971 apareció *Círculo Poético,* la segunda publicación anual de la institución, dirigida por Ana H. González Raggi, esposa y eficaz colaboradora de Carlos, la que se había destacado en Cuba como poetisa y narradora y quien desde su fundación hasta su muerte en 1996, se dedicó con devoción a la misma abriendo sus páginas a poetas de las tres Américas. Como ha señalado Alberto Gutiérrez de la Solana de todas las revistas de los inicios del exilio cubano, sólo *Círculo* y *Círculo Poético* han seguido publicándose sin interrupción.[131]

Desde el principio, se tuvo mucho cuidado en honrar la presidencia de la sociedad con muy distinguidos intelectuales, hecho en el que nos detendremos más adelante. Los primeros presidentes fueron electos por un año pero en 1973 la Junta Directiva Nacional acordó cambiar el período de gobierno de las sucesivas directivas a dos años. El Círculo siguió creciendo y el 18 de abril de 1975 tuvo que enfrentarse al infausto acontecimiento de la muerte repentina de su Secretario Ejecutivo y fundador.

Estuvo cargado de simbolismo, dada la gran devoción por el Círculo del Dr. Raggi, que la muerte le sorprendiera precisamente cuando se prestaba a trasladarse de la ciudad neoyorquina de Troy, donde vivía, a New Jersey para cerrar el ciclo de tres conferencias dadas en noches sucesivas que estaba organizado por la Dirección Nacional y el Capítulo de New Jersey en el Bergen Community College del Estado Jardín, con la cooperación del entonces decano de esa institución, Dr. José López Isa. Los otros disertantes fueron el Dr. Oscar Fernández de la Vega y este ponente.

El 8 de agosto de 1975, en una Junta del Consejo Directivo Nacional del Círculo, a propuesta de Ana Raggi, viuda del fundador, a la que se adhirió el Capítulo de New Jersey y apoyaron el presidente Dr. Julio Hernández Miyares y el Tesorero Dr. Alberto Gutiérrez de la Solana, fui designado por unanimidad Secretario Ejecutivo de esta prestigiosa institución, cargo que acepté estando consciente de la dificultad que entrañaba sustituir al Dr. Carlos Raggi y prometiéndo-

---

[131] Alberto Gutiérrez de la Solana, *Apuntes documentados de la lucha por la libertad de Cuba,* 140.

me tratar de ser digno de la confianza de que me habían hecho objeto, tanto los esposos Raggi como la Directiva Nacional.

Una de las primeras medidas que nos propusimos, y para la cual tuvimos la adhesión entusiasta de ese Consejo Nacional, fue publicar un número especial de la revista *Círculo* que sería su volumen V y que correspondería a los años 1975-1976. También decidimos sacarla en imprenta, aumentar sustancialmente el número de sus páginas y convertirla de ahí en adelante en una publicación anual y no trimestral como se había planeado en sus inicios, a fin de lograr una periodicidad, que no se había siempre obtenido. Ese volumen, en que se recogieron todas las conferencias que el CCP acababa de auspiciar en los dos últimos años, incluso la que el Dr. Raggi iba a dictar el día de su muerte titulada «Tendencias en la poesía de hoy: 1960-1975", llevó por título *Estudios literarios sobre Hispanoamérica* y por subtítulo «Homenaje a la memoria de Carlos M. Raggi y Ageo», pues la primera parte del libro se dedicó a destacar la vida y la obra del fundador y los logros del CCP en esa etapa inicial. Este volumen, con su nuevo formato más acorde al de las revistas académicas, representaba la voluntad de la Directiva y la de los socios de llevarla adelante, como él, los fundadores y la institución merecían.

También, se efectuó en 1976 una amplia reestructuración del Consejo de Asesores de *Círculo: Revista de Cultura* y se crearon dos nuevos cargos de Editores Asociados. Con el objeto de lograr una mayor uniformidad se requirió a los que sometían trabajos a la misma, que siguieran las recomendaciones de estilo del *MLA Handbook*. Las colaboraciones aumentaron en calidad y número y *Círculo* ganó en reconocimiento. En 1983, se obtuvo el ingreso en la respetada *Conference of Editors of Learned Journals* de este país, institución a la que todavía permanece afiliada. En la actualidad, *Círculo: Revista de Cultura* aparece en los más prestigiosos índices bibliográficos de este país, América Hispana y Europa.

Círculo Poético siguió una evolución paralela a su revista hermana, gracias a la devoción extraordinaria de su fundadora y editora, Ana Raggi, que desde el fallecimiento de su idolatrado esposo hasta su muerte veintiún años después en 1996, se dedicó en cuerpo y alma a esa empresa espiritual y los poetas, siempre sensibles, le brindaron su cooperación entusiasta. Como señalé en el libro de Homenaje a su Memoria, fui testigo de esa devota labor y pude comprobar que ni la ausencia de su amado compañero, ni las dolencias que la estaban aquejando, la alejaron de esa entrega absoluta, solamente sostenida en tan alto empeño, por su fervor patriótico, su amor por la cultura y el cariño de su hijo Carlos, que tanto le ayudaba en la preparación del *Círculo Poético*.[132]

A la muerte de Ana, la poetisa Gladys Zaldívar, que tan eficientemente había colaborado con ella en sus últimos años, accedió a aceptar el cargo temporalmente hasta que se designara un nuevo editor y lo ocupó por dos años. El volumen de 1996 correspondió al *Homenaje a Ana Raggi* en el que se incluyó de la propia editora, una muy iluminadora nota biobibliográfica sobre la fundadora; selecciones de sus poemarios y algunos de sus poemas inéditos y en el que también se recogieron muy ilustrativos testimonios sobre ella, de amigos y colegas. En 1998 la Directiva Nacional designó dos editores, José Corrales y René León, que mantuvieron también la alta calidad de la revista, pero lamentablemente, en el 2002 murió José Corrales y fue nombrado el Dr. Octavio de la Suarée, que ocupaba en ese momento el cargo de Director Nacional de Capítulos Regionales, para que lo sustituyera.

Otras iniciativas que se tomaron en los inicios de la segunda etapa de nuestra institución fue la de reorganizar el cobro de las cuotas sociales y con ello, lograr una mayor estabilidad económica a la institución y la de buscar nuevos socios a través de la recomendación de los que ya lo son, lo cual es una ayuda muy efectiva en la que todos los miembros han colaborado eficazmente. En ambos proyectos hemos tenido la entusiasta colaboración de los Tesoreros Nacionales, primero el Dr. Alberto Gutiérrez de la Solana; a su muerte, el Profesor Alberto Yannuzzi, nuestro Director de Actividades Culturales que aceptó reemplazarlo temporalmente y en la actualidad el Dr. José López Isa. Otra campaña que fue muy exitosa y que sigue siendo necesaria en la actualidad, fue la encaminada a lograr más suscripciones de las biblio-

---

[132] Véase *Círculo Poético*, Año 1996, Segunda Época, Cuaderno XXI, Homenaje a Ana Raggi. Publicación del Círculo de Cultura Panamericano, 40.

tecas de las universidades, mediante la cooperación de los socios que ocupan cátedras en las mismas.

Por otra parte, nuestras reuniones anuales se independizaron de las convenciones de las otras instituciones y comenzaron a hacerse siempre en otoño. Primero tuvimos como sede el Spanish Institute de Park Ave, de Manhattan, y después, New York University. Más tarde, como resultado de las sugerencias de los ponentes no residentes en el área metropolitana neoyorquina, ante el alto costo de los hoteles de Manhattan, los Congresos Anuales se trasladaron a New Jersey, en donde tuvimos la entusiasta cooperación del Capítulo de ese Estado y sus directivas presididas sucesivamente por los profesores Hilda Hernández, Octavio de la Suarée y actualmente, Julio Fernández León. La sede de los mismos fue primeramente, Bergen Community College, donde contamos con la valiosa y siempre presente cooperación del entonces presidente de ese alto centro docente, Dr. José López Isa, y desde hace pocos años, The William Paterson State University.

La mayor participación de ponentes en los Congresos Anuales, al aumentar el número de socios, determinó que se convocaran mas sesiones y que los mismos se convirtieran en congresos de tres días de duración. Los Congresos Culturales de Verano en Miami, se crearon en 1981, por una feliz sugerencia que nos hizo un devoto socio, el Dr. José Díaz Garrido, profesor de Westmar College de Le Mars, Iowa. En estos Congresos de Verano, hemos tenido la muy valiosa cooperación del Capítulo de Miami que se había fundado en septiembre 2 de 1976 con el Reverendo Marco Antonio Ramos como primer presidente. A éste siguieron en ese puesto, otras destacadas figuras como Román Campa, Raquel Fundora de Rodríguez Aragón, Julio Garcerán de Valls, Adalberto Alvarado, al que la Directiva Nacional designó muy merecidamente Presidente Emérito de este Capítulo, y actualmente, Rogelio de la Torre.

Aprovecho esta oportunidad, para expresar una vez más el agradecimiento del Círculo por el apoyo que nos han brindado, a esta Universidad de Miami, al Decanato de la Escuela de Estudios Continuados y al Profesor Pablo Chao, Director de este Koubek Memorial Center, que ha sido un factor fundamental en el éxito y prestigio que han logrado estos congresos, pues durante muchos años nos ha acogido con una generosidad sin límites en este centro de alta cultura, que el Círculo considera su hogar en la Florida. También reitero nuestra gratitud a la prensa local, en especial al *Diario Las Américas*, que todos los años dedica páginas completas a nuestros congresos y especialmente a su director el Dr. Aguirre, a Ariel Remos, Luis Mario, Guillermo Cabrera Leyva, Octavio R, Costa, etc. y también al *Miami Herald en Español* y a sus colaboradores Armando Álvarez Bravo y Olga O'Connor, y a las estaciones de radio y televísion en español de esta área, que a través de los años han apoyado nuestra labor cultural.

Los capítulos regionales han realizado una labor formidable no sólo colaborando con los congresos nacionales, como los ya aludidos, sino todos, por su labor muy meritorias en sus zonas respectivas. Uno de los primeros, el de Charlotte en Carolina del Norte, cuyo fundador y presidente por muchos años fue el profesor René León, ha llevado a cabo muchas reuniones de carácter cultural a través de los años y al mismo tiempo una muy destacada labor de publicaciones, cuya permanencia y amplitud se ha hecho patente en la sección de libros recibidos de *Círculo* y del cual es presidente actualmente el escritor Pedro A. Briceño. El otro Capítulo, creado en 1994, es el de Texas, que tuvo como fundadores a Andrés D. Puello y al Dr. Rubén Darío Rumbaut, en cuya memoria se va a ofrecer un merecido homenaje en este congreso. Además de los dos fundadores ha sido presidido por Carmen Barruel, Juan Carlos Ramos y Víctor Cárdenas. Pese a que apenas tiene diez años de fundado, este capítulo es extraordinariamente activo, pues lleva a cabo numerosas actividades artísticas y culturales e incluso organizó el Congreso Cultural 2000 que se efectuó con todo éxito, el 30 de septiembre de ese año en el University of Houston Hilton Hotel and Conference Center con la concurrencia como ponentes de profesores de varias universidades de ese Estado y varios de los directivos nacionales del CCP.

El sentido panamericano que nuestros fundadores dieron al Círculo germinó en una variada y valiosa representación de socios norteamericanos, hispanoamericanos y españoles que se unieron a la mayoría cubana de nuestros asociados. Baste señalar que en algunos de nuestros capítulos como éstos de Charlotte en Carolina del Norte y el de Houston en Texas, antes aludidos, predominan los hispanoamericanos. También hay que reconocer el aporte de las nuevas generaciones, pues hemos experimentado, en los últimos años, un aumento entre nuestros nuevos socios, de jóvenes profesores universitarios de letras hispanas, cubanos y latinoamericanos, que se han graduado recientemente. Por ejemplo, en el último informe al Tesorero Nacional que preparamos Esther y yo, casi antes de asistir a este congreso, encontramos que de los diez nuevos socios inscriptos en las últimas semanas, producto de las recientes recomendaciones de los miembros, había cuatro, que son representativos de esa generación. Precisamente uno de ellos, una joven cubana, profesora de la Universidad de Michigan, acompañó una carta, donde nos indicaba lo emocionada que se puso cuando se enteró que el Círculo de Cultura Panamericano dedicaba una sesión de su congreso de Miami a la Dra. Florinda Álzaga, su inolvidable maestra, que había sido, nos confesaba, la que la había inspirado en las aulas de Barry University para llegar a ser profesora de literatura hispanoamericana. Hermoso mensaje, que ilumina tanto la trascendencia del amor, la grandeza de la cultura y el poder de la espiritualidad humana.

    Otro aporte del Círculo es la creación de los concursos literarios, encaminados a reconocer y estimular la labor de poetas, cuentistas, novelistas, dramaturgos y ensayistas, como modesto homenaje al gran número de creadores literarios que integran y han integrado nuestra membresía. En la actualidad tenemos cinco concursos, dos auspiciados por el Capítulo de Miami, y tres por la Nacional. Los dos de este Capítulo son el de ensayo que tiene por nombre «Los Carbonell», honrando a esa familia tan ligada a la cultura y a la historia de Cuba y el de poesía, que se denomina «José María Heredia» en memoria del inolvidable Cantor del Niágara. Los de la Nacional, son el de cuentos que lleva el nombre de Enrique Labrador Ruiz, ese gran renovador de la novelística hispanoamericana; el de poesía que se denomina Eugenio Florit, el excepcional poeta, cuya obra logró reconocimiento internacional y el dedicado a honrar la memoria de Alberto Gutiérrez de la Solana, el primer antólogo de la literatura cubana en el exilio, concurso que un año es dedicado al teatro y el otro a la novela. En ellos hay una gran participación de nuestros socios pero también de escritores del mundo entero. Han ganado fama por la rigurosidad profesional con los que son conducidos y el prestigio de los miembros de los diferentes Jurados que se forman cada año. Para subrayar el genuino carácter internacional de estos concursos, baste indicar que el último premio concedido ha sido el «Enrique Labrador Ruiz del 2002" en el que participaron más de un centenar de concursantes que provenían de doce países. Los ganadores resultaron ser, el del premio, un residente en Oviedo, España, el del primer accésit, de Rosario, Argentina y el del segundo, de Querétaro, México.

La extraordinaria y fecunda actividad desplegada por los socios con la cooperación de las instituciones de cultura que han colaborado con nuestros programas, ha propiciado el cultivo de muy amplias manifestaciones culturales. Baste solamente citar algunos ejemplos como son: los conciertos de música hispanoamericana que ha organizado el Capítulo de Houston; las anuales presentaciones tanto de música popular como clásica y las exposiciones de pintura de artistas hispanoamericanos ofrecidas en el Koubek como parte de estos Congresos de Verano; las numerosas exposiciones de pintura y escultura que se celebraron en Bergen Community College, durante los Congresos Anuales, organizados por los asesores de arte del Círculo, la profesora Celia Utrera y el pintor Daniel Serra Badué, desgraciadamente ya desaparecido; las presentaciones de teatro en los Congresos Anuales bajo la dirección del maestro Francisco Morín con su Grupo teatral Prometeo y en los últimos tiempos, bajo la dirección del destacado poeta y dramaturgo José Corrales, recientemente fallecido, con un elenco que el mismo había constituido con escritores y profesores universitarios, todos miembros del Círculo; la presentación de danzas de Hispanoamérica organizadas por el Capítulo de NJ y el Departamento de Español del College de Bergen y las Palestras Poéticas que forman parte integral de estos Congresos de Verano; las presentadas en los Congresos del Norte y la que recientemente organizó el Capítulo de New Jersey en una de sus anuales reuniones de primavera.

Forman parte también de esta constante tarea, la fecunda labor de literatura creativa y de estudio de las literaturas hispánicas de nuestros socios, cuyos frutos, esta institución ha recogido con orgullo en sus congresos, reuniones de capítulos y actos especiales o en las páginas de sus publicaciones. El CCP ha recordado las efemérides literarias e históricas y ha dedicado congresos o grupos de sesiones a nuestras glorias literarias pero no se ha olvidado de los nuevos valores. Nuestra tribuna y nuestras revistas se han honrado con la participación de figuras eminentes de la cultura del mundo hispánico. Nuestros socios sienten orgullo de ser herederos de la gran tradición cultural de la Madre España, pero no han dejado de acercarse a los factores autóctonos de nuestra idiosincrasia hispanoamericana. Han sentido el ansia de encontrar las esencias de Nuestra América que anida en la ensayística hispanoamericana de las dos pasadas centurias y han continuado sin claudicación la defensa de los ideales democráticos en el mundo panamericano, que vibran en la obra pero también en las vida de Martí, Rodó, Montalvo o Lincoln y muchos de nuestros miembros se han dedicado también a estudiar y a destacar con la rigurosidad adecuada la importancia de la cultura cubana.

El Círculo no solamente ha mirado al pasado sino que ha levantado su voz ante las injusticias del presente, como, por citar sólo unos pocos ejemplos: cuando rendimos, precisamente un 19 de mayo, estando ellos en la cárcel, un homenaje a tres heroicos poetas cubanos, cantores de la libertad desde el presidio político, Armando Valladares, Jorge Valls y Ángel Cuadra Landrove, acto que fue objeto de comentarios favorables en la televísión de New York; o copatrocinamos en distintos centros universitarios del área metropolitana de esa ciudad, las presentaciones teatrales de *Los perros jíbaros* de Jorge Valls dirigidas por Francisco Morín, con el apoyo de los profesores Julio e Irma Fernández; o dedicamos los congresos que hemos efectuado sobre Martí –los celebrados en el centenario del *Ismaelillo* y en el centenario de su muerte– a los que siguiendo su ejemplo, han entregado su vida a la lucha por la libertad de su patria, a los que han sufrido y todavía sufren el horrible presidio político cubano y a los que padecen los rigores del régimen implantado por la dictadura comunista en

Cuba, como se hizo patente en los libros en que recogimos sus ponencias.[133]

Cumplimos un deber moral, en esta fecha que debe ser de recuento, ofrecer nuestro reconocimiento a los que con su labor devota y valiosa han hecho posible tantos logros, tanto a los miembros que han formado parte de las Directivas Nacionales y locales como a los que sin formar parte de ellas han dicho presente y nos han brindado su colaboración espontánea. Las limitaciones de tiempo a que estamos sometidos, nos impiden poder relacionarlos, pero ahí quedan para la Historia, los ejemplares de *Círculo: Revista de Cultura,* en donde se da amplia cuenta de todas las actividades del CCP y se comprueba que todo lo que se ha hecho ha sido el producto de la colaboración entusiasta de esos numerosos miembros, que han aportado al Círculo, su talento, energía y laboriosidad.

Terminamos este trabajo, refiriéndome a todos los presidentes del Círculo desde su fundación, porque ellos son típicos representantes de la calidad intelectual y el valor espiritual de nuestros asociados. Entre ellos ha habido destacados profesores de literatura o de otras ramas de las humanidades, que han sabido ser el evangelio vivo que quería José de la Luz y Caballero que los maestros fueran; grandes creadores; poetas eximios; cuentistas y narradores que han hecho aportaciones fundamentales a nuestras letras; prestigiosos dramaturgos; ensayistas y críticos que ya han ganado su lugar en la historia literaria; autores de libros fundamentales en nuestra Historiografía y actualmente, un compositor de música clásica de fama internacional, muchos de ellos, legítimas glorias de su patria. Hombres y mujeres que han sentido el mensaje martiano en lo profundo de su ser, que prefirieron abandonar la patria amada; rechazar los ofrecimientos interesados de la feroz dictadura y lanzarse a un exilio incierto pero digno para seguir mante-

---

[133] *José Martí ante la crítica actual.* (En el centenario del *Ismaelillo*) Memoria del II Congreso Cultural de Verano del CCP y la Universidad de Miami. Una publicación del Círculo de Cultura Panamericano con la cooperación de la Asociación de Estudios Internacionales, 1983 y *José Martí en el centenario de su muerte,* Memoria de los Congresos Martianos del Círculo de Cultura Panamericano en la Universidad de Miami, Florida y en The William Paterson College de New Jersey. *Círculo: Revista de Cultura.* Número Extraordinario. Vol. XXV, 1996.

niendo durante sus vidas la lucha por la defensa de la libertad de pensar y de crear, que es tan consustancial a la espiritualidad y a la dignidad humanas.[134]

---

[134] Estos presidentes han sido: Florentino Martínez, Dolores Martí de Cid, René Gómez Cortés, Román de la Campa, Luis A. Baralt, Calixto Masó, Gastón Anido, Alberto Gutiérrez de la Solana, Jorge Luis Martí, Edilberto Marbán, Julio Hernández Miyares, José Sánchez Boudy, Mercedes García Tudurí, Humberto Piñera Llera, Enrique Labrador Ruiz, Roberto Agramonte, Lydia Cabrera, Eugenio Florit, José Olivio Jiménez, Rosario Rexach, Leví Marrero, Antonio Radamés de la Campa, Octavio R. Costa, Hilda Perera, Florinda Álzaga y el actual, Aurelio de la Vega. La relación de los mismos con el año en que ejercieron sus funciones, aparece siempre en las páginas iniciales de *Círculo: Revista de Cultura*.

CUBA: AUSENCIA PRESENTE EN EL DESTIERRO DE ALBERTO GUTIÉRREZ DE LA SOLANA

Cuando al comunicarle a nuestra querida amiga Esther María que la Comisión Organizadora de este Congreso había decidido dedicar esta sesión de apertura a la memoria de Alberto, ella me dijo, que dada la vinculación de afecto y trabajo que había existido entre nosotros dos, ella quería que yo fuera el que hiciera la ponencia. A pesar del honor que me significaba esta encomienda, le hice partícipe de mis reservas a hacerla, que también mi mujer compartió, pues pensábamos, y seguimos opinando así, que la amistad y afecto que siempre nos unió, casi desde el momento en que nos conocimos, ha sido tan grande que me impediría cumplir la encomienda como él se merecía. No obstante ante la insistencia tan afectuosa de Esther María no he podido negarme.

Pero donde ha sido muy afortunada la selección, pese a la dificultad de la encomienda por tener tantos candidatos igualmente valiosos, fue en la designación de los amigos de Alberto que nos han presentado hoy esos testimonios que, con objetividad pero también con amor, han evaluado las diferentes aristas de la personalidad de este ser ejemplar cuyo recuerdo hoy nos agrupa. Aquí se ha visto al destacado jurista, al periodista de cuidada y amena prosa y de pensamiento profundo, al erudito y comprensivo profesor, al colega complaciente y siempre dispuesto a ayudar, al cubano de inalterable militancia democrática transido de amor por la patria, al devoto de la cultura, al hombre excepcional y al amigo sincero que se prodigaba en todas esas múltiples actividades.

Ellos han representado dignamente y han subrayado con sus hermosos testimonios la presencia espiritual, rindiendo homenaje a su memoria, de colegas, abogados y maestros, alumnos y amigos, cuyas vidas se enriquecieron por haber conocido a este hombre, que pese a las limitaciones físicas que le impuso en su juventud la enfermedad de poliomielitis que padeció, impedimentos que con el transcurso de los años fueron agravándose progresivamente, fue siempre un ejemplo de valentía espiritual, de fe cristiana aun ante las circunstancias más adversas de su vida, de extraordinaria energía vital, de alegría de vivir y al mismo tiempo de laboriosidad impresionante, de estudio riguroso, de permanente afán de conocimiento.

Hoy intentaremos destacar, como anuncia el título de esta ponencia, como su devoción por su patria, fue factor impulsor y aglutinante que dio cohesión y unidad a todas esas múltiples vertientes de su actividad vital en el destierro.

Debemos ahora, aludir, aunque sea en muy breves líneas, a sus años en Cuba para subrayar que esa devoción fue una constante de su existencia. Alberto Gutiérrez de la Solana se graduó de Doctor en Derecho de la Universidad de la Habana en 1941 a los veintiocho años de edad y se especializó en Derecho Laboral. Ejerció la carrera de abogado logrando muy valiosos éxitos profesionales. Ostentó la representación de la Federación Nacional Cubana de la Industria Minera en el Congreso de la Organización Internacional de Trabajo que se celebró en Ginebra, Suiza en 1956 y fue un miembro muy activo del Colegio de Abogados de la Habana en las comisiones de esa institución relativas a su especialización. Además fundó, editó y publicó una revista dedicada al Derecho Obrero, en donde se recogía la legislación cubana en materia laboral y su correspondiente jurisprudencia. Dicha revista, que se tituló *El Derecho Social al día*, publicó un volumen anual durante sus veinte años de vida, es decir de 1941 al 1960 y gozaba de un gran y merecido prestigio entre el foro y la judicatura cubana. La misma desapareció, como todas las publicaciones democráticas cubanas de esa época, víctima del régimen marxista que se apoderó del país.

La supresión del Estado de Derecho que caracterizó a esa dictadura tuvo a este letrado digno defendiendo los principios de justicia y libertad ante tantas atrocidades legales con la valentía y la honestidad que siempre fue su norma de conducta, lo que lo llevó incluso a poner en riesgo su seguridad personal en varias situaciones y a militar, dada su honda raíz martiana, entre las filas de la clandestinidad, que empezaba de nuevo en Cuba, a enfrentarse al dictador de ocasión. En un libro *Apuntes documentados de la lucha por la libertad de Cuba*, al que dedicó los últimos años de su vida, que verá muy pronto la luz pública gracias a la dedicación de Esther María[135] y que escribió para mostrar ante el mundo la heroica lucha que el pueblo cubano ha llevado a cabo en estas cuatro décadas –aunque aclara que brinda al lector su visión como un mero observador y testigo de los acontecimientos históricos– se podrá atisbar el gran amor del autor a su patria que se hizo ausencia presente durante toda su vida en el destierro.

Apenas llegado exiliado a Nueva York, a donde vino directamente de Cuba, colaboró con todas las organizaciones del exilio en su lucha contra la dictadura marxista y muy especialmente con el Colegio de Abogados Cubanos, que desde el principio de la diáspora ha sabido mantener una permanente conducta de denuncia de las violaciones de Derecho que han caracterizado al presente gobierno cubano, ante los organismos jurídicos internacionales competentes. Ayudó estrechamente a sus amigos Jorge Saralegui y José Antonio Mestre y Sirvén en la organización jurídica que permitiría publicar la revista *Bohemia Libre* una vez que arribara a Nueva York, su director Miguel Ángel Quevedo. Gutiérrez de la Solana fue el tesorero de esa quijotesca empresa que reunió entre sus directores, empleados y colaboradores, figuras muy prestigiosas de la prensa y la intelectualidad cubana. Pese a lograr gran distribución, el miedo de los comerciantes a anunciar en un órgano de publicidad de tan definida posición anticomunista determinó el fracaso de la patriótica empresa y pese a que recibió la invitación de Quevedo de acompañarlo a Venezuela, donde éste iba a intentar reiniciar la publicación de su revista, Alberto, impelido por sus obligaciones familiares, se quedó en esta gran metrópoli.

En 1964 y en New York University, comienza Gutiérrez de la Solana los estudios de su segunda carrera profesional, en donde mostraría el mismo tesón, laboriosidad y brillantez que había hecho patente en su ejercicio de la carrera de abogado. Obtiene un Doctorado en Filosofía con especialidad en Literaturas Hispánicas en ese propio alto centro docente, recibiendo por su excelente expediente académico el Premio «Founders Day Award» y llega a ser profesor de la Escuela de

---

[135] Este libro fue publicado por Ediciones Universal. Miami, FL. en 1997.

Estudios Graduados de dicha universidad. En New York University profesó, hasta retirarse unos pocos años antes de su muerte, prodigando su erudición, su capacidad magisterial, su infinita comprensión humana, lo que le ganó el afecto, el respeto y la admiración de miles de alumnos que pasaron por sus clases memorables y que siempre recordarán con nostalgia y hondo sentimiento a su ilustre profesor.

Gutiérrez de la Solana fue además conferencista destacado, colaborador de numerosas revistas académicas y editor y autor de valiosísimos libros de exegética literaria, en donde se hizo evidente su agudeza en el análisis, su rigor metodológico y su muy amplia cultura.

Su primer libro fue *Maneras de narrar. Contraste de Lino Novás Calvo y Alfonso Hernández Catá* [136], que fue publicado en 1972 por la casa editorial neoyorquina, Eliseo Torres & Sons. En el mismo, Gutiérrez de la Solana efectúa un muy fundado y penetrante estudio comparativo entre esos dos gigantes de la narrativa cubana. Baste destacar el hecho de que ese método de contraste, aunque tiene muy prestigiosos antecedentes en la crítica cubana, como el famoso estudio comparativo de Enrique José Varona sobre *La Escuela de los maridos* de Moliere y *El marido hace mujer* de Antonio de Mendoza, no ha sido usado con frecuencia entre nuestros exégetas.

En los primeros capítulos se atisba el uso del criterio sociológico de Hipólito Taine y la metodología autobiográfica de Sainte Beuve cuando nos presenta la influencia de los factores taineanos de raza, época y lugar en la obra de Novas Calvo y Hernández Catá y evalúa cómo las circunstancias vitales condicionaron en cierta medida la trayectoria literaria de ambos. Después estudia sus narrativas mediante un acercamiento estilístico y lingüístico y agrega a la investigación de la forma, una muy lúcida indagación sobre la temática de sus obras. Cada enfoque termina con un análisis comparativo de las dos figuras estudiadas.

En resumen, este valioso libro muestra el vasto conocimiento que tenía Gutiérrez de la Solana sobre la obra de ambos autores y hace evidente su dominio de la historia literaria y política de su patria.

---

[136] Toda su bibliografía activa ha sido recogida en "Alberto Gutiérrez de la Solana . In Memoriam", en *Círculo: Revista de Cultura,* Vol. XXVI, 1997, 10-16.

Una segunda obra en que también se muestra su devoción por la patria es su *Investigación y crítica literaria y lingüística cubana*, publicada en 1978. Este libro tiene la extraordinaria importancia de haber sido el primer esfuerzo de reunir en una bibliografía la labor de investigación y crítica literaria y lingüística que el exilio cubano había llevado a cabo hasta esa fecha. El libro mereció una muy favorable acogida no solamente por su aludida prioridad histórica sino también por el rigor y la seriedad con que fue concebido y llevado a cabo. Su publicación engendró tal interés por el tema, que ha producido varios índices bibliográficos sobre la labor creativa y crítica de la diáspora cubana.

Un tercer libro de Gutiérrez de la Solana fue su *Rubén Darío: Prosa y poesía,* edición antológica del eminente poeta nicaragüense, publicada en 1979, en donde además se subraya la importancia de la ensayística y la cuentística de Darío y se demuestra el conocimiento del editor sobre la figura evaluada por medio de sus valiosos estudios críticos y sus acuciosas y eruditas notas bibliográficas.

Tuve el honor de coeditar con él, el *Festschrift José Cid Pérez*, que fue una colección de ensayos de muy destacados exégetas no sólo de este país sino también de Europa e Hispanoamérica, en homenaje al ilustre dramaturgo y escritor cubano al que se le había designado Profesor Emérito de Purdue University. También fuimos coeditores, esta vez, en unión de mi esposa, del libro *Martí ante la crítica actual*, en donde recogimos la Memoria del Segundo Congreso Cultural de Verano que el Círculo celebró en el Koubek Memorial Center de la Universidad de Miami para conmemorar el centenario de la publicación del *Ismaelillo*, el famoso poemario de José Martí al que muy importantes críticos literarios hispanoamericanos han atribuido importancia fundamental en el inicio y desarrollo del movimiento modernista. A éstos, se une su labor como Coeditor con Estela Piñera de *Humberto Piñera Llera: Pensador, escritor, crítico y educador*, sobre el eminente pensador cubano y su colega por muchos años en New York University. En 1994, fue editor de *The Splendor of Spain. A Serious Scientific Study of Grammar*, que fue publicado por la Editorial McGraw-Hill de la ciudad de Nueva York. Otro aspecto que debemos mencionar es su labor como Editor General de Senda Nueva de Ediciones, empresa que dirigió por varios años y que publicó cerca de setenta volúmenes que constituyeron una muy valiosa aportación a la labor tanto de creación como de crítica literaria hispánica en este país.

A su trabajo como autor o editor que acabamos de mencionar se une una muy valiosa participación en congresos académicos, tanto nacionales como internacionales y el extraordinario número de artículos y reseñas de libros publicados en muy prestigiosas revistas literarias. Precisamente en el volumen de *Círculo: Revista de Cultura* de este año, que muy pronto será distribuido entre los socios, hemos incluido, como un homenaje a su memoria, su curriculum vitae en donde se recoge no sólo su valiosa bibliografía activa sino también toda su labor como conferenciante académico. Una lectura del mismo demostrará sin lugar a dudas que, si bien su preocupación literaria y su gran erudición lo llevaron a realizar estudios sobre la literatura universal, la española y la hispanoamericana, es evidente que la concentración de los mismos recae en la literatura, y en general en la cultura, de su patria. Formando parte de ese homenaje a su memoria, se incluye en la revista, además, su hermoso trabajo sobre nuestro ex presidente Leví Marrero leído en el pasado congreso anual del CCP, que fuera su última comparecencia académica. En el mismo, al estudiar la obra del eminente historiador lamentablemente desaparecido, Gutiérrez de la Solana mostró su orgullo de cubano no solamente por la significación e importancia de la obra de Marrero, sino también por la grandeza y variedad de la tradición cultural de su pueblo y se detuvo en destacar la seria y rigurosa labor intelectual del exilio cubano.

Para Gutiérrez de la Solana esa lucha por mantener la vigencia de la patria fue la llama que iluminó y señaló su camino entre los dolores del destierro. Su devoción por la cultura cubana y su interés por la literatura se hace patente también en sus artículos publicados a través de muchos años en la prensa hispana de este país, ya sea la de la Florida, la de New York, New Jersey o Texas, en los que también se hace constante la digna denuncia de la horrible situación de Cuba y en los que él destacaba como el sufrimiento de su pueblo era ejemplo del fracaso al que el comunismo internacional estaba condenado, por desconocer la espiritualidad humana y su innata sed de libertad. El desplome del imperio comunista soviético –que con tanto simbolismo mostró para la Historia la caída del Muro de Berlín– vino a corroborar la tesis que él, típico representante del pueblo cubano de la diáspora, venía manteniendo.

Alberto Gutiérrez de la Solana fue siempre un combatiente por la libertad de su patria. Participó como ya he señalado, al inicio del exilio, en los primeros esfuerzos para dar vigencia al Comité de Abogados Cubanos de New York y precisamente en la últimas reuniones con que la delegación de New York y New Jersey del Colegio de Abogados de Cuba en el Exilio conmemora el Día del Abogado siempre aprovechaba la ocasión para invitar a sus antiguos colegas a participar en futuras concentraciones patrióticas o en campañas de defensa de los presos políticos cubanos. No hubo reuniones, piquetes ni manifestaciones del exilio cubano en Nueva York o New Jersey en las que no estuviera, siempre en compañía de su esposa, recorriendo a veces largos trayectos, con la ayuda de familiares como el Dr. Aníbal Porta o amigos como el Profesor Alberto Yannuzzi, que empujaban su silla de ruedas. Desde que se mudó para New Jersey, fue un asiduo asistente a todos los actos de la Delegación en esta zona del Colegio de Periodistas Cubanos en el Exilio y muy merecidamente recibió de esta institución dos diplomas de reconocimiento a su labor periodística, uno de la delegación y otro de la Dirección Nacional con sede en Miami.

Por último quiero destacar su labor en su querido Círculo de Cultura Panamericano. Perteneció al grupo de los más cercanos y primeros colaboradores de Carlos M. Raggi, nuestro fundador y primer Secretario Ejecutivo Nacional, grupo que estuvo integrado por figuras de tanta significación cultural como José Cid Pérez, Dolores Martí de Cid, Luis A. Baralt, Calixto Masó, Jorge Luis Martí, Edilberto Marbán y otros valiosos intelectuales. Llevados por el deseo de preservar la cultura cubana que intentaba desconocer el régimen comunista que se estrenaba en la patria, estos profesores y escritores ayudaron a Raggi y a su devota esposa, la poetisa Ana Gonzalez de Raggi a crear una institución que, inspirada en el ideal martiano de

«Nuestra América», luchara al propio tiempo que por la vigencia de la cultura cubana, por la divulgación en este país de la gran tradición cultural y específicamente literaria de Hispanoamérica y de nuestra Madre Patria. Ellos sabían que no había genuina cultura sin la existencia de un ambiente de libertad y democracia en donde aquélla pudiera germinar y por eso plasmaron entre los objetivos del CCP la defensa de los ideales democráticos que inspiraron la fundación de todos los países que integraron la unión panamericana. Fue evidente, desde su inicio, la necesaria vinculación que tendría Gutiérrez de la Solana con esta institución que él había ayudado a formar y cuyos objetivos estaban tan vinculados a él espiritualmente. Fue de los primeros colaboradores de la revista *Círculo,* y su noveno Presidente Nacional.

Cuando fui electo Secretario Ejecutivo Nacional, una de mis primeras decisiones fue proponer al Comité de Nominaciones que lo reafirmara en el cargo de Tesorero y así, con el transcurso de los años se estrechó definitivamente una amistad que había surgido, precisamente en las reuniones del Círculo, de la Modern Languages Association, de la American Association of Teachers of Spanish and Portuguese y otras instituciones igualmente prestigiosas. Su labor como tesorero durante todo este tiempo en que los socios del Círculo lo reeligieron sucesivamente en ese cargo, es de todos conocida. Fue también Editor Asociado de *Círculo: Revista de Cultura* desde 1977, es decir, que trabajamos juntos mucho tiempo y encontré siempre en él, la voz serena, equilibrada, inteligente, responsable, presta al consejo orientador y al aliento necesario. Supo ser para todos nosotros en el CCP, un amigo afectuoso y un colega honesto cuya ausencia será hondamente sentida.

Una de las cualidades más excepcionales que impresionaba a todos sus amigos era su alegría de vivir. Siempre recordaré esa mano extendida que se adelantaba a su bastón y en los últimos años a su silla de ruedas para darle al amigo una bienvenida cordial. Su risa franca y juvenil, sus ojos que mostraban con su brillantez el regocijo en la reunión fraternal. Lo recuerdo en los congresos del Círculo, en las reuniones en su casa o en la nuestra, en la de Pepe López Isa, en la de Alberto Yannuzzi, la de Rosario Hiriart y la de otros queridos amigos, siempre dispuesto al chiste oportuno a la par que a la observación inteligente, que en él no era vana ostentación erudita. Siempre cortés, siempre caballero, siempre con su adorada Esther María, su ángel, como él la llamaba, mostrando en todo momento esa genuina preocupación por el ser humano, de la que hablan tanto sus alumnos, sus colegas, sus amigos. Alberto Gutiérrez de la Solana, con independencia de su inteligencia y erudición fue un personaje inolvidable por su bondad, su calor humano, en fin, por poseer esa personalidad en la que se unían tan armoniosamente su seriedad intelectual, su espiritualidad y su jovialidad.

Esta es la primera vez que nos reunimos sin su presencia física. Ya el año pasado, su quebrantada salud le impidió estar desde el principio en este Congreso de Otoño, como era su costumbre, y sólo pudo venir a la sesión de clausura a rendirle homenaje a la memoria de su gran y admirado amigo, el Dr. Leví Marrero con el magnífico trabajo al que aludí anteriormente. Recuerdo que cuando llegó, muchos de nosotros estábamos almorzando en el comedor del hotel y la alegría que todos sentimos al verlo se manifestó en un espontáneo aplauso, que le dijo, mejor que lo que pudieran haberle dicho las palabras, de nuestro afecto y admiración. Hoy ya no podemos aplaudirlo, sino tan sólo reunirnos al calor de su recuerdo para reafirmarnos espiritualmente en un homenaje al amigo, al intelectual y muy especialmente al cubano, que nunca claudicó en su lucha por restituir la Cuba martiana y que supo en el destierro, hacer a su amada patria, presencia eterna en esa alma suya, tan transida de dolor y agonía, pero al mismo tiempo tan llena de fe y de esperanza en el destino democrático de su pueblo.

LEVÍ MARRERO Y SU MENSAJE DE FE EN EL FUTURO DE CUBA

Leví Marrero, que es ampliamente reconocido como una gloria de la Historiografía cubana, fue un cubano excepcional que se caracterizó por un acendrado amor a su patria que se integró muy felizmente con la atracción que sintió por el estudio de la Historia de Cuba. Marrero se graduó de Doctor en Filosofía y Letras de la Universidad de la Habana y fue por oposición, profesor de ese prestigioso alto centro docente. Llevó a cabo estudios a nivel post-graduado en las universidades de Columbia en New York, MacGill en Canadá y Gainsville en Florida, en ésta, como ganador de la prestigiosa Beca Guggenhein. Después de su salida al exilio en 1960 por repudiar la falta de libertad y democracia que imponía el nuevo régimen revolucionario de su isla, continuó su labor como profesor, primero en Venezuela y después en Puerto Rico.

Su obra se caracterizó, desde sus inicios, como valiosísima, pues mostró en ella, su amplia cultura, no solamente histórica sino también, geográfica, económica y sociológica, pero además porque la misma era producto de su extraordinario vigor espiritual, su ansia de conocer, su gran laboriosidad, su práctica constante de rigurosos métodos de investigación, que le permitían una cuidadosa presentación de hechos y documentos de la época que estaba estudiando, a todo lo que se unía una formidable capacidad analítica con la que lograba efectuar una esclarecedora evaluación de los diferentes momentos históricos a los que se enfrentaba, precisando siempre las correlaciones entre los diversos acontecimientos y los factores que había estudiado. El amor por su patria, al que ya hemos aludido, que él sentía con tanto fervor y su feliz matrimonio con la doctora Enriqueta Comas, con quien compartió devociones patrióticas e inquietudes intelectuales, propiciaron que pudiera dedicarse en cuerpo y alma a las labores docentes y a la investigación histórica, fundamentalmente de su amada patria.

Sus actividades magisteriales y sus obras fueron acreciendo el reconocimiento académico que disfrutó desde muy joven. Entre los honores y premios que recibió, baste indicar la Orden Nacional Carlos Manuel de Céspedes de Cuba en 1948 y la Orden Nacional Andrés Bello de Venezuela en 1964. La Universidad de Puerto Rico lo declaró en 1984 Profesor Emérito y la Universidad Internacional de la Florida de esta ciudad de Miami, lo hizo Distinguido Profesor Visitante en 1986 y en 1988, le concedió el Doctorado en Humanidades Honoris Causa.

Su obra maestra fue *Cuba. Economía y sociedad*, en quince volúmenes, que es una Historia de Cuba escrita desde una perspectiva muy amplia. Evaluó los elementos geográficos que condicionaron el devenir del pueblo cubano a través de los siglos, se enfrentó al acontecer histórico indagando sus antecedentes y los factores económicos que lo habían influido. Se detuvo a analizar las influencias recíprocas entre los problemas económicos y los sociales y estudió muy inteligentemente como esta interrelación contribuyó a la formación del proceso histórico de Cuba.

La mayoría de la crítica coincide en destacar los largos años que Leví Marrero, con paciencia y laboriosidad, dedicó a la investigación del pasado cubano fundamentalmente en los archivos españoles y cubanos, en los cuales encontró nuevas fuentes de estudio entre legajos polvorientos y documentos olvidados. En ellos cotejó esas nuevas fuentes con las ya conocidas y analizó los diferentes elementos que influyeron en los específicos hechos históricos que estudiaba. Sin embargo, creo sinceramente que, pese a la meritoria exégesis que esta gran obra de Marrero ha despertado, no se ha subrayado todavía con el merecido énfasis, el hecho de que toda esta portentosa labor de investigación aparece en todos estos volúmenes integrada con mucho acierto a muy iluminadores análisis. Es verdad que todavía no ha pasado el tiempo suficiente para que los exégetas tengan la perspectiva necesaria para comprender en su más amplia significación, todas las múltiples y valiosas implicaciones de tan alto logro.

Cuba. Economía y sociedad ofrece al lector una imagen que ayuda a iluminar y por tanto, a esclarecer la historia de la nación cubana. La información que presenta es muy vasta y está fundamentada por una fabulosa documentación. La obra tiene numerosas e interesantes fotografías e informaciones gráficas. La prosa, sencilla y clara, desprovista de toda aridez, hace la lectura de estos libros, pese a su extensión, una experiencia muy agradable e ilustrativa.

Estos quince volúmenes constituyen una obra a la que estuvo dedicado durante gran parte de su vida. Como el mismo Marrero confesó, fue imaginada y proyectada en plena juventud, época en la que inició sus largas y meticulosas investigaciones en los archivos y museos cubanos. Parte de la documentación encontrada desgraciadamente se perdió cuando se implantó en la Isla el nefasto régimen comunista y tuvo que abandonar el país rumbo al exilio incierto, pero digno. Pero aun en el exilio, su firme voluntad le hizo continuar esa labor al mismo tiempo que desempeñó sus cátedras en Venezuela y Puerto Rico. Al retirarse de la Universidad de Puerto Rico se dedicó a continuar más intensamente su tarea de investigación y a escribir esta obra. En la misma, Marrero hace evidente su admiración por su querido pueblo que en trágicos momentos de su historia nacional, supo mostrar un acendrado amor por la patria y llamó la atención sobre la capacidad intelectual extraordinaria de muy destacados miembros de la comunidad isleña, cuyos esfuerzos colectivos ayudaron substancialmente a superar las crisis a las que Cuba se enfrentó en diferentes momentos de su historia.

Y precisamente son a esos estudios de Leví Marrero, que él calificó de «propósito invariable» de su vida y cuyo objetivo principal había sido, como precisó muy lúcidamente, «la reconstrucción de la historia interna de Cuba», a los que él se refirió en su brillante conferencia «Raíces del Milagro cubano» pronunciada en el Museo Cubano de Arte y Cultura de Miami, el 5 de abril de 1984, que fue publicada en el mismo año, en Puerto Rico[137], disertación en la que nos vamos a detener en este trabajo.

---

[137] Leví Marrero, *Raíces del milagro cubano*, Guaynabo, Puerto Rico, Ediciones Capiro, 1984. Todas las citas de este texto se referirán a esta edición y aparecerán a continuación de la cita con el número de página o páginas entre paréntesis.

En efecto, Leví Marrero decidió, con gran acierto, escoger como el tema que mejor hubiera podido justificar su presencia ese día en Miami, encontrar los antecedentes históricos de este triunfo económico tan sorprendente de los cubanos exiliados en Miami, es decir, de lo que se ha denominado comúnmente como el milagro cubano, pues Miami era ya en ese año de 1984, como afirmaba el disertante, en cuanto a población, la segunda ciudad de Cuba y en relación al volumen económico generado por los cubanos, la primera. El profesor que siempre fue, didácticamente, se preguntaba, si en el sentido secular, que era el que le interesaba en ese momento, tal éxito era realmente un milagro y partiendo de la Academia de la Lengua precisaba que un milagro de ese orden sería «hacer mucho más de lo que se puede hacer comúnmente en cualquiera clase de industria o actividad» (12). El Maestro consideraba que la razón por la cual el cubano no había tenido que esperar a la segunda generación, como ocurre en general con los emigrantes tradicionales de este país, para comenzar a ascender, se debía a que esa capacidad de penetración económica del cubano exiliado de establecerse, avanzar y prosperar en muy pocos años, le venía de su pasado histórico. A ese efecto señalaba que el cubano que se había establecido en Estados Unidos y en otras naciones de economía de libre empresa pudo mostrar, cualquiera que hubiere sido el nivel de su labor, su capacidad de iniciativa porque en definitiva, ésta es «el producto de su modo tradicional de ejercer su actividad de productor, de profesional, de comerciante, nada temeroso del riesgo y del cambio que presiden el sistema» (13-14).

Marrero precisa un primer momento histórico que inicia esa tradición y lo señala en pleno siglo XVIII, en el período de veinte años que va del 1741 al 1761 cuando un grupo de cubanos había demostrado su capacidad comercial y empresarial pues prácticamente alcanzaron en esos años el control de la economía de la Isla y esto fue logrado, como subrayó el conferenciante, un cuarto de siglo antes de que se produjera la toma de La Habana por los ingleses a la que se ha atribuido la primera influencia positiva en el proceso histórico cubano para el desarrollo de la economía nacional.

Como se sabe –y el Maestro nos recuerda– Cuba, superada el breve fallido intento de la búsqueda del oro, vivió dependiente en sus primeros siglos de lo que él llamó la ganadería y la agricultura de mantenimiento. A pesar de que la política de la Corona española del Mare Clausum y el régimen de flotas tendían a aislar a nuestra isla, ésta, por su posición geográfica, contrariamente a las colonias continentales españolas, superó el aislamiento con el contrabando por aventureros ingleses, franceses y holandeses. Este hecho, fue un factor determinante, en la opinión del conferenciante, de ese cosmopolitismo que diferencia al cubano del resto del hispanoamericano, y que ha sido un factor integrante de nuestra idiosincrasia nacional y al mismo tiempo explica no solamente esa capacidad de adaptación del cubano que tanto lo ha ayudado en su éxodo, sino también el hecho de que los cubanos de la Isla, por tradición histórica abiertos al mundo, resientan el aislamiento absoluto que ha impuesto a su población, siguiendo las características del comunismo, el régimen marxista cubano

El cultivo de la hoja de tabaco se extendió en la isla con fines comerciales debido a que su uso aumentó con tanta rapidez que el gobierno español comprendió desde el siglo XVII su potencial económico y decidió usar su poder absoluto para controlar toda la producción del tabaco cubano y coordinar la manera de adquirirlo a los precios más bajos posibles. Esto engendró la sedición de los vegueros de Jesús del Monte que fue sofocada violentamente por el gobierno español. Ante ese fracaso, la Metrópoli intentó otros medios no tan directos de controlar el monopolio del tabaco, nombrando a un comerciante leal a la corona para que lo controlara absolutamente. Después de grandes contratiempos, a Martín Aróstegui, un comerciante navarro con conexiones en Cuba y buenas relaciones en la corte española, se le ocurrió la idea de crear una compañía de habaneros prominentes para que sustituyera al supuesto intermediario, siguiendo modelos europeos vigentes en Inglaterra, Francia, Holanda y hasta en la propia España. Logrado el apoyo del Cabildo habanero, se trasladó a la corte española donde por medio de sus contactos y manipulaciones obtuvo en 1740 la firma de la Cédula que creó la Real Compañía de Comercio de la Habana, con capital aportado de por mitad entre los regidores del

Cabildo habanero y algunos cortesanos españoles. Marrero reconoce que historiadores como Arango y Parreño, La Sagra y Pezuela, vieron a esta Real Compañía de Comercio de la Habana como otra forma sutil de mantener el monopolio exclusivo del tabaco que era en esa época, la única riqueza de Cuba, pero lo cierto fue que –pese a ciertos fracasos de esa institución, que eran consecuencias del propósito monopolístico que la originó, de las convulsiones interiores de la Metrópoli y de las sucesivas guerras en las que España estaba involucrada– había que destacar que produjo un hecho excepcional que era que «la dirección de la compañía radicaba en Cuba, lo que determinaba que desde la Habana, fuera manejada la economía de la Isla, con desenfadada autonomía frente a las estrechas regulaciones dictadas por la Metrópoli, incapaz de hacerlas cumplir» (19). El disertante concluye de la manera siguiente: «En síntesis: la Compañía, en 20 años, había creado una protoburguesía comercial acaudalada, independiente e informada, capaz de manejar directamente desde la Habana, sus negocios. Ese fue el mejor servicio que prestó la Compañía. He ahí, reitero el primer milagro económico de la Historia de Cuba señalado por el Maestro Leví Marrero.

En 1761 fue restablecido el Estanco y creada la Real Factoría de tabacos, que fue el sistema vigente cuando se produce la toma de La Habana por los ingleses. Marrero siempre reconoció el efecto positivo que para la economía cubana tuvo la invasión británica pero, con su objetividad y precisión histórica que siempre le caracterizó, establece las salvedades, «comercio si no exactamente libre, sí abierto a todos los buques ingleses y de las colonias del Norte, los futuros Estados Unidos».

Después, soplaron los vientos de reformas: en 1765 se abrieron al comercio por España, nuevos puertos del Caribe; en 1778, fue proclamado por el gobierno español el llamado, quizás de una manera eufemística, Reglamento del Comercio Libre; después, con la declaración de Guerra de España a Inglaterra, se logra que Cuba pudiera comerciar con los Estados Unidos; más tarde con la guerra de emancipación de Hispanoamérica en pleno apogeo, los cubanos lidereados por Arango y Parreño lograron en 1818 arrancar nada menos que a

Fernando VII –presionado por la creciente necesidad de recursos que tenía– el derecho a comerciar libremente. Además, Fernando VII ratificó a los terratenientes cubanos la propiedad de sus tierras y al renunciar también al derecho de la Corona a seguir manteniendo la propiedad de los bosques de la Isla por la que España tenía asegurada las tan apreciadas maderas cubanas para la construcción de los buques de su flota, abrió la posibilidad de que muchos de los bosques desaparecieran ante la necesidad de sembrar cañaverales debido al éxito creciente del que sería el producto más importante de la economía cubana, la caña de azúcar. Desgraciadamente el auge extraordinario del azúcar engendró un aumento de la importación de negros esclavos que fueron sometidos a grandes maltratos en los ingenios. Marrero sintió gran admiración y orgullo por las grandes figuras de la intelectualidad cubana, que atacaron la trata de esclavos y la esclavitud, comenzando con el Presbítero Félix Varela, al que calificó como precursor de la independencia y de la justicia social, a quien, decía, no podía encontrarle paralelo en su tiempo. Los que vinieron después, afirmó, fueron los ejecutores de su herencia (28). En ese sentido, nos habla de Saco, Del Monte, Luz y Caballero y Arango y Parreño, entre otros. Esa Cuba de 1825 hasta 1898 quedó sometida a un régimen asfixiante de una metrópoli que, por haber perdido su imperio que abarcaba un continente, reaccionó convirtiendo a su preciada colonia en una plaza sitiada, carente de todo género de libertades y sometida a un régimen fiscal injusto cuyo único propósito era poder subvencionar un gigantesco ejército de ocupación.

En esta situación, subraya el Maestro que «los dirigentes de la burguesía criolla que no ignoraba el peligro representado por la dinamita social de la esclavitud, lograron realizar en la primera mitad del siglo XIX el segundo milagro económico cubano» (28). Tres fueron los elementos que propiciaron, que Cuba se convirtiera en el siglo XIX en la colonia de plantaciones más rica del mundo, según la opinión de nuestro eminente historiador y economista y éstos fueron:

1) la imposición del libre comercio a la metrópoli, aunque la colonia estuvo limitada en su desarrollo por un abusivo sistema tributario

2) la mecanización de la industria azucarera que desde fecha muy temprana incorporó a la Isla a la revolución industrial, pues como han explicado los especialistas e historiadores de la industria azucarera, en Cuba se importaron las máquinas a vapor y el uso del tacho al vacío, es decir se empleó la evaporación por múltiple efecto para la producción del azúcar.
3) El rápido reconocimiento del ferrocarril como medio de transporte, que facilitó que el azúcar pudiera ser trasladada fácilmente desde los diferentes ingenios a los puertos de la isla para su frecuente exportación.

Claro que esta labor extraordinaria de desarrollo, tuvo el apoyo de instituciones en las que el patriciado cubano tenía una fecunda participación, como fueron la Sociedad de Amigos del País y la Junta de Fomento, lo que determinó la reacción negativa de los Gobernadores de la Isla, sobre todo la de Tacón que luchó denodadamente contra el desarrollo de los ferrocarriles en la Isla y Concha, que realizó un gran esfuerzo hasta liquidar la Junta de Fomento. Se trataba en el fondo, del proceso lento pero creciente de la formación de la conciencia nacional, tema que el maestro Marrero ha estudiado con sus grandes implicaciones, políticas, sociales, culturales y económicas en su obra ya aludida, *Cuba. Economía y sociedad*.

En efecto, pese al esfuerzo de los cubanos productores de azúcar, entre ellos hubo frecuentes casos, en que el intenso afán de innovar los llevó a la ruina y fueron sustituidos en gran parte por los comerciantes españoles enriquecidos por la trata de esclavos y los préstamos de usura. A ellos se unió el excesivo gravamen que el gobierno metropolitano imponía a la Isla, debido a las necesidades financieras ocasionadas por las crisis interiores e internacionales. Ante este estado de cosas, el pueblo cubano aumentaba su oposición al autoritarismo que exhibían los sectores más radicales de los españoles de la Isla, que tenían en muchos casos el apoyo de los gobernadores de la colonia. Fracasados los intentos del reformismo y muy debilitada ya la posibilidad anexionista, el sufrido pueblo de la Isla –primero con sus reformadores y primeros mártires, después con el levantamiento de la

Demajagua y la heroica Guerra de los Diez Años y por último con la Guerra de 1895 inspirada por la voz apostólica de José Martí– se enfrentó al poderío español y forjó la república libre e independiente, pero Cuba sobrevivió la hazaña bélica, con la población diezmada y la economía destruida.

En esta situación surge para Leví Marrero el tercer milagro, que es la República, tan atacada y negada por la horrible dictadura marxista. Reproduzcamos las hermosas y profundas palabras del Maestro Marrero que con su extraordinario poder de síntesis resume tan magistralmente el logro del pueblo cubano «El precio de la libertad fue muy alto en vidas, dolor y bienes materiales. El cubano no pasó cuentas. Fue generoso hasta más allá de lo razonable. Pero, puestas las manos a la obra, Cuba fue reconstruida, y su progreso intelectual y su crecimiento económico, constituyeron un nuevo milagro» (34). El pueblo cubano logró ese milagro, insiste el Maestro sin inyecciones financieras extranjeras, ya que los pocos empréstitos que se hicieron en la República eran de escaso valor para el mundo de hoy y en 1959, estaban casi todos pagados Al propio tiempo, también explica ciertos factores que no se tienen en cuenta comúnmente, y que son: que Cuba nunca fue un país minero; que en la economía cubana los tres factores fundamentales han sido siempre, la tierra, el trabajo y la capacidad técnica; y también trae a colación otro elemento a considerar que tampoco se recuerda, que es el hecho de que después de la depresión de 1929, cesó la inmigración en Cuba, por lo que es indudable que el extraordinario crecimiento que tuvo Cuba desde el 1933 hasta la irrupción del comunismo, apenas contó con aportaciones humanas extranjeras.

Esto lleva al maestro a volver al inicio de su conferencia, es decir, a recordar el milagro que ha representado el triunfo del presente exilio cubano, no solamente en Miami, que es el caso más representativo de este fenómeno por la extraordinaria concentración de cubanos en esta ciudad, sino también en todos los lugares que constituyen la geografía del exilio cubano. Este triunfo del exilio cubano es para el Maestro cubano, el cuarto milagro económico, aunque indudablemente también es cultural.

Marrero cerraba muy hermosamente la conferencia recordando a su auditorio que todavía faltaba un quinto milagro cubano que es el que se produciría cuando eliminado el oprobio, todos los cubanos pudieran reunirse con dignidad en el suelo sagrado de Cuba. Termino este trabajo reproduciendo los dos párrafos finales de su discurso que expresan con tanta claridad y precisión el mensaje de fe en el futuro de Cuba que he señalado en el título de esta ponencia. Dijo así nuestro eminente historiador:

> Enfrentaremos entonces la gran prueba. Como viejo maestro siempre he puesto mis esperanzas en los jóvenes. Contamos en el destierro con el mayor capital de que haya dispuesto Cuba en cualquier momento de su historia: las nuevas generaciones que regresarán a poner el hombro en la tarea del resurgimiento nacional. Nuestra juventud formada en el exilio es la más altamente educada, en todos los campos, con que haya contado país latinoamericano alguno en casi cinco siglos de historia. Será de ellos la responsabilidad de dirigir la reconstrucción, sobre las ruinas que heredarán, en el país que más ha combatido por la libertad y que menos ha logrado disfrutarla.
>
> Y como hemos aprendido la dolorosa lección, confiemos en que en la Cuba renacida, que los más viejos no alcanzaremos a ver, la riqueza que hemos probado reiteradamente sabemos crear, será el sostén de la independencia y de la justicia, en una República donde el ejercicio de la más amplia democracia política, económica, social y educativa, constituirá el dique inconmovible contra todas las sucias apariencias que siempre acechan, como una maldición consustancial al ser humano.
>
> No volvamos a ningún pasado. El pasado será una advertencia en el pórtico del futuro.

La historia de nuestro pueblo, que vive en cada uno de nosotros, me alienta a la fe. Confiemos en el gran milagro que animará a Cuba tras la noche sombría que ya comienza a quebrarse. (37-38).

PRESENTACIONES DE LIBROS

POR LA LIBERTAD DE CUBA. UNA HISTORIA INCONCLUSA DE NÉSTOR CARBONEL CORTINA

Entre los grandes logros de este libro hay que destacar su depurado estilo, su adecuada estructura y su atractiva temática que se extiende más allá del lector cubano pues se trata de la lucha que por la libertad humana está efectuando desde hace más de tres décadas el pueblo de Cuba, la que se encuentra íntimamente ligada al ansia metafísica del hombre y su sentido de dignidad y trascendencia, es decir, a la naturaleza espiritual del ser humano.

Se debe señalar de inicio el hecho de que este libro de historia no está escrito solamente desde afuera, es decir desde la perspectiva del testigo, sino que, en algunas ocasiones, nos asomamos a los acontecimientos patrios desde los ojos del protagonista, ya que el autor ha sido durante esta larga y agónica crisis un adalid de la cruzada democrática de la tierra de Martí. Y esto ya crea el primer y más arduo problema al que se ha enfrentado el autor. Es decir, el trajinado asunto, entre los tratadistas de Historia, de la objetividad, que ha originado tantas especulaciones y ocasionado el intento de precisar las diferencias entre el texto histórico propiamente dicho y las Memorias, discusión que está, en el fondo, relacionada con el concepto de la veracidad histórica, a la que alude el Diccionario de la Lengua Española cuando define la Historia como "Narración y exposición verdadera de los acontecimientos pasados y cosas memorables". Pero este inconveniente al que se enfrenta el autor en algunas partes del texto es superado por la seriedad expositiva que lo caracteriza y por su rigurosidad intelectual que lo lleva a admitir, en la introducción de este libro, que él reconocía las limitaciones de ese esfuerzo antológico dada su condición de juez y parte al referirse a los documentos que seleccionó para avalar y probar su relación. Y esta autenticidad vital, la del hombre y la del escritor, es la que, unida a su brillante inteligencia y a su acendrada devoción por la patria, ha hecho que Néstor Carbonell Cortina pudiera superar los grandes obstáculos que se le presentaban y ha dotado a este texto de genuina relevancia literaria e histórica.

La prosa de Carbonell Cortina, además de caracterizarse por la claridad y la elegancia, tiene sin duda unos sofrenados pero patentes matices líricos que la realzan y le dan individualidad y se debe subrayar esto de la moderación de su lirismo porque siendo el autor de este libro un orador muy destacado, digno nieto de José Manuel Cortina, un maestro de la oratoria cubana, hay en su prosa escrita un deliberado afán de no dejarse arrastrar por su fuerza poética, aunque la misma corra subyacente y vigorosa en ella. Y esto es importante porque está íntimamente relacionado con otro aspecto de su estilo, el que se refiere a una actitud determinada. Desde esta perspectiva, hay una presencia constante en este autor de una extraordinaria capacidad de observación, aún en los pasajes de esta obra que hacen evidentes que el historiador no puede desconocer su propio carácter de protagonista. No obstante, hay en él un firme propósito de alejamiento que le permite someter lo que observa a un proceso de análisis que intenta siempre fundamentar con la documentación adecuada, lo que se integra con el afán que habíamos señalado antes de moderar su lirismo. Esta actitud de genuina honestidad intelectual realza su obra y no debilita los tintes poéticos de su prosa que su capacidad de aludir subraya.

En cuanto a la estructura del libro, el mismo consta de un profundo y esclarecedor prólogo del eminente poeta y ensayista cubano, recientemente fallecido, Gastón Baquero; de una muy valiosa introducción del autor y de cinco partes. En la primera Carbonell Cortina mira al pasado mediante un acercamiento a los males de la República y a los factores históricos que precedieron a la caída del régimen de Batista; la segunda abarca en su análisis aproximadamente un período de un año y medio, a partir del primero de enero de 1959, que es la etapa inicial revolucionaria hasta el inicio de la lucha de resistencia; la tercera, la central y más extensa, narra la heroica lucha del pueblo cubano por más de tres décadas contra la dictadura marxista; la cuarta es de nuevo una mirada al pasado pero ahora con connotaciones afectivas que entroncan con devociones patrias, pues el autor busca en las vidas que lo inspiraron el recuerdo que lo nutrirá de nuevas fuerzas para continuar la lucha y la última es una ojeada al futuro, en donde el autor se enfrenta a la problemática que plantea el derrumbe del imperio soviético, analiza las características actuales del problema cubano y termina con un razonado trabajo sobre los retos que afrontará el exilio cubano a la caída del comunismo en ese país.

En la sección inicial, "El ocaso de la república" reúne dos trabajos, uno de 1958 y otro muy reciente. El primero, titulado «Las raíces de nuestros males» es un enfrentamiento a la problemática socio política republicana de Cuba, en que se penetra con lucidez no solamente en los problemas de la República, sino también en los antecedentes del período colonial. La práctica constante del análisis de las causas de los males coloniales efectuada por los pensadores decimononos cubanos como Varela, Saco, el propio Varona, Sanguily y Martí, fue un proceso intelectual que ayudó mucho a la formación de la conciencia nacional y esa vertiente muy respetable de la ensayística cubana del siglo XIX, se continua en el XX en figuras tan relevantes como Enrique José Varona, Fernando Ortiz y Jorge Mañach. Es de destacar que Carbonell Cortina unió su voz, a los que advirtieron las posibles crisis que se avecinaban. El segundo estudio de esta parte del libro es un intento de precisar las causas que determinaron la subida al poder de la dictadura que desde hace más de tres décadas agobia al pueblo cubano. Muy sugerente es su análisis de la radicalización del extremismo político que precedió a la caída del régimen de Batista que lo lleva a enfocar la responsabilidad colectiva del hecho histórico, aunque está consciente de la influencia de la geopolítica, factor que en este siglo se ha acentuado por el presente desarrollo de los medios de comunicación. Muy iluminadora y muy adecuada es la transcripción de la minuta de la Junta del Consejo Nacional de Seguridad del Presidente Eisenhower, de 23 de diciembre de 1958, desclasificada poco tiempo antes de que se publicara el libro, en donde se hace evidente el desconocimiento, en las altas esferas del gobierno americano y en especial del propio Presidente, de la específica situación en la isla en aquel momento.

En la segunda sección que se titula «Un rojo amanecer», el autor muestra su capacidad de síntesis pues en apenas cincuenta y cinco páginas logra apresar ese período de consolidación del comunismo en Cuba, en el que en unos dieciocho meses, los acontecimientos se sucedieron con gran rapidez y tuvieron una gran intensidad. Carbonell hace patente la buena fe y la genuina esperanza con que el pueblo cubano acogió la llegada al poder del gobierno revolucionario y las engañosas promesas de paz, libertad y justicia que Castro ofreció en sus primeros discursos, pero inmediatamente, con citas textuales de las arengas del propio jefe de la revolución y con muy amplia documentación, se describe la tortuosa maniobra para instalar una oprobiosa dictadura. Muy ilustrativos son los pasajes que se dedican a la diabólica campaña del gobierno contra el ejercicio libre del sufragio y la relativa a la implantación de la supuesta ley de reforma agraria. Baste citar un certero párrafo que hace evidente la capacidad de síntesis de Carbonell y al mismo tiempo pone de manifiesto el deshonesto empleo del lenguaje del gobierno comunista para encubrir la verdad. Se trata de un trabajo de agosto de 1959, «Hacia dónde vamos», publicado en plena Habana en el rotativo *El Diario de la Marina*. Dice así el párrafo en cuestión:

> Maestros del sofisma, la tergiversación y la mentira, los jefes revolucionarios torcieron el significado de las palabras para consumar la gran estafa. A los fusilamientos sin garantías jurídicas les llaman «justicia revolucionaria»; a las confiscaciones indiscriminadas, «recuperación de bienes malversados»; a la colectivización forzosa, «reforma agraria»; a la ocupación de empresas, «intervención»; a los terratenientes, «latifundistas»; a los derechos adquiridos, «intereses creados»; a las elecciones, «politiquería»; a los ciudadanos escépticos, «reaccionarios»; a los disidentes, «contrarrevolucionarios o batistianos»; y a los anticomunistas, «cómplices del imperialismo, divisionistas y traidores a la patria».

La tercera parte de esta obra tiene un título de profunda evocación martiana, «A látigo y destierro» que la califica con gran certeza pues, en esta sección, el autor logra compendiar toda la larga lucha del pueblo cubano, en la agónica isla y en el angustioso destierro, por recobrar la libertad y la democracia en la patria esclavizada. Se debe aludir aunque sea brevemente al acápite *Internalización de la lucha*, para destacar que en el mismo, el autor documenta los contactos iniciales de Castro con el comunismo internacional y hace evidente su participación en el famoso «bogotazo» de abril de 1948. También pone de manifiesto la existencia, desde los primeros momentos del triunfo de la revolución, de un secreto «gobierno paralelo» al del gabinete de Urrutia Lleó, integrado por los militantes marxistas del movimiento 26 de julio y la vieja guardia del Partido Socialista Popular. Éste era presidido por el propio Fidel Castro, y tenía a su cargo la elaboración de las llamadas leyes revolucionarias, las que después eran presentadas al gabinete de Urrutia por medio del ministro Osvaldo Dorticós. También se avala, con las correspondientes citas de fuentes, la celebración de una entrevista secreta, tan temprana como el 3 de marzo de 1959, entre Fabio Grobart, el emisario del Kremlin en Cuba en la etapa republicana y Castro y el Che Guevara, en las oficinas de este último, en el Castillo de La Cabaña, en plena madrugada. Estos hechos y otros que Carbonell fundamenta con la rigurosidad que da al libro una genuina seriedad histórica, probaban la creciente penetración soviética en el nuevo gobierno cubano y fueron los que, según señala el autor, impulsaron a la creación del Frente Revolucionario Democrático de Cuba y que éste recabara la ayuda del gobierno norteamericano en la lucha para lograr la recuperación de la democracia en la isla.

Los acápites que le siguen son muy apasionantes porque nos brindan una visión interior de todo este heroico período de lucha. La fusión del Frente con el Consejo Revolucionario Cubano; el largo y dramático proceso de las conversaciones y los acuerdos que muy secretamente se llevaron a cabo entre los dirigentes políticos del exilio cubano y el gobierno de este país; toda la paciente labor del exilio para probar a los gobiernos hispanoamericanos, lo que debía haber sido evidente desde el principio, es decir, la existencia de una deliberada campaña del gobierno totalitario cubano para exportar la revolución comunista a todos los confines de «Nuestra América»; el epopéyico esfuerzo de la invasión de Playa Girón y la iluminadora y valiente explicación de las razones que determinaron su fracaso; la lucha del pueblo cubano en las lomas del Escambray y en la clandestinidad de sus ciudades y campos; la crisis provocada por la instalación en Cuba de los cohetes rusos de medio y largo alcance; el temor y la vacilación del Presidente Kennedy ante las implicaciones de un enfrentamiento con el imperio soviético y las consecuencias nefastas para Cuba y para el mundo libre del pacto Kennedy-Kruschov.

Estas limitaciones que sufrió el pueblo cubano no impidió, no obstante, y así lo subraya el historiador, que sus mejores hijos continuaran combatiendo, bien pagando su fidelidad al pensamiento martiano con la vida o con horribles sufrimientos y humillaciones en las cárceles políticas cubanas o con su indomable lucha en el triste y aislado exilio por los derechos humanos o por el mantenimiento de su cultura como el medio más idóneo de conservar enhiesta nuestra conciencia nacional. Dando muestra de su gran erudición, Carbonell Cortina revisa la labor cultural del exilio cubano desde la perspectiva institucional para después revisar específicamente la labor de la intelectualidad cubana en el propósito martiano de hacer vigente a la patria mediante el cultivo de sus amores y esperanzas.

La cuarta parte del libro, que titula «Cruces en el camino», es como un sosegado recuento, como un descanso en el camino, por eso se aludió a las connotaciones afectivas y a las devociones patrias que contiene. Está dividida en dos acápites, el primero *Diálogo para la historia*, contiene la reproducción de la correspondencia inédita entre dos figuras estelares de la política y la intelectualidad cubana, el abuelo del autor José Manuel Cortina y Orestes Ferrara, que Carbonell había publicado en 1972 y que, con muy buen juicio, creyó que podía brindar luz al proceso que estaba estudiando y el segundo, bajo el título de *Medallones*, recoge una serie de notas necrológicas sobre familiares y amigos que tuvieron una profunda significación en su vida y que por alcanzar muchos de ellos relevancia histórica, pueden servir de ejemplo, por el mundo de valores éticos a que aluden, al triste pero firme pueblo cubano en su batalla por una sociedad más justa. Evocaciones que tienen, en su espiritualidad, tintes de los famosos sermones del Obispo Jacques Benigne Bossuet, pero también algo del lirismo que enriquece *La vida de los hombres ilustres* de Lamartine, tradición que por otra parte tiene en la historia literaria cubana, ejemplos muy logrados en Manuel Sanguily o Enrique José Varona, por sólo citar a dos de sus más ilustres ensayistas.

La última parte del libro que se titula «Mirando al Futuro» se enfrenta al momento actual de la Historia de Cuba y con la objetividad que le caracteriza, el autor analiza las implicaciones de la caída del imperio soviético. Estudia el problema del embargo económico así como la última crisis de los balseros y las tesis que se discuten en el exilio cubano de la conducta a seguir en estos momentos históricos advirtiendo de los peligros de cualquier negociación con Castro sin que medien cambios fundamentales en la isla y clama por la ayuda y cooperación al movimiento de resistencia interna. El libro termina con un excelente ensayo histórico sobre *Los grandes retos de la nueva República*, en el que, como él mismo autor resume en la introducción de la obra, se refiere a la democratización política, la liberación económica y la regeneración moral. Y hay que subrayar la calificación de ensayo histórico porque es muy representativo del contenido de este libro. En *Por la libertad de Cuba. Una historia inconclusa*, se narra los sufrimientos del trágico inmediato pasado de Cuba, pero además se penetra en sus raíces y se evalúa su formación nacional desde perspectivas políticas, sociológicas, económicas, éticas y culturales, de ahí su extraordinario y valioso contenido ensayístico. Néstor Carbonell Cortina ha servido con esta obra a su patria como lo ha hecho en su vida, con devoción, honestidad, talento y genuina modestia.

GRANDES DEBATES DE LA CONSTITUYENTE CUBANA DE 1940 DE NÉSTOR CARBONELL CORTINA

Cumplo otra gentil invitación de mi buen amigo Camilo Fernández para que ocupe hoy esta tribuna en la presentación del libro del Dr. Néstor Carbonell Cortina, *Grandes debates de la Constituyente cubana de 1940.* Invitación que mucho me honra, en primer lugar porque se ha señalado para este acto que se dedica a la figura venerable de José Martí, el apóstol de la libertad cubana, en virtud de que es precisamente el autor de este libro, quien hoy hablará sobre el eximio patriota. Y es muy significativo que se presente aquí esta luminosa obra que es un muy valioso aporte a la Historia de Cuba y tiene un alto objetivo patriótico, porque la misma refleja fielmente los grandes aciertos del pueblo cubano al forjar una república, que pese a los tradicionales errores que la Historia nos muestra que han tenido siempre las naciones en sus inicios, logró, en poco más de medio siglo, un extraordinario desarrollo cívico, económico, científico, cultural y educativo, que el comunismo ha tratado infructuosamente de desconocer. Además, en un proceso electoral genuinamente democrático, pudo dotarse de una Constitución tan avanzada, que fue tomada como ejemplo, en muchos aspectos, por las constituciones de muy importantes naciones del viejo continente europeo promulgadas después de la Segunda Guerra Mundial.

En primer lugar hay que destacar el hecho de que Carbonell Cortina, como muchos de ustedes conocen, es además de brillante orador, un historiador muy riguroso, trabajador y responsable, dotado de una impresionante erudición y una extraordinaria capacidad analítica, caracterizado por una prosa muy clara y al mismo tiempo elegante, todo lo que se hace evidente en la lectura de su amplia y valiosa obra. Baste citar al efecto –y sólo a modo de ejemplos– además del presente texto, dos libros anteriores, *El espíritu de la Constitución de 1940*, que publicó en 1974 y otro más reciente, *Por la libertad de Cuba. Una historia inconclusa,* que tuve también el honor de presentar en la tribuna de Pro-Cuba hace unos tres años.

El libro que hoy nos ocupa, está dividido en cinco partes. En la primera, la introducción, el autor señala los motivos patrióticos que le hicieron recoger de las actas de la Constituyente de 1940 los quince debates que transcribe en este libro. Se trata de presentar la verdad histórica del proceso constitucional cubano que ha sido, y cito textualmente al autor: «malévolamente deformada por el castrocomunismo». Eso explica por qué escogió solamente quince de los numerosos debates y por qué seleccionó los que presenta, que con razón califica como «los debates más apasionantes y más apasionados, y los más medulares» y aclara que los mismos son los relacionados «con los derechos individuales, la familia, la enseñanza, la religión, el trabajo, la propiedad y el sistema político». Es decir, pone de manifiesto el criterio de selección que lo inspiró, porque Carbonell Cortina quiere demostrarle al lector, que el pueblo de Cuba pudo dotar a la República de una Constitución que amparaba y protegía el adecuado funcionamiento de un Estado de Derecho inspirado en los principios de un genuino sistema democrático. En definitiva, la democracia, como José Ortega y Gasset, el eminente filósofo español ha señalado, no será un sistema perfecto, pero es sin dudas el mejor, de todos los sistemas políticos que el hombre ha creado en el largo proceso de su historia.

Transcurridas más de cuatro décadas de la pérdida de nuestra república, estos debates de la Constituyente del cuarenta. que él aquí reúne, tienen una actualidad indudable porque reflejan que la mayoría de nuestros constituyentes, aunque disintieran en matices y en tonos en las discusiones sobre esta temática fundamental que atañe a las esencias de la libertad, los derechos del hombre y la dignidad humana, pudieron dotar a su pueblo de un cuerpo normativo caracterizado por un sano equilibrio ideológico, ya que fueron tolerantes y pusieron los intereses de la patria por encima de sus respectivas afiliaciones políticas. Al mismo tiempo rechazaron las proposiciones extremistas de los representantes del comunismo en esa asamblea, que abusando del respeto que la democracia otorga a todos sus miembros, intentaron, mediante vías indirectas, destruir por sus bases los valores éticos en que se asienta la civilización occidental.

Con gran acierto Carbonell Cortina explica las tres grandes tendencias ideológicas en que se agruparon los constituyentes. De una parte, en un extremo, estaba la que representaba el individualismo liberal tradicional con su estricta afiliación a la teoría del balance de los poderes del estado de Montesquieu y el abstencionismo del gobierno en el campo económico que había proclamado Adam Smith; en el otro, la del comunismo marxista partidario de la intervención estatal, que intentaría muy ladinamente socavar todas las libertades del pueblo, ya se trate en el campo económico, social, religioso, educativo, etc. Entre ambas posiciones, una mayoría de delegados de muy distinta ubicación ideológica que tendrían de común el rechazo tanto al intervencionismo comunista como «el dejar hacer» del individualismo liberal tradicional y que entendieron que la propiedad privada debía ser respetada pero que había que reconocer su función social y también, que era tarea del estado moderno, propiciar medidas que redujeran las desigualdades sociales y económicas, sin desconocer los derechos de sus ciudadanos.

Esta fue la génesis de la mesura y del equilibrio que primó en la Constitución del cuarenta, lo que se hace evidente en los debates que transcribe y también la causa de su genuina excelencia y del reconocimiento que disfrutó como una Carta Magna memorable entre los expertos de Derecho Constitucional de la pasada centuria. Se le ha atribuido, no obstante, cierto casuismo, es decir, determinado exceso en los detalles, pero esto es natural que ocurra en toda norma jurídica que sea producto de un compromiso, de una conciliación.

La segunda parte del libro está constituida por el ensayo del Dr. Carlos Márquez Sterling, «Perspectiva histórica de la Constitución de 1940» que con muy buen juicio, Carbonell creyó conveniente incluir en este libro, pues fijaba insuperablemente el contexto histórico en que se produjo esa Carta Magna cubana.. Este trabajo del Dr. Márquez Sterling fue el prólogo del libro de Carbonell al que ya hemos aludido, *El espíritu de la Constitución de 1940,* que era su tesis de grado para el Doctorado en Derecho que obtuvo en la Universidad de la Habana, tesis que el autor quiso dar a la luz pública en la diáspora, con plena conciencia histórica de que divulgar el proceso constituyente de 1940 era un instrumento adecuado en la lucha que el exilio cubano ha venido manteniendo para impugnar la desfiguración que el gobierno marxista de Cuba ha estado haciendo de nuestro pasado, tanto desde el punto de vista histórico como cultural.

Este trabajo de Márquez Sterling comienza por subrayar el acierto de Carbonell de ver en la Constitución de 1940, la «fórmula de concordia nacional que nos una a todos» y a continuación efectúa un brillante análisis de la tradición constitucionalista que mantuvieron las revoluciones de independencia cubanas, que va desde la de Guáimaro en 1868 hasta la de la Yaya en 1897 que dieron fundamento jurídico al proceso de independencia y asimismo, la Constitución de 1901, que dio vida jurídica a la naciente república. Después Márquez Sterling analiza el proceso histórico que va de la revolución contra la prórroga de poderes del presidente Machado hasta la formación de la Asamblea Constituyente y el inicio de las deliberaciones de la misma, el 9 de febrero de 1940 durante la presidencia del Dr. Laredo Brú. Con gran cuidado, objetividad y modestia, Márquez Sterling analiza el desenvolvimiento del proceso constituyente, en el que él tuviera un papel tan destacado y termina con un hermoso paralelo al señalar que a la Constitución de 1940 le había pasado lo que le sucedió a nuestro admirado apóstol, José Martí, que solamente su desaparición fue la que pudo producir que nuestro pueblo pudiera comprender la importancia y trascendencia de su mensaje.

La parte tercera de este libro de Carbonell, que es la más extensa, está constituida por la transcripción tomada de las actas de la Convención Constituyente de los quince debates que Carbonell seleccionó, considerándolos los «más trascendentes y memorables de la Constituyente del 40" (14). Detengámonos en un ejemplo para destacar lo que venimos indicando sobre la gran actualidad de este libro y como el autor muestra lo consciente que estuvo el constituyente cubano del 40 de la necesidad de defender la libertad y la dignidad del ser humano y proteger los valores morales que caracterizaban a nuestro pueblo.

En efecto, el primer debate presentado es el que surgió con motivo de la enmienda que presentó el partido comunista rechazando que se hiciera la invocación a Dios en el preámbulo de la Constitución. Fue la voz venerable del Comandante Miguel Coyula y Llaguno, el ilustre mambí y admirado parlamentario, ejemplo excelso de la probidad ciudadana, la que se alzó con un profundo mensaje ético para recordarle a la Asamblea la gran tradición espiritualista de nuestro pueblo, puesta de manifiesto por los mambises en las guerras del 68 y 95 y destacó que la Constitución de 1901 que dio vida a la República también en su preámbulo invocaba a Dios. La intervención de Coyula, de gran belleza lírica pero muy analítica, puso de manifiesto la esencial religiosidad del pueblo cubano y subrayó, con dimensión universal, la innata apetencia metafísica del ser humano. Frente a la afirmación materialista de Salvador García Agüero de que la Humanidad estaba avanzando y que debía irse eliminando lo que llamó un poco sarcásticamente esas invocaciones espiritualistas, Carlos Prío Socarrás coincidió con Coyula respecto a que el pueblo de Cuba era, sin duda alguna, esencialmente espiritualista y por su parte señaló que el pretendido argumento, de que el materialismo era síntoma de avance, desconocía el hecho de que la civilización había avanzado más cuando precisamente había vuelto a las más viejas ideas filosóficas. Como resultado de este debate la enmienda fue rechazada y el pueblo cubano acordó la Constitución invocando el favor de Dios.

Carbonell Cortina confiesa, con la honestidad que le es consustancial, que se había concentrado en quince para que pudieran caber en un solo tomo y agrega en una reflexión que justifica su decisión, que «los cubanos, abundosos en el hablar, solemos ser parcos en la lectura» (14), triste verdad que hará a todos nosotros, sus lectores cubanos, sonreír y recordarnos de dos grandes figuras nuestras que nos quisieron mucho pero que nos conocieron muy bien, Enrique José Varona y Jorge Mañach. Pero Carbonell no se limitó meramente a transcribir los debates, sino que llevó a cabo una inteligente, trabajosa y fecunda labor de edición, pues escogió los fragmentos más relevantes, eliminó las redundancias innecesarias y las digresiones superfluas, tan comunes en cualquier debate parlamentario y hasta interpoló algunas correcciones de rigor, haciendo evidentes a sus lectores estas alteraciones menores mediante los correspondientes signos ortográficos.

A ese proceso de edición añadió Carbonell unas breves pero muy fecundas introducciones a cada uno de los debates, en donde explica con precisión los antecedentes históricos, sociológicos y económicos pertinentes de cada cuestión debatida y hace una síntesis de esa temática y de los argumentos presentados. Estas presentaciones, que tienen sin duda un fin didáctico, explican muy claramente los problemas que se discuten y su trascendencia, pues están concebidas para que el lector promedio pueda apreciar mejor los debates. Hay que aclarar que si bien estas presentaciones muestran la gran erudición de Carbonell en esa problemática tan transida de aspectos jurídicos, sociológicos, económicos, etc., están escritas en una prosa clara y transparente, que hace que la aludida erudición del autor se integre muy hábilmente en el texto y le aclare al lector las conexiones que tenían los diferentes argumentos esgrimidos en los debates con las tres respectivas tendencias ideológicas en que el autor agrupaba los constituyentes cubanos del cuarenta en la introducción del libro a la que ya nos hemos referido.

La cuarta parte de este libro, «Perfiles biográficos de prominentes convencionales» es, como apunta el título, una colección de biografías, muy sintéticas pero muy comprensivas, de las figuras que más se destacaron en la Convención Constituyente, muchas de las cuales tuvieron una participación predominante en los debates incluidos. En estos perfiles, Carbonell señala los logros de los biografiados, anteriores a su actuación en la Convención, indica qué partidos representaron en la misma y explica sus participaciones en la vida pública cubana. Estos perfiles son el resultado de una acuciosa labor de investigación.

Entre las figuras estudiadas por el autor, baste citar a modo de ejemplo, a Miguel Coyula, Orestes Ferrara, Antonio Bravo Correoso y José Manuel Cortina que fue el Presidente de la Comisión Coordinadora de la Constituyente, como figuras destacadas de los inicios republicanos; a los dos presidentes que tuvo dicha asamblea, Ramón Grau San Martín y Carlos Márquez Sterling; a representantes del

Partido Liberal como los experimentados parlamentarios, Emilio Núñez Portuondo, Rafael Guas Inclán y José Manuel Casanova; a los que ostentaron la representación del Partido Demócrata-Republicano, Santiago Rey Perna y José Raimundo Andreu Martínez; a los dirigentes del autenticismo, como el experimentado legislador Aurelio Álvarez de la Vega y los jóvenes revolucionarios de entonces Carlos Prío Socarrás y Eduardo Chibás, que tendrían después destacada participación en la vida pública cubana; a figuras que lucharon contra la prórroga de Machado y ostentaron la representación del ABC, como el economista Joaquín Martínez Sáenz y los escritores Jorge Mañach y Francisco Ichaso y por último a los que trataron de plasmar infructuosamente en la Constitución las consignas del Partido Unión Revolucionaria Comunista, Joaquín Marinello, Blas Roca y Salvador García Agüero, a los que Carbonell presenta con igual objetividad, aunque señalando su constante vinculación a la nefasta ideología marxista.

La quinta y última parte del libro es una sintética cronología de los gobiernos de Cuba que complementa eficazmente las referencias históricas específicas que existen en los debates transcritos

En resumen, que es indudable la vigencia actual de este libro de Carbonell, ya que en la Constitución del 40 se plasmaron en normas jurídicas, las bases ideológicas de la república martiana, fundamentos morales y espirituales que defienden la libertad y dignidad del ser humano y sus derechos inalienables, que están transidos de un mensaje de fe y esperanza que ha inspirado al exilio cubano en la digna lucha contra la dictadura, mantenida durante cuatro décadas, pese el dolor de la nostalgia de la patria.

Este libro de Carbonell es otra aportación fundamental a esta brega espiritual que nos llevará en definitiva a plasmar el sueño martiano en nuestra amada patria porque hoy más que nunca hay razones para comprender que el régimen marxista cubano está condenado a desaparecer como desapareció el imperio comunista que constituyó la Unión Soviética.

EN TORNO AL NUEVO ORDEN MUNDIAL. CUBA EN LA ÓRBITA DE LA GRAN CONSPIRACIÓN DE ARIEL REMOS

Cuando mi buen amigo Camilo Fernández me llamó para pedirme que viniera a ocupar una vez más esta tribuna, amiga y patriótica, de Pro-Cuba, esta vez para que dijera unas palabras en relación al reciente libro *En torno al nuevo orden mundial. Cuba en la órbita de la gran conspiración,* escrito precisamente por otro querido amigo, el Dr. Ariel Remos, no tuve duda en aceptar la afectuosa y al propio tiempo honrosa invitación, no sólo por proceder de quien procedía y por la calidad intelectual del autor de la obra en cuestión, sino porque me daba la oportunidad de expresar públicamente el entusiasmo que despertó en mí, la lectura de este combativo pero fundamentado libro de una de las mentes más lúcidas que tiene el exilio cubano en el área de las candentes y complicadas cuestiones de las relaciones políticas internacionales, que en este siglo XX como en el XIX, tanto han pesado en el trágico destino de nuestra querida patria. Tuve sí, una duda, se trataba de un texto un tanto ajeno a mi especialidad profesional pero como estudioso de la historia y la cultura de mi patria, y fundamentalmente, como un cubano más, que ha seguido los acontecimientos mundiales que podían influir el destino de nuestra hermosa isla de palmeras, había comprendido al leerlo, que no me eran ajenas estas páginas tan cargadas de racional análisis, sino que al contrario me resultaban muy luminosas y atractivas, pues descubrían al lector interesado las raíces ocultas de un proceso histórico que para muchos ha resultado incomprensible y una de cuyas consecuencias ha sido la prolongada vigencia de un régimen marxista, negador de toda libertad humana, en medio de la sociedad panamericana. Lo que hace esta obra de obligada lectura, no sólo para todos los cubanos, sino también para los amantes de la libertad en todo el mundo.

La raíz de este libro hay que buscarla en los muchos años que el autor ha dedicado a defender el derecho de su pueblo a una vida democrática y feliz, transida de los valores éticos y religiosos que caracterizaron su formación nacional. Labor intelectual efectuada a través de todos los vehículos posibles de difusión de ideas y esencialmente desde las páginas del *Diario Las Américas* de Miami, cuyo director, el Dr. Horacio Aguirre, con toda significación, prologa el libro con una introducción muy precisa, clara y medular.

A pesar de lo que ha evolucionado la crítica contemporánea, todavía sigue vigente, por lo menos en cierta medida, lo que decía el filósofo francés y maestro de la exegética histórica, Hipólito Taine, acerca de que no podía hablarse de un texto sin ir a buscar las circunstancias de tradición, medio y lugar del autor, para debidamente acercarnos a la obra. Afortunadamente los logros profesionales e intelectuales de Ariel Remos son de todos conocidos por esta culta y devota audiencia, además de que los fraternos amigos, el Dr. Camilo Fernández, Presidente de Pro-Cuba y el Dr. Fidel González, Presidente de la Delegación de New Jersey y New York, del Colegio de Abogados de Cuba en el Exilio, con sus valiosísimas aportaciones a este acto, me han exonerado de lo que hubiera sido para mí una muy grata responsabilidad, es decir, hablar de los muchos méritos del Dr. Ariel Remos. De las palabras de ambos se ha hecho evidente que en el autor de este libro, se aúna una devoción patriótica que ha sido faro de su conducta cívica y una preclara inteligencia que se hace evidente en todo lo que escribe. Esos dos elementos, el ético y el intelectual, están presentes en el libro que hoy presentará a ustedes el autor y al que dedicaré sólo unos breves comentarios, pues soy de la opinión de que el crítico podrá siempre comentar y hasta creer poder asomarse a claves secretas en los textos, que pudieran haber escapado de la conciencia del autor, pero es siempre éste, el escritor, el que realmente nos puede brindar la más clara y prístina interpretación de su propia obra. Del autor, Ariel Remos, sólo quiero añadir algo, y creo que basta, y es que es digno hijo de una gloria de la cultura cubana, el Dr. Juan J. Remos.

Su libro está dividido en dos partes, como se advierte en el título, en la primera, se estudia el desarrollo del concepto del "Nuevo orden mundial", que como señaló Octavio Costa, coincidiendo con Remos, precisamente en un comentario sobre esta obra, es un eufemismo con el que se ha venido embozando a una conspiración dirigida a establecer un gobierno mundial y en la segunda parte, "Cuba en la órbita de la gran conspiración" se analiza los efectos que este proceso de entendimiento con el imperio soviético fuera causa principal de que la política exterior de este país conspirara paradójicamente contra sus propios intereses nacionales y permitiera la permanencia del régimen castrista en nuestra patria. Paradoja todavía mayor, si se tiene en cuenta que dicho imperio soviético, por propia definición ideológica pretendía la imposición del modelo marxista de la supuesta dictadura del proletariado al mundo entero y por lo tanto, por principio y en la práctica, nunca estuvo dispuesto a ningún entendimiento y solamente utilizó siempre la mesa de negociaciones como medio de viabilizar sus nefastos propósitos. Desgraciadamente, después de fracasado el comunismo en todos los países del imperio soviético, todavía se sigue ayudando a la supervivencia del gobierno totalitario y comunista de Cuba.

El aporte sustancial de este libro consiste en que esta tesis central sobre este complicado proceso histórico está analizada con objetividad y una extraordinaria claridad racional, a pesar de que por su propia naturaleza sociológica e histórica hubiera podido ser eminentemente especulativa. Además está muy bien fundamentada con las correspondientes citas de las fuentes más adecuadas, lo que ha conllevado un trabajo de investigación portentoso, que demuestra al propio tiempo el conocimiento profundo del autor en el campo de la política internacional. No se trata de una apasionada tesis en que la ética y la justicia de la causa pudieran suplir la falta de seriedad analítica. Por el contrario, estamos en presencia de un riguroso análisis en que las constantes citas textuales de fuentes, que se acercan al centenar y que van probando los hechos mencionados por el autor, van convenciendo al lector más escéptico con el fundado análisis con que Remos plantea su tesis de que el propósito de dominio mundial que caracterizó al materialismo histórico marxista entronizado en el imperio soviético, fue ayudado por una conspiración mundial en la que participaron figuras destacadas del mundo empresarial, de las jerarquías políticas y de la intelectualidad mundial. Remos no se adentra en un campo especulativo sino que reproduce concretamente las afirmaciones y actuaciones de esas figuras y con método y rigor, ofrece al lector escuetamente, los resultados de sus intervenciones. Por ejemplo nos detalla todo lo negativo que él considera, fueron las gestiones de una figura tan respetada como es Henry Kisssinger, al frente de las relaciones internacionales de este país y sus luchas en el campo ideológico con dos figuras prominentes de los Estados Unidos de decidida posición anticomunista, el entonces Secretario de Defensa James Schlesinger, quien se vio forzado a renunciar, y el Embajador en la ONU Patrick Moyniham, que fue después Senador por el Estado de New York quien, en aquella ocasión, fue cesanteado. La política de apaciguamiento y contención frente al evidente proceso expansionista del imperio soviético que tuvo una mayor acentuación a partir de la Segunda Guerra Mundial es analizada por Remos con erudición y seriedad. El historiador siempre va a las fuentes y transcribe no sólo los hechos en su cruda realidad sino hasta trae a colación las visiones retrospectivas de algunas autoridades soviéticas.

Es impresionante y demoledor, el escueto y medular acápite que dedica a la expansión geográfica del imperio soviético. Reproduzco un párrafo del libro que pone de manifiesto la gran tragedia que la historia de la civilización experimentó en este agónico siglo XX y que todavía sigue teniendo hondas repercusiones en muchos pueblos del mundo como el nuestro. Señala así Remos:

> Cerca de 50 países llegaron a caer en la órbita de la URSS –muchos de ellos no obstante de la política de la Contención– y formaron el imperio colonial soviético (imperialismo funesto del que no se hablaba) amén de otros tantos en que la influencia comunista era decisiva» y más adelante agrega: «Desde 1917 hasta la desintegración del imperio soviético, el crecimiento geográfico del comunismo fue asombroso y se debió en su mayor parte a la política observada por Washington, no a las bondades del sistema ni al

humanitarismo de sus jerarcas. Se trata de otro hecho evidente de la política que se está denunciando en este libro y que sirve de base para una teoría seria sobre por qué el comunismo pudo avanzar lo que avanzó hasta su desintegración institucional como Estado, en 1991, con algunas excepciones, tales como Cuba y China (106-07).

Esto es lo que es este libro, una teoría seria, planteada con un adecuado uso de una metodología moderna que va a las fuentes, ya sea las de este país o las del mundo entero. Sabemos que este libro será o interesadamente desconocido, o impugnado, por la izquierda militante de este país y de todo el globo terráqueo. Podrán discutirse las motivaciones de la conducta de estos protagonistas históricos y éstas, sólo Dios podrá saberlas, pero el peso de los hechos aquí presentados hará enfrentarse a muchos lectores a las ocultas razones que han motivado este imprevisto y onírico proceso en que la democracia –que si quizás no es el mejor sistema de gobierno que pueda descubrir el hombre, es sin duda, como decía el filósofo español José Ortega y Gasset, el que, entre lo que tenemos, mejor asegura la libertad humana– parecía que iba a desaparecer del lento camino del hombre para el logro de esa libertad que es tan intrínseca a su esencia espiritual.

Ariel Remos ha servido con este libro a su patria con inteligencia, erudición y valentía moral pero también ha servido a la Humanidad porque del conocimiento de los errores del pasado siempre puede surgir un futuro mejor y porque, aunque derrotado el sistema comunista, por ser negador de la esencia espiritual humana, todavía tiene demasiados intereses internacionales que lo protegen. Se sitúa así Remos en una línea del pensamiento cubano que, desde el inicio del marxismo. denunció su malvado contenido. Recuérdese tan sólo que nuestro Enrique José Varona le llamó ya a fines del siglo XIX peligrosa quimera, y que nuestro apóstol José Martí advirtió que el culto a la libertad y a la dignidad humana eran elementos que había que tener en cuenta en cualquier intento de transformación social.

Este libro, que por su dimensión universal debía traducirse a muchos idiomas, el inglés, el primero de ellos, es otro aporte sustancial del exilio cubano en su inquebrantable lucha ideológica contra el régimen marxista que sufre nuestra patria. Lucha de cerca de cuatro décadas que ha sido regada por la sangre de nuestros nuevos mártires y que no terminará, pese a los nuevos esfuerzos de la conspiración internacional, hasta que el sueño del mártir de Dos Ríos se vuelva a hacer realidad, cuando de las cenizas del odio surja una república basada en la doctrina del amor que proclamó el Manifiesto de Montecristi.

ERNESTO CHE GUEVARA; MITO Y REALIDAD DE ENRIQUE ROS

Este nuevo libro del destacado historiador cubano Enrique Ros, *Ernesto Che Guevara: Mito y realidad,* publicado en Miami por la Editorial Universal, ha tenido en la prensa hispana de este país una calurosa acogida. Con éste, su séptimo libro, Ros continua la muy meritoria e importante labor de enfrentarse con rigurosidad y método a los tristes y dolorosos acontecimientos que el pueblo cubano ha vivido en las últimas décadas en que se produjo la implantación de un régimen dictatorial marxista que ha cercenado la libertad y el sistema democrático que caracterizó a nuestra República, pese a las temporales convulsiones que todo nuevo estado ha sufrido en la Historia. Régimen comunista que en definitiva despojó al sufrido pueblo de Cuba de sus derechos humanos.

Claro está que al enfrentarse Ros a acontecimientos recientes y poner en evidencia el fracaso extraordinario que ha constituido el proceso revolucionario comunista que ha lanzado a millones de cubanos al extranjero y ha sumido en miseria y desesperación al pueblo de la Isla, estaba corriendo el riesgo, como él sabía, de que determinados críticos, políticamente vinculados a la izquierda internacional, objetaran –como lo habían hecho con otros libros de cubanos exiliados en que se denunciaba al régimen castrista– que los mismos podían padecer de cierta falta de esa objetividad que es requisito fundamental de toda historia, porque, alegaban que hay demasiada cercanía temporal entre el historiador y los hechos estudiados para que aquél tenga una serena visión de los mismos. Sin apenas, podernos detener a entrar a discutir a fondo ese argumento por obvias razones de tiempo, hay que ponerle de inicio como reparo, la gran cantidad de libros de historia escritos por muy reconocidos y respetados autores contemporáneos de la época estudiada, así como también, subrayar que para muchos estudiosos, el hecho de que el historiador sea testigo presencial de los hechos, resulta un elemento muy positivo para una más adecuada y completa visión de aquéllos, además de que el mismo disfruta en esa circunstancia, de un más amplio y fácil acceso a la documentación requerida.

Lo cierto es que en el caso específico de Enrique Ros, el extenso y laborioso proceso de investigación que este historiador siempre lleva a cabo, la rigurosa y muy amplia verificación y evaluación de fuentes documentales que constantemente realiza, las numerosas entrevistas que les hace a figuras que o bien han sido protagonistas de los hechos ocurridos o han estado muy vinculadas a los mismos, en resumen, la seriedad, laboriosidad y acuciosidad que caracterizan la labor de Ros, le ha dado una extraordinaria solidez documental a sus libros. Esto, sin duda, ha determinado que algunos defensores muy militantes del régimen marxista cubano no hayan intentado la impugnación de los hechos que el historiador ha presentado porque en definitiva los mismos estaban muy bien documentados y lo que han hecho estos críticos marxistas es desconocer la existencia de esta importante obra. Ese intento ha fallado totalmente debido al extraordinario éxito editorial y la positiva, amplia y merecida repercusión exegética de esta valiosísima contribución al estudio de la contemporánea historia de Cuba.

Sentada esta premisa, que es muy fundamental y significativa, pasemos a enfrentarnos al estudio de su último libro, *Ernesto Che Guevara: mito y realidad*. Lo primero que cabe subrayar es lo afortunado del título de esta biografía. El autor pretende demostrar en su objetiva y fundamentada visión de Guevara, hasta qué punto es falso el mito de «guerrillero heroico» que se ha construido en torno a esta figura por autores en mayor o menor medida vinculados a la ideología marxista de aquél. Es decir, estamos frente a un problema fundamental para la Historia, el problema de la verdad, que es consustancial a los estudios históricos y que es el fin que debe perseguir la labor de todo historiador.

En el fondo, este problema está muy relacionado con cierta característica que tienen las obras de Enrique Ros, que he venido destacando desde hace algún tiempo. Ya en alguna ocasión anterior me referí al matiz ensayístico que alcanza en ocasiones los libros de este autor. Ros sabe. como Housman, que en el cultivo de la Historia la precisión es un deber, no una virtud, afirmación en la que coincide el eminente historiógrafo inglés Edward H. Carr, que en su fundamental libro ¿*Qué es la Historia?*, señalaba que la precisión es una condición necesaria de la obra histórica pero no su función esencial y aclaraba lúcidamente que «Los hechos sólo hablan cuando el historiador apela a ellos; él es quien decide a qué hechos se da paso y en que orden y contexto hacerlo»(15). En efecto, Ros nos presenta en este libro los hechos estrictamente documentados que van a demostrar que la vida y la conducta del biografiado no corresponden a la caracterización mitológica que algunos de sus biógrafos, condicionados, como hemos dicho, por sus intereses y orientaciones políticas de izquierda, pretenden crear y esta tesis, que es el tema central de esta valiosa biografía, está avalada por un abundante, riguroso y fundamentado análisis y es uno de los méritos más relevantes de esta obra, además de otras destacadas cualidades a las que aludiré más adelante.

Este libro está dividido en diecisiete capítulos que pudiéramos agrupar a los efectos de esta presentación, en cuatro etapas básicas de la vida de Ernesto Guevara. La primera, que comprendería los primeros seis capítulos, incluiría sus primeros años y sus estudios en la Escuela de Medicina de la Universidad de Buenos Aires, que lo llevaron a su supuesto doctorado, pues con extraordinaria precisión apunta el biógrafo la imposibilidad de haber tomado y aprobado tantas difíciles asignaturas de esa carrera en el increíble tiempo en que se dice que los efectuó, a lo que se une la sospechosa desaparición de su personal expediente académico en esa universidad. También se incluye su viaje emprendido, según sus propias cartas a familiares y amigos, en busca de aventuras y bienestar económico, que lo llevó a Guatemala y a México, en donde conoció a Fidel Castro.

La segunda etapa se extiende en el libro del capítulo VII al IX y se refiere a su participación en la revolución tanto en la Sierra Maestra como en las Villas y, según los testimonios siempre documentados de sus propios compañeros de armas, se muestra al biografiado, cobarde, muy cruel, inhumano e injusto. En resumen, Enrique Ros, a través de la presentación de los hechos, que, con gran habilidad narrativa integra con las fuentes que los avalan sin interrumpir la fluidez del relato, va mostrando que Guevara carecía de valentía, humildad, tolerancia, amor por los débiles, desinterés, auténtica devoción por una causa noble, es decir, que pone de manifiesto que el biografiado no tenía ninguna de las características que conforman la figura del héroe según los cánones épicos, sino que, por el contrario realmente estaba muy alejado de la heroicidad que le atribuyen sus oficiosos biógrafos. Al propio tiempo, nuestro autor hace evidente la desmedida ambición y egocentrismo del biografiado, que muestra que más que en la lucha, de la que estuvo en muchas ocasiones constantemente alejado, estaba particularmente interesado en ser objeto de entrevistas por los representantes de la prensa nacional e internacional.

La tercera etapa corresponde a los otros tres capítulos siguientes, es decir, desde el X al XII, que relatan la funesta e infecunda participación del biografiado en el régimen revolucionario. En estos capítulos, se describen los fusilamientos constantes efectuados en el Castillo de la Cabaña de la Habana, que estaba bajo su comandancia, juicios que fueron en realidad tristes parodias de procedimientos judiciales, pues en ellos se despojó a los acusados de todas las garantías jurídicas por las que la Revolución decía haber luchado. También se nos muestra fehacientemente la incapacidad de Guevara, en la presidencia del Banco Nacional y el Ministerio de Industria. A continuación, se nos documenta el ostracismo a que el audaz argentino empezó a ser sometido. Guevara fue mirado con desconfianza por Castro más por su egocentrismo, que por sus excesos y su incapacidad e ineficiencia que, en definitiva, serían la tónica del nuevo régimen y por eso Guevara fue alejado del poder y utilizado en labores de menor trascendencia como lo eran los discursos de adoctrinamiento marxista en la isla a obreros y estudiantes, sometidos diariamente a esta clase de enseñanzas dogmáticas y sus viajes, sin realmente misiones importantes, a la Unión Soviética y los países del llamado Tercer Mundo.

Es formidable la investigación llevada a cabo por Ros para hacer evidente la marcada intención del gobierno castrista de desconocer a Guevara, alejándolo del poder político y haciendo que su nombre apenas apareciera en la prensa que, como se sabe, realmente había desaparecido completamente como poder independiente ya que quedó reducida a un órgano de propaganda del régimen. Otro valioso aporte del libro es la descripción del fracaso de Guevara cuando estuvo al frente de la misión castrista en África. Ya Ros había mostrado su excelente dominio del tema en su quinto libro *La aventura africana de Fidel Castro* al mostrar las condiciones políticas, sociales e históricas que condicionaron el fracaso de este malhadado proyecto del marxismo cubano, pero aquí en esta biografía, nuestro historiador se concentra en las características psicológicas de la personalidad de Guevara, a la luz del propio diario del fracasado guerrillero, que precipitaron la derrota absoluta de las huestes cubanas.

La cuarta parte de esta biografía de Ernesto Guevara corresponde a su intento de crear un foco guerrillero en Bolivia que lo llevó de nuevo al fracaso y esta vez a la muerte. Foco de insurrección que se creó inmediatamente después de su derrota en África, pues se negaba a volver derrotado a Cuba y todavía no había salido de ese continente, ya estaba despachando desde allí sus primeros representantes para Bolivia. Guevara enviaba estos apoderados a Bolivia con el objeto de evaluar los factores geográficos del país y encontrar los lugares más propicios para iniciar nuevamente la guerra de guerrillas, esta vez en el continente sudamericano, aunque con su manera especial de ser prescindió, para este proceso preparatorio de la subversión, de la ayuda de los que debieron haber sido su selección más lógica, los dirigentes del partido comunista en ese país. Esa etapa final de su vida aventurera aparece narrada en los cinco capítulos que van del XIII al XVII.

Esta minuciosa y muy documentada descripción de tan rotundo fracaso pone de manifiesto como Guevara no tuvo en cuenta no sólo la falta de adecuación de los lugares escogidos para iniciar esa guerra de guerrilla –clase de campaña militar que requería por su naturaleza ciertas condiciones especiales para poder subsistir en ella– sino también el hecho de que él no se preocupara personalmente de adquirir un previo conocimiento de las características del campesino boliviano, factor humano fundamental con el que había que contar en el proyecto que se había propuesto. Esta parte final de la vida del «Che», es otro de los singulares aciertos del biógrafo, pues como resultado de su extraordinaria investigación, Ros pudo brindar al lector una muy amplia información que da mucha luz, como lo dio en los anteriores capítulos sobre la derrota en África, de las fundamentales razones del fracaso de Guevara. Contrariamente a biografías del «Che» que son realmente exaltaciones apologéticas y en las que sin embargo, se hace muy pocas y oscuras referencias a este breve pero fundamental período de su vida que lo conduciría a la derrota, al abandono de sus compañeros de armas y a la muerte, la biografía de Ros dedica una significativa parte de la misma a aclarar con objetividad el fracaso final del biografiado y las razones que lo determinaron, es decir: su falta de capacidad como dirigente; su ignorancia absoluta de las tácticas militares adecuadas al tipo de combate que estaba llevando a cabo, pese a su auto proclamada maestría en la materia y su falta de análisis ante determinadas circunstancias que no supo prever como la ausencia de simpatía del campesinado boliviano por la causa revolucionaria. En fin, el fracaso de Guevara se debió, apunta el biógrafo, por una parte, a que no tuvo en cuenta factores básicos como fue por ejemplo, su descuido de las muy importantes relaciones humanas y por la otra, al intencionado abandono en que lo sumió la dictadura cubana después de haberlo incitado a emprender esa empresa.

Esta obra termina con tres muy útiles instrumentos de estudio que la complementan y que pueden ser de gran ayuda para los historiadores y estudiosos de las últimas décadas de Cuba o para cualquier lector interesado en estas materias: una bibliografía selecta y muy valiosa sobre los libros escritos sobre Guevara y los acontecimientos históricos que estuvieron muy ligados con sus actividades o condicionaron en mayor o menor medida su vida; una relación de las entrevistas realizadas por Ros para esta biografía, cuya mera lectura demuestra la importancia de las figuras entrevistadas, lo que se corrobora en la lectura del libro en el que aparecen muy felizmente integrados los aspectos de las mismas que son relevantes para este desarrollo biográfico que se efectúa y por último, un índice onomástico que puede facilitar a todo estudioso de la Historia de Cuba un más eficaz acceso a la persona objeto de su investigación. Esta biografía está avalada además por un interesante y luminoso prólogo de Virgilio Beato en el que se subraya la lamentable mitificación de Ernesto Guevara en un sucinto y muy valioso análisis histórico y socio-político, en el que se destacan además, los grandes aciertos de esta obra de Ros.

En resumen, este libro está escrito en ese estilo claro y sencillo de Ros que ha hecho a sus obras fáciles de entender por muy amplios y diversos estratos de lectores. Estilo que posee una amenidad expositiva que coopera fundamentalmente a atraer y mantener la atención del lector y a la que contribuye en buena medida, ese sutil colorido que él sabe brindar a los hechos que narra y que en modo alguno los desvirtúa, sino que surge de la importancia y trascendencia de los mismos. Ya hemos mencionado, y ahora reiteramos, la firme y sólida documentación que caracteriza la obra de Enrique Ros como historiador y que es consecuencia necesaria de su portentosa tarea de investigación, y la que, por presentarse con sofrenada modestia no molesta nunca al lector sino que, integrada al hilo expositivo, se convierte en otra de sus virtudes. Todo ello unido a su proverbial objetividad, que siempre está fundamentada, y a su juicio certero y analítico, en el que a veces la veracidad de los hechos narrados viene reiterada por la alusión a las diferentes fuentes documentales que la avalan.

Creo que este libro es otra aportación de trascendencia a esa meritoria labor que él viene desarrollando desde hace muchos años. Ese constante trabajo de defensa de la verdad, tan desvirtuada por muchos intereses políticos y doctrinales que ya han fracasado ante la Historia pero que todavía mantienen influencia en los medios de comunicación, es una manera tan alta de servir a la patria como la fue su lucha en la clandestinidad, pero ahora, como entonces, este historiador siempre ha sabido defender con nobleza e integridad el sueño republicano y democrático de nuestro José Martí. Enrique Ros ha puesto su inteligencia y su gran laboriosidad al servicio de la verdad, de la libertad, de la espiritualidad humana y de la patria. Para él, servir a Cuba es su más preciada recompensa.

LA REVOLUCIÓN DE 1933 DE ENRIQUE ROS

Es para mí una honda satisfacción venir hoy a esta tribuna de Pro-Cuba, de tantas resonancias patrióticas, a presentar el recién publicado libro *La Revolución de 1933* del destacado historiador cubano Enrique Ros. Desde hace ya algunos años he venido señalando la extraordinaria labor de los intelectuales cubanos exiliados de estudiar con rigurosidad y detenimiento el pasado cultural de Cuba en todas sus manifestaciones, es decir, tanto en lo que se refiere a las artes, la literatura, la filosofía, la historia, la psicología, la sociología, etc., y he señalado como causa dos factores que han condicionado tal actitud.

El primero surge de esa necesidad espiritual que tiene todo desterrado, de tratar de compensar en algo la angustia tremenda que produce ese horrible desarraigo, con el acercamiento que conlleva la inmersión en el pasado cultural de su amada patria, puesto que es una manera muy hermosa y muy fecunda de traerla consigo a tierras que no porque hayan sido y sean muy generosas, no dejan de ser extrañas. El segundo, tiene su raíz en el hecho de que nuestros escritores exiliados se dieron cuenta de inicio de la urgencia de destacar la importancia de la gran tradición cultural de Cuba pues comprendieron que innegablemente el gobierno marxista cubano intentaba reescribir el pasado y para ello tuvo, desde los primeros momentos, el marcado interés de controlar todos los medios de comunicación pública y desconocer absolutamente la amplia y muy valiosa tradición cultural de nuestro pueblo. Tal deshonesta política –muy en concordancia con el relativismo ético del comunismo– estaba encaminada a presentar todos nuestros grandes logros como contribuciones de la revolución triunfante.

En cuanto a los estudios históricos específicamente, es indudable la portentosa labor que los historiadores cubanos –los que salieron de Cuba con una amplia y reconocida obra y los nuevos valores que surgieron dentro de este doloroso destierro– han llevado a cabo en más de cuatro décadas que lleva la dictadura comunista en el oprobioso poder, para desgracia de nuestro pueblo. Esta brillante labor de los historiadores exiliados ha comprendido desde el enfrentamiento a la totalidad del proceso histórico de Cuba, la denuncia a los horrores que caracteriza al régimen comunista y la evaluación de sus causas, hasta el análisis riguroso de las fallidas ambiciones internacionales del actual gobierno cubano. Lo que quiero destacar es que esa labor de los historiadores del exilio, pese a que han tenido que costear sus propias investigaciones y llevar a cabo su obra con gran sacrificio personal, ha superado absolutamente en todos los aspectos, las aportaciones de los historiadores oficiales de la Cuba comunista, fundamentalmente porque éstos, dado el régimen de terror que implantó el gobierno, han tenido que adaptarse a los objetivos distorsionadores antes aludidos y también, porque sin libertad de pensar no existe una genuina labor creativa ni exegética, en ninguna rama del saber humano.

Este libro de Enrique Ros, *La Revolución de 1933* es un típico ejemplo de todo lo que hemos señalado previamente. La posición de Enrique Ros en la Historiografía cubana ya estaba bien acreditada por los nueve valiosos libros que lo preceden. En ellos, se evidencian, como en el presente, las características que le han ganado el reconocimiento que merece. Ros es un historiador muy laborioso y serio. Cada uno de sus libros muestra bien a las claras una investigación extensa y cuidadosa, que se plasma en el texto con la constante documentación, pero que para la feliz integración del desarrollo narrativo, aunque se le alude en la obra, es en las notas al pie, donde se especifica la identificación de sus fuentes.

En este libro también apela Ros a la entrevista de personajes históricos y en frecuentes casos acude a las Memorias de éstos y a sus escritos en libros, periódicos y revistas, y en el caso de los funcionarios diplomáticos norteamericanos en Cuba, a los archivos oficiales del gobierno de este país, siempre con el propósito de enfrentar al lector directamente a las fuentes originales. En otras ocasiones los entrevistados son valiosos y acuciosos testigos, pero toda esta información proveniente de distintas fuentes que a veces resultan contradictorias pues están sujetas a las perspectivas personales de los que brindan la información, siempre se somete a una cuidadosa evaluación del autor que, con un subyacente matiz didáctico, reitera la importancia y las consecuencias del hecho que ha venido iluminando con gran cuidado, dada su moderación y objetividad características, y la abundancia de la documentación que con su riguroso trabajo ha recogido. Todo lo cual está estrechamente ligado a ese permanente intento de verificación de los hechos, que está siempre patente en toda su obra.

Estructuralmente el libro que hoy presentamos está dividido en catorce capítulos en los que se presenta este período de tan extraordinaria importancia en la Historia de Cuba. Los mismos comprenden las diferentes etapas del proceso revolucionario que por razones de las limitaciones que tiene toda presentación, podemos sintéticamente reducirlas a las siguientes. La primera comprendería los capítulos del primero al cuarto y se inicia con la elevación a la presidencia de la República de Cuba de Gerardo Machado el 20 de mayo de 1925, producto de las elecciones de 1924. Ros señala que pronto la euforia inicial que acogió su elección empieza a reducirse cuando Machado incumple sus dos promesas electorales fundamentales, la de no contratar más empréstitos extranjeros y la de no ir a la reelección, y no sólo contrató préstamos por cien millones de dólares con dos bancos norteamericanos, sino en diciembre de 1925, ya el Poder Legislativo que el Presidente controlaba, aprobaba una nueva ley electoral que impedía la reorganización de los partidos políticos existentes y la creación de nuevos partidos y en marzo de 1927 se aprobaba en el Congreso una modificación de la Constitución de 1901 encaminada a facilitar su prórroga en el poder. El historiador le da al acto su verdadera significación; fue en definitiva, dice, otro paso hacia una dictadura en ciernes.

Estos cuatro capítulos iluminan ese gran período convulso en que se suceden hechos de gran importancia histórica: la formación de los directorios estudiantiles, el de 1927 y el de 1930; la lucha estudiantil contra la prórroga de poderes de Machado; la intensificación constante de la represión brutal del régimen; las distintas posiciones políticas dentro del recinto universitario (que son analizadas muy objetivamente por Ros); la oposición al gobierno que surge fuera de la Universidad; el fallido intento de rebelión en Río Verde y la fracasada expedición de Gibara; la posición de los dirigentes de aquellos tradicionales partidos políticos que estuvieron en contra del régimen de Machado; la creación y la lucha que lleva a cabo en este período el ABC; los intentos de conciliación, partiendo de las gestiones de Manuel Márquez Sterling; continuando con los esfuerzos en 1931 del embajador norteamericano Henry F. Guggenheim, que tuvo relaciones muy cordiales con el presidente cubano en los cuatro años que estuvo en Cuba y terminando con la mediación del nuevo embajador Summer Welles, que tan directa participación tendría en los importantes acontecimientos que se estaban produciendo.

El historiador narra las reuniones de Welles con Machado, nebulosas e imprecisas al principio, pero que van extremando la presión sobre el gobierno; sus gestiones con figuras del ejército y de la oposición política; la aceptación con salvedades que hace el ABC de la mediación; el repudio a la misma de los estudiantes, que la calificaban de intervencionista; los reparos del propio Roosevelt a la forma poco diplomática en que en ocasiones incurría Welles en su labor; la huelga que se inicia el 4 de agosto de 1933 y la salida de Cuba del dictador el día 12 de ese mes.

La presentación de Ros de este proceso es un ejemplo de esas técnicas narrativas a las que hemos aludido previamente. Cuando comienza la mediación, transcribe para el lector las instrucciones del Secretario de Estado de los Estados Unidos Cordel Hull a Summer Wells, que toma de los Archivos diplomáticos de la Secretaría de Estado de este país y subraya la solapada amenaza de intervención, con las referencias que se hace en este documento al Tratado de París y a la Enmienda Platt. Aquí contrasta su contenido con la fe inicial de Machado, basada en su primera conversación con el Embajador en la presentación de sus credenciales y la carta manuscrita de Roosevelt, que le fue entregada por aquél, en relación a que la función fundamental de Wells en Cuba iba a ser el planeamiento del nuevo tratado comercial entre los dos países, opinión de Machado que fundamenta el historiador, citando textos de su obra *Ocho años de lucha*.

La segunda etapa de este proceso revolucionario que cubre los gobiernos de Carlos Manuel de Céspedes y Ramón Grau San Martín está estudiada en los cuatro capítulos siguientes desde el V hasta el VIII. Ros explica que el gobierno de Céspedes estuvo apoyado por el mediador Wells y que las facciones que respaldaron la mediación participaron fundamentalmente en el Consejo de Ministros, pero que este gobierno tuvo de inicio la oposición de los sectores que habían denunciado la mediación de Wells, como el Directorio Estudiantil Universitario y grupos revolucionarios de orientación de izquierda. También se opusieron a Céspedes, algunos exiliados prestigiosos que regresaban a la isla que habían tenido que abandonar por su abierta oposición a Machado. Aunque las primeras declaraciones de Céspedes mostraron su sinceridad y buenos propósitos y su inicial medida fue derogar la Constitución de 1928 establecida por Machado y poner en vigor la Constitución de 1901, lo cierto es que los sectores de oposición pedían cambios más profundos y con ello expresaban el sentir más generalizado del pueblo cubano. El propio Summer Wells, pese a la simpatía que mostraba al nuevo gobierno, aconsejaba al Ministro de Estado norteamericano en mensajes oficiales –que intercala Ros en su libro– que la solución más conveniente sería convocar nuevas elecciones en los próximos tres meses para darle constitucionalidad al nuevo gobierno que resultara electo.

La sublevación de sargentos y soldados en el Campamento de Columbia –dirigido por los sargentos Pablo Rodríguez y Fulgencio Batista con el apoyo del Directorio Estudiantil Universitario– determinó la caída del gobierno de Céspedes y su sustitución por la llamada Pentarquía, gobierno colegiado de efímera duración. A ésta le sigue la presidencia de uno de sus miembros, el Dr. Ramón Grau San Martín, que tiene como aporte indiscutido una valiosa legislación social que comprende la ley del 50%, la jornada máxima de ocho horas, el establecimiento del salario mínimo y una serie de medidas encaminadas a la efectiva protección del mismo y a la creación de la Secretaría del Trabajo y otras leyes afines. Ros se enfrenta aquí al largamente discutido asunto de a quién le corresponde la paternidad de esa legislación, al presidente Grau o a su Ministro de Gobernación Antonio Guiteras y deslinda con objetividad, como promete, a quien le correspondió cada iniciativa.

Imposible en esta presentación, detenernos en cada uno de estos aspectos, pero a pesar de la turbulencia del acontecer público que capta, del creciente apasionamiento que percibe en las masas populares durante los gobiernos que se suceden –porque en definitiva dichos gobiernos no eran el producto de elecciones en que se hubiera manifestado el poder del pueblo– el pueblo, en definitiva, seguía soñando con la creación de una Convención Constituyente que plasmara sus genuinas apetencias. Enrique Ros, genuino historiador, con su moderación, su objetividad, su numerosa documentación, va señalando logros y errores, vacilaciones y excesos de los gobiernos y los partidos de la oposición, siempre en busca de la verdad.

Las dos últimas etapas del período que Ros estudia en este libro son la tercera que se desarrolla en dos capítulos, el IX y el X, y que incluye el gobierno del Coronel Carlos Mendieta y la cuarta, que comprende los últimos cuatro capítulos del texto, es decir del XI al XIV, comienza con las elecciones generales de 1936 en que fue electo Presidente de Cuba el Dr. Miguel Mariano Gómez; continúa con su deposición y su sustitución por el Vicepresidente Federico Laredo Brú, y finalmente lo que Ros llama el camino electoral que conduce hacia la Asamblea Constituyente de 1940.

Como señala Ros, Mendieta intentó constituir un gobierno de concentración nacional y logró la cooperación de tendencias políticas que se habían opuesto al gobierno de Machado, que incluían, además de los nacionalistas que orientaba el propio Mendieta, el Conjunto Nacional Democrático que seguía al General Mario García Menocal, el partido Acción Republicana que encabezaba Miguel Mariano Gómez y el ABC que tenía al frente a Joaquín Martínez Sáenz y Carlos Saladrigas. El gobierno de Mendieta falló en su propósito de lograr una amplia unidad política nacional, no pudo contener la ola de violencia desatada en el país y perdió por problemas políticos el apoyo de fundamentales sectores de su gobierno. Ante su renuncia y la del Coronel Cosme de la Torriente que como Secretario de Estado debía substituirlo, lo reemplazó José A. Barnet que era Subsecretario de Estado. Barnet no pudo contener tampoco la ola de violencia que ya parecía endémica al país pero Cuba pudo tener unas elecciones presidenciales en las que en definitiva resultó electo Miguel Mariano Gómez, aunque en el período previo de alineación de los partidos tuviera una participación fundamental, como Ros señala, Fulgencio Batista, Jefe de las Fuerzas Armadas y ya entonces una figura política.

Ros siempre se ajusta a los hechos y como hemos dicho, trata de brindar al lector, de ser posible, las opiniones de las figuras participantes en los mismos. En el debatido problema de la destitución del Presidente Gómez transcribe, por su valor histórico, el veto del mismo a la legislación que creó un impuesto de nueve centavos sobre cada saco de azúcar de fabricación cubana para el establecimiento, ampliación y mejoramiento de las Escuelas Rurales, Cívico-Militares, cuya administración quedaba bajo un Patronato Independiente de dichas escuelas. En su veto el Presidente declaró que estaba de acuerdo con los altos propósitos educativos y sociales pero que vetaba tal legislación porque violaba la Constitución al prescindir de las facultades que dicha Carta Magna confería al Presidente de la República. Con serenidad y rigor, Ros narra el juicio que se le siguió al Presidente Gómez por el Poder Legislativo y que determinó su destitución. El lector queda en posesión de los elementos de juicio necesarios para opinar y juzgar este triste acontecimiento de nuestra historia patria.

En su brillante prólogo a este libro, el Dr. Marcos Antonio Ramos indica que por no limitarse Ros a atender una necesidad o un criterio historiográfico, sus labores representan en cierta forma la continuación de una investigación sobre la historia contemporánea de Cuba, trabajo que le permite una perspectiva envidiable

En el final de su introducción al libro el propio Ros señala: que pretende que sea una contribución al enjuiciamiento imparcial de nuestra historia sin el apasionamiento que, por años, ha dividido a nuestro pueblo. Acertado juicio, aunque hay que eliminar la calificación de modesta que le da a su propia obra, que emana de su natural sencillez. Ros señala que el cubano ha sido injusto en valorar a muchas de las figuras que sobresalieron en esa etapa que estudia y en su libro intenta valorarlas con objetividad.

Logra ese propósito por su moderación y su equilibrio; por ajustarse a la verdad histórica e iluminarla con su portentosa investigación; por sus breves pero fundamentales reparos a las opiniones infundadas que encuentra a su paso al brindarnos las fuentes primarias y secundarias. Cubano integral, que se ha enfrentado en su obra a momentos muy críticos de nuestro acontecer histórico, pero que lo ha hecho con la gracia y el equilibrio que el milagro griego legó a la posteridad, de ahí el merecido reconocimiento que disfrutan sus libros.

PROCEDENCIA DE LOS ESTUDIOS

CONFERENCIAS Y ENSAYOS

Un paralelo entre dos fundadores: Félix Varela y Enrique José Varona. Simposio sobre Félix Varela. Sociedad Cubana de Filosofía. Exilio, Biscayne College, Miami, Florida, hoy Universidad Santo Tomás de Aquino de esa ciudad. Junio 11 de 1977. Publicado en *Homenaje a Félix Varela*. Sociedad Cubana de Filosofía. Exilio. Miami, Fl. Ediciones Universal, 1979, 39-56.

Significación de Eduardo Facciolo en la Historia de Cuba. Publicado en *El Ultramarino,* Miami, Fl. en cuatro números del 2004: Abril, 12-13; Junio, 6-7; Julio, 14-15 y septiembre, 4-5.

La Guerra de los Diez Años y la formación de la conciencia nacional cubana. XXXIX Congreso Anual del CCP. Con la copatrocinación de The William Paterson University of New Jersey. Sábado 3 de noviembre de 2001. Fue Publicado en Asociación Literaria Calíope. *Las minorías determinantes.* Madrid, Editorial Calíope, 2003, 112-129.

Antonio Maceo y su trascendencia histórica. Velada Conmemorativa del CVII Aniversario de la muerte en combate del General Antonio Maceo y Grajales. Asociación Pro-Cuba de Elizabeth, NJ. Diciembre 21 de 2003. Inédito.

Gertrudis Gómez de Avellaneda a la luz de la crítica de Enrique José Varona. Simposio en el Centenario de la Avellaneda. State University of New York at New Paltz. Octubre 26-28 de 1973. Publicado en Gladys Zaldívar y Rosa Martínez de Cabrera. Editores. *Homenaje a Gertrudis Gómez de Avellaneda.* Memorias del Simposio en el centenario de su muerte. Miami, Fl. Ediciones Universal, 1981, 213-223.

La gran tradición de la crítica cervantina en Cuba. XLIII Congreso Anual del Círculo de Cultura Panamericano. Con la copatrocinación de The William Paterson University of New Jersey, 4 de noviembre del 2005. Fue publicado en *Círculo: Revista de Cultura,* Vol. XXXV, 2006, 20-31.

***Mirando en torno* de Enrique José Varona: esclarecedor análisis de los inicios de la República.** XLVI Congreso Anual del CCP.

Copatrocinado por The William Paterson University of NJ. Sábado 8 de noviembre de 2008. Inédito

Problemática de la presencia del positivismo en Cuba e Hispanoamérica. XXIV Congreso Cultural de Verano. University of Miami. Koubek Memorial Center. Sábado 24 de julio de 2004. Inédito

La ensayística de José Martí y Enrique José Varona. XII Congreso de la Asociación Internacional de Hispanistas. Birmingham, UK. 21-26 de agosto de 1995. Fue Publicado en *Actas del XII Congreso de la Asociación Internacional de Hispanista*. Birmingham, UK. 1995, Tomo VI, Estudios hispanoamericanos I. 19-25.

En torno al primer número de *La Edad de Oro*. Asociación de ex Presos Políticos Cubanos, Union City, NJ. Con ocasión del Centenario de la publicación de *La Edad de Oro*. 1989. Inédito.

Proyecciones históricas de la Constitución de 1940. Asociación Pro-Cuba de Elizabeth, NJ. Acto en Conmemoración del LVII Aniversario de la promulgación de la Constitución de 1940. Julio 5 de 1997. Inédito.

El ensayo en la República. XL Congreso Anual del CCP. Con la copatrocinación de The William Paterson University of New Jersey. Viernes 25 de octubre de 2002. Fue Publicado en *Círculo: Revista de Cultura*. Vol. 32. Año 2003. 17-26.

El reino de este mundo **de Alejo Carpentier: profundo pesimismo ante las revoluciones.** XLII Congreso Anual del CCP. Copatrocinado por The William Paterson University of New Jersey. Sábado 6 de noviembre de 2004. Inédito.

Playa Girón: su significación histórica, Solemne Velada Conmemorativa del Cuadragésimo Octavo Aniversario de Playa Girón, Asociación Pro-Cuba, 17 de abril de 2009. Inédito.

Humberto Piñera Llera y su fecunda labor en el exilio. II Simposio Internacional. «Presencia hispánica en los Estados Unidos». Teachers College. Columbia University. 25 de Mayo, 2002. Publicado en Eduardo Piña Rosales, Nicolás Toscano Liria, Carmen Fernández Klohe, Rafael Corbalán, Oneida Sánchez y Elba Henao, Editores, *Hispanos en los Estados Unidos: Tercer*

Pilar de la Hispanidad. Actas del II Simposio Internacional. Presencia Hispánica en los Estados Unidos, Teachers College, Columbia University, New York, 2004, 113-124.

La mujer cubana en el presidio político marxista. Asociación de Ex Prisioneros Políticos Cubanos. Union City, NJ. Febrero 24 de 2007. Inédito.

El presidio político: voz de la dignidad del pueblo cubano. Homenaje a las Presas Políticas Cubanas Plantadas. Domingo 24 de marzo de 1997. The National Association of Cuban American Women, Union City, NJ. Publicado en *El Ultramarino*, Miami, Fl. Números Junio- Julio 2007, 8-10, y Agosto- Septiembre 2007, 26-28.

La defensa de la dignidad humana en los escritores cubanos del exilio. III Encuentro de Escritores Cubanos Exiliados Residentes en New York, New Jersey, Ontario (Canada) y la Florida. American Pen Club de New York. Sábado 17 de septiembre de 2005. Inédito.

El Círculo de Cultura Panamericano: cuarenta años de lucha por la libertad de pensar. XXIII Congreso Cultural de Verano del CCP. University of Miami. Koubek Memorial Center. Viernes 25 de julio de 2003. Fue publicado en *Círculo Revista de Cultura,* Vol. XXXIV. 2005, 9-20.

Cuba: ausencia presente en el destierro de Alberto Gutiérrez de la Solana. XXXV Congreso Anual del CCP. Con la copatrocinación de The William Paterson University of New Jersey. Fue publicado en *Círculo: Revista de Cultura*. Vol. XXV. 1998, 81-88.

Leví Marrero y su mensaje de fe en el futuro de Cuba. XXVI Congreso Cultural de Verano del CCP. University of Miami, Koubek Memorial Center. Domingo 23 de julio de 2006. Fue publicado en C*írculo: Revista de Cultura,* Vol. XXXVI, 2007, 94-102.

PRESENTACIONES DE LIBROS

Por la libertad de Cuba. Una historia inconclusa de Néstor Carbonell Cortina. Asciación Pro-Cuba de Elizabeth, NJ. Domingo 17 de mayo de 1998. Inédita.

Grandes debates de la Constitución cubana de 1940 de Néstor Carbonell Cortina. Cena Martiana. Acto Conjunto organizado por la Asociación Pro-Cuba de Elizabeth, NJ. y las Instituciones Cívicas y Culturales Cubanas de New Jersey. Hotel Holiday Inn del Aeropuerto de Newark, Domingo 27 de enero de 2002. Una síntesis de la misma fue publicada en *El Ultramarino*, Miami, FL. Número de Marzo de 2003, 24-25.

En torno al nuevo orden mundial. Cuba en la órbita de la gran conspiración de Ariel Remos. Asociación Pro-Cuba de Elizabeth, NJ., Marzo 7 de 1998. Inédita.

Ernesto Che Guevara: mito y realidad de Enrique Ros. Asociación Pro-Cuba. Elizabeth, NJ. Diciembre 7 de 2003. Fue publicada en *Diario Las Américas,* en tres partes que vieron la luz en los números de miércoles 25, sábado 28 y martes 31 de diciembre de 2002.

La revolución de 1933 de Enrique Ros. Asociación Pro-Cuba de Elizabeth, NJ. Domingo, 15 de Mayo de 2005. Inédita.

Otros libros publicados por EDICIONES UNIVERSAL en la COLECCIÓN CUBA Y SUS JUECES

0359-6	CUBA EN 1830, Jorge J. Beato & Miguel F. Garrido
044-5	LA AGRICULTURA CUBANA (1934-1966), Oscar A. Echevarría Salvat
045-3	LA AYUDA CUBANA A LA LUCHA POR LA INDEPENDENCIA NORTEAMERICANA, Eduardo J. Tejera
046-1	CUBA Y LA CASA DE AUSTRIA, Nicasio Silverio Saínz
048-8	CUBA, CONCIENCIA Y REVOLUCIÓN, Luis Aguilar León
049-6	TRES VIDAS PARALELAS, Nicasio Silverio Saínz
051-8	RAÍCES DEL ALMA CUBANA, Florinda Alzaga
118-2	EL ARTE EN CUBA, Martha de Castro
119-0	JALONES DE GLORIA MAMBISA, Juan J.E. Casasús
123-9	HISTORIA DEL PARTIDO COMUNISTA DE CUBA, Jorge García Montes y Antonio Alonso Avila
131-X	EN LA CUBA DE CASTRO (APUNTES DE UN TESTIGO), Nicasio Silverio Saínz
1336-2	ANTECEDENTES DESCONOCIDOS DEL 9 DE ABRIL Y LOS PROFETAS DE LA MENTIRA, Ángel Aparicio Laurencio
136-0	EL CASO PADILLA: LITERATURA Y REVOLUCIÓN EN CUBA Lourdes Casal
139-5	JOAQUÍN ALBARRÁN, ENSAYO BIOGRÁFICO, Raoul García
157-3	VIAJANDO POR LA CUBA QUE FUE LIBRE, Josefina Inclán
165-4	VIDAS CUBANAS - CUBAN LIVES.- VOL. I., José Ignacio Lasaga
205-7	VIGENCIA POLÍTICA Y LITERARIA DE MARTÍN MORÚA DELGADO, Aleyda T. Portuondo
205-7	CUBA, TODOS CULPABLES, Raul Acosta Rubio
207-3	MEMORIAS DE UN DESMEMORIADO -Leña para el fuego de la historia de Cuba, José R. García Pedrosa
211-1	HOMENAJE A FÉLIX VARELA, Sociedad Cubana de Filosofía
212-X	EL OJO DEL CICLÓN, Carlos Alberto Montaner
220-0	ÍNDICE DE LOS DOCUMENTOS Y MANUSCRITOS DELMONTINOS, Enildo A. García
240-5	AMÉRICA EN EL HORIZONTE. UNA PERSPECTIVA CULTURAL, Ernesto Ardura
243-X	LOS ESCLAVOS Y LA VIRGEN DEL COBRE, Leví Marrero
262-6	NOBLES MEMORIAS, Manuel Sanguily
274-X	JACQUES MARITAIN Y LA DEMOCRACIA CRISTIANA, José Ignacio Rasco
283-9	CUBA ENTRE DOS EXTREMOS, Alberto Muller
298-7	CRITICA AL PODER POLÍTICO, Carlos M. Méndez

293-6	HISTORIA DE LA ODONTOLOGÍA EN CUBA. VOL.I: (1492-1898), César A. Mena
310-X	HISTORIA DE LA ODONTOLOGÍA EN CUBA VOL.II: (1899-1940), César A. Mena
311-8	HISTORIA DE LA ODONTOLOGÍA EN CUBA VOL.III:(1940-1958), César A. Mena
344-4	HISTORIA DE LA ODONTOLOGÍA EN CUBA VOL IV:(1959-1983), César A. Mena
3122-0	RELIGIÓN Y POLÍTICA EN LA CUBA DEL SIGLO XIX (EL OBISPO ESPADA), Miguel Figueroa y Miranda
313-4	EL MANIFIESTO DEMÓCRATA, Carlos M. Méndez
314-2	UNA NOTA DE DERECHO PENAL, Eduardo de Acha
319-3	MARTÍ EN LOS CAMPOS DE CUBA LIBRE, Rafael Lubián
320-7	LA HABANA, Mercedes Santa Cruz (Condesa de Merlín)
328-2	OCHO AÑOS DE LUCHA - MEMORIAS, Gerardo Machado y Morales
340-1	PESIMISMO, Eduardo de Acha
347-9	EL PADRE VARELA. Biografía del forjador de la conciencia cubana, Antonio Hernández-Travieso
353-3	LA GUERRA DE MARTÍ (La lucha de los cubanos por la independencia), Pedro Roig
354-1	EN LA REVOLUCIÓN DE MARTÍ, Rafael Lubián y Arias
358-4	EPISODIOS DE LAS GUERRAS POR LA INDEPENDENCIA DE CUBA, Rafael Lubián y Arias
361-4	EL MAGNETISMO DE JOSÉ MARTÍ, Fidel Aguirre
364-9	MARXISMO Y DERECHO, Eduardo de Acha
367-3	¿HACIA DONDE VAMOS? (Radiografía del presente cubano), Tulio Díaz Rivera
368-1	LAS PALMAS YA NO SON VERDES (Análisis y testimonios de la tragedia cubana), Juan Efe Noya
374-6	GRAU: ESTADISTA Y POLÍTICO (Cincuenta años de la Historia de Cuba), Antonio Lancís
376-2	CINCUENTA AÑOS DE PERIODISMO, Francisco Meluzá Otero
379-7	HISTORIA DE FAMILIAS CUBANAS I-VI, Francisco Xavier de Santa Cruz y Mallén
380-0	HISTORIA DE FAMILIAS CUBANAS VI, Francisco Xavier de Santa Cruz y Mallén
408-4	HISTORIA DE FAMILIAS CUBANAS VIII, Francisco Xavier de Santa Cruz y Mallén
409-2	HISTORIA DE FAMILIAS CUBANAS IX, Francisco Xavier de Santa Cruz y Mallén
383-5	CUBA: DESTINY AS CHOICE, Wifredo del Prado
387-8	UN AZUL DESESPERADO, Tula Martí
392-4	CALENDARIO MANUAL Y GUÍA DE FORASTEROS DE LA ISLA DE CUBA
393-2	LA GRAN MENTIRA, Ricardo Adám y Silva
407-6	VIDAS CUBANAS II/CUBAN LIVES II, José Ignacio Lasaga

411-4	LOS ABUELOS: HISTORIA ORAL CUBANA, José B. Fernández
413-0	ELEMENTOS DE HISTORIA DE CUBA, Rolando Espinosa
414-9	SÍMBOLOS - FECHAS - BIOGRAFÍAS, Rolando Espinosa
418-1	HECHOS Y LEGITIMIDADES CUBANAS. Un planteamiento Tulio Díaz Rivera
425-4	A LA INGERENCIA EXTRAÑA LA VIRTUD DOMÉSTICA (biografía de Manuel Márquez Sterling), Carlos Márquez Sterling
426-2	BIOGRAFÍA DE UNA EMOCIÓN POPULAR: EL DR. GRAU, Miguel Hernández-Bauzá
428-9	THE EVOLUTION OF THE CUBAN MILITARY (1492-1986), Rafael Fermoselle
431-9	MIS RELACIONES CON MÁXIMO GÓMEZ, Orestes Ferrara
436-X	ALGUNOS ANÁLISIS (El terrorismo, Derecho Internacional), Eduardo de Acha
437-8	HISTORIA DE MI VIDA, Agustín Castellanos
443-2	EN POS DE LA DEMOCRACIA ECONÓMICA, Varios
450-5	VARIACIONES EN TORNO A DIOS, EL TIEMPO, LA MUERTE Y OTROS TEMAS, Octavio R. Costa
451-3	LA ULTIMA NOCHE QUE PASE CONTIGO (40 AÑOS DE FARÁNDULA CUBANA/1910-1959), Bobby Collazo
458-0	CUBA: LITERATURA CLANDESTINA, José Carreño
459-9	50 TESTIMONIOS URGENTES, José Carreño y otros
461-0	HISPANIDAD Y CUBANIDAD, José Ignacio Rasco
466-1	CUBAN LEADERSHIP AFTER CASTRO, Rafael Fermoselle
483-1	JOSÉ ANTONIO SACO , Anita Arroyo
490-4	HISTORIOLOGÍA CUBANA I (1492-1998), José Duarte Oropesa
2580-8	HISTORIOLOGÍA CUBANA II (1998-1944), José Duarte Oropesa
2582-4	HISTORIOLOGÍA CUBANA III (1944-1959), José Duarte Oropesa
502-1	MAS ALLÁ DE MIS FUERZAS, William Arbelo
508-0	LA REVOLUCIÓN, Eduardo de Acha
510-2	GENEALOGÍA, HERÁLDICA E HISTORIA DE NUESTRAS FAMILIAS, Fernando R. de Castro y de Cárdenas
514-5	EL LEÓN DE SANTA RITA, Florencio García Cisneros
516-1	EL PERFIL PASTORAL DE FÉLIX VARELA, Felipe J. Estévez
518-8	CUBA Y SU DESTINO HISTÓRICO. Ernesto Ardura
520-X	APUNTES DESDE EL DESTIERRO, Teresa Fernández Soneira
524-2	OPERACIÓN ESTRELLA, Melvin Mañón
532-3	MANUEL SANGUILY. HISTORIA DE UN CIUDADANO, Octavio R. Costa
538-2	DESPUÉS DEL SILENCIO, Fray Miguel Angel Loredo
540-4	FUSILADOS, Eduardo de Acha
551-X	¿QUIEN MANDA EN CUBA? Las estructuras del poder. La élite, Manuel Sánchez Pérez
553-6	EL TRABAJADOR CUBANO EN EL ESTADO DE OBREROS Y CAMPESINOS, Efrén Córdova

558-7	JOSÉ ANTONIO SACO Y LA CUBA DE HOY, Ángel Aparicio
7886-3	MEMORIAS DE CUBA, Oscar de San Emilio
566-8	SIN TIEMPO NI DISTANCIA, Isabel Rodríguez
569-2	ELENA MEDEROS (Una mujer con perfil para la historia), María Luisa Guerrero
577-3	ENRIQUE JOSÉ VARONA Y CUBA, José Sánchez Boudy
586-2	SEIS DÍAS DE NOVIEMBRE, Byron Miguel
588-9	CONVICTO, Francisco Navarrete
589-7	DE EMBAJADORA A PRISIONERA POLÍTICA: ALBERTINA O'FARRILL, Víctor Pino Llerovi
590-0	REFLEXIONES SOBRE CUBA Y SU FUTURO, Luis Aguilar León
592-7	DOS FIGURAS CUBANAS Y UNA SOLA ACTITUD (Varela-Mañach), Rosario Rexach
598-6	II ANTOLOGÍA DE INSTANTÁNEAS, Octavio R. Costa
600-1	DON PEPE MORA Y SU FAMILIA, Octavio R. Costa
603-6	DISCURSOS BREVES, Eduardo de Acha
606-0	LA CRISIS DE LA ALTA CULTURA EN CUBA - INDAGACIÓN DEL CHOTEO, Jorge Mañach (Ed. de Rosario Rexach)
608-7	VIDA Y MILAGROS DE LA FARÁNDULA DE CUBA, Rosendo Rosell
617-6	EL PODER JUDICIAL EN CUBA, Vicente Viñuela
620-6	TODOS SOMOS CULPABLES, Guillermo de Zéndegui
621-4	LUCHA OBRERA DE CUBA, Efrén Naranjo
623-0	HISTORIOLOGÍA CUBANA IV, José Duarte Oropesa
624-9	HISTORIA DE LA MEDICINA EN CUBA I: HOSPITALES Y CENTROS BENÉFICOS EN CUBA COLONIAL, César A. Mena y Armando F. Cobelo
626-5	LA MÁSCARA Y EL MARAÑÓN (La identidad nacional cubana), Lucrecia Artalejo
639-7	EL HOMBRE MEDIO, Eduardo de Acha
644-3	LA ÚNICA RECONCILIACIÓN NACIONAL ES LA RECONCILIACIÓN CON LA LEY, José Sánchez-Boudy
645-1	FÉLIX VARELA: ANÁLISIS DE SUS IDEAS POLÍTICAS, Juan P. Esteve
646-X	HISTORIA DE LA MEDICINA EN CUBA II, César A. Mena y Armando A. Cobelo
647-8	REFLEXIONES SOBRE CUBA Y SU FUTURO, (2ª ed.aumentada), Luis Aguilar León
648-6	DEMOCRACIA INTEGRAL, Instituto de Solidaridad Cristiana
652-4	ANTIRREFLEXIONES, Juan Alborná-Salado
664-8	UN PASO AL FRENTE, Eduardo de Acha
668-0	VIDA Y MILAGROS DE LA FARÁNDULA DE CUBA II, Rosendo Rosell
623-0	HISTORIOLOGÍA CUBANA IV, José Duarte Oropesa
646-X	HISTORIA DE LA MEDICINA EN CUBA II, César A. Mena
679-6	LOS SEIS GRANDES ERRORES DE MARTÍ, Daniel Román

680-X	¿POR QUÉ FRACASÓ LA DEMOCRACIA EN CUBA?, Luis Fernández-Caubí
682-6	IMAGEN Y TRAYECTORIA DEL CUBANO EN LA HISTORIA I (1492-1902), Octavio R. Costa
683-4	IMAGEN Y TRAYECTORIA DEL CUBANO EN LA HISTORIA II (1902-1959), Octavio R. Costa
689-3	A CUBA LE TOCÓ PERDER, Justo Carrillo
690-7	CUBA Y SU CULTURA, Raúl M. Shelton
702-4	NI CAÍDA, NI CAMBIOS, Eduardo de Acha
703-2	MÚSICA CUBANA: DEL AREYTO A LA NUEVA TROVA, Cristóbal Díaz Ayala
706-7	BLAS HERNÁNDEZ Y LA REVOLUCIÓN CUBANA DE 1933, Ángel Aparicio
713-X	DISIDENCIA, Ariel Hidalgo
715-6	MEMORIAS DE UN TAQUÍGRAFO, Angel V. Fernández
716-4	EL ESTADO DE DERECHO, Eduardo de Acha
718-0	CUBA POR DENTRO (EL MININT), Juan Antonio Rodríguez Menier
719-9	DETRÁS DEL GENERALÍSIMO (Biografía de Bernarda Toro de Gómez «Manana»), Ena Curnow
721-0	CUBA CANTA Y BAILA (Discografía cubana), Cristóbal Díaz Ayala
723-7	YO, EL MEJOR DE TODOS (Biografía no autorizada del Che Guevara), Roberto Luque Escalona
727-X	MEMORIAS DEL PRIMER CONGRESO DEL PRESIDIO POLÍTICO CUBANO, Manuel Pozo
730-X	CUBA: JUSTICIA Y TERROR, Luis Fernández-Caubí
737-7	CHISTES DE CUBA, Arly
738-5	PLAYA GIRÓN: LA HISTORIA VERDADERA, Enrique Ros
739-3	FILOSOFÍA DEL CUBANO Y DE LO CUBANO, José Sánchez-Boudy
740-7	CUBA: VIAJE AL PASADO, Roberto A. Solera
743-1	MARTA ABREU, UNA MUJER COMPRENDIDA, Pánfilo D. Camacho
745-8	CUBA: ENTRE LA INDEPENDENCIA Y LA LIBERTAD, Armando P. Ribas
746-8	A LA OFENSIVA, Eduardo de Acha
747-4	LA HONDA DE DAVID, Mario Llerena
752-0	24 DE FEBRERO DE 1895: La fecha-las raíces-los hombres, Jorge Castellanos
753-9	CUBA ARQUITECTURA Y URBANISMO, Felipe J. Préstamo
754-7	VIDA Y MILAGROS DE LA FARÁNDULA DE CUBA III, Rosendo Rosell
756-3	LA SANGRE DE SANTA ÁGUEDA (Angiolillo-Betances-Cánovas), Frank Fernández
760-1	ASÍ ERA CUBA (Como hablábamos, sentíamos y actuábamos), Daniel Román
765-2	CLASE TRABAJADORA Y MOVIMIENTO SINDICAL EN CUBA I (1819-1959), Efrén Córdova

766-0	CLASE TRABAJADORA Y MOVIMIENTO SINDICAL EN CUBA II (1959-1996), Efrén Córdova
768-7	LA INOCENCIA DE LOS BALSEROS, Eduardo de Acha
773-3	DE GIRÓN A LA CRISIS DE LOS COHETES: La Segunda Derrota, Enrique Ros
779-2	ALPHA 66 Y SU HISTÓRICA TAREA, Miguel L. Talleda
786-5	POR LA LIBERTAD DE CUBA (Resistencia, exilio y regreso), Néstor Carbonell Cortina
792-X	CRONOLOGÍA MARTIANA, Delfín Rodríguez Silva
794-6	CUBA HOY (la lenta muerte del castrismo), Carlos Alberto Montaner
795-4	LA LOCURA DE FIDEL CASTRO, Gustavo Adolfo Marín
796-2	MI INFANCIA EN CUBA: LO VISTO Y LO VIVIDO POR UNA NIÑA CUBANA DE DOCE AÑOS, Cosette Alves Carballosa
798-9	APUNTES SOBRE LA NACIONALIDAD CUBANA, Luis Fernández-Caubí
803-9	AMANECER. HISTORIAS DEL CLANDESTINAJE (La lucha de la resistencia contra Castro dentro de Cuba, Rafael A. Aguirre Rencurrell
804-7	EL CARÁCTER CUBANO (Apuntes para un ensayo de Psicología Social), Calixto Masó
805-5	MODESTO M. MORA, M.D. LA GESTA DE UN MÉDICO, Octavio R. Costa
808-X	RAZÓN Y PASIÓN (Veinticinco años de estudios cubanos), Instituto de Estudios Cubanos
814-4	AÑOS CRÍTICOS: Del camino de la acción al camino del entendimiento, Enrique Ros
820-9	VIDA Y MILAGROS DE LA FARÁNDULA CUBANA. Tomo IV, Rosendo Rosell
821-7	THE MARIEL EXODUS: TWENTY YEARS LATER. A STUDY ON THE POLITICS OF STIGMA AND A RESEARCH BIBLIOGRAPHY, Gastón A. Fernández
823-3	JOSÉ VARELA ZEQUEIRA (1854-1939); SU OBRA CIENTÍFICO-LITERARIA, Beatriz Varela
828-4	BALSEROS: HISTORIA ORAL DEL ÉXODO CUBANO DEL '94 / ORAL HISTORY OF THE CUBAN EXODUS OF '94, Felicia Guerra y Tamara Álvarez-Detrell
831-4	CONVERSANDO CON UN MÁRTIR CUBANO: CARLOS GONZÁLEZ VIDAL, Mario Pombo Matamoros
832-2	TODO TIENE SU TIEMPO, Luis Aguilar León
838-1	8-A: LA REALIDAD INVISIBLE, Orlando Jiménez-Leal
840-3	HISTORIA ÍNTIMA DE LA REVOLUCIÓN CUBANA, Ángel Pérez Vidal
841-1	VIDA Y MILAGROS DE LA FARÁNDULA CUBANA / Tomo V, Rosendo Rosell
848-9	PÁGINAS CUBANAS tomo I, Hortensia Ruiz del Vizo
851-2	APUNTES DOCUMENTADOS DE LA LUCHA POR LA LIBERTAD DE CUBA, Alberto Gutiérrez de la Solana
860-8	VIAJEROS EN CUBA (1800-1850), Otto Olivera
861-6	GOBIERNO DEL PUEBLO: OPCIÓN PARA UN NUEVO SIGLO, Gerardo E. Martínez-Solanas
862-4	UNA FAMILIA HABANERA, Eloísa Lezama Lima

866-7	NATUMALEZA CUBANA, Carlos Wotzkow
868-3	CUBANOS COMBATIENTES: peleando en distintos frentes, Enrique Ros
869-1	QUE LA PATRIA SE SIENTA ORGULLOSA (Memorias de una lucha sin fin), Waldo de Castroverde
870-5	EL CASO CEA: intelectuales e inquisodres en Cuba ¿Perestroika en la Isla?, Maurizio Giuliano
874-8	POR AMOR AL ARTE (Memorias de un teatrista cubano 1940-1970), Francisco Morín
875-6	HISTORIA DE CUBA, Calixto C. Masó Nueva edición al cuidado de Leonel de la Cuesta, ampliada con índices y cronología de la historia de Cuba hasta 1992.
876-4	CUBANOS DE DOS SIGLOS: XIX y XX. Ensayistas y críticos, Elio Alba Buffill
880-2	ANTONIO MACEO GRAJALES: EL TITÁN DE BRONCE, José Mármol
882-9	EN TORNO A LA CUBANÍA (estudios sobre la idiosincrasia cubana), Ana María Alvarado
886-1	ISLA SIN FIN (Contribución a la crítica del nacionalismo cubano), Rafael Rojas
891-8	MIS CUATRO PUNTOS CARDINALES, Luis Manuel Martínez
895-0	MIS TRES ADIOSES A CUBA (DIARIO DE DOS VIAJES), Ani Mestre
901-9	40 AÑOS DE REVOLUCIÓN CUBANA (El legado de Castro), Efrén Córdova, Editor
907-8	MANUAL DEL PERFECTO SINVERGÜENZA, Tom Mix (José M. Muzaurieta)
908-6	LA AVENTURA AFRICANA DE FIDEL CASTRO, Enrique Ros
910-8	MIS RELACIONES CON EL GENERAL BATISTA, Roberto Fernández Miranda
912-4	ESTRECHO DE TRAICIÓN, Ana Margarita Martínez y Diana Montané
915-9	GUERRAS ALCALDICIAS (La lucha por la alcaldía de Miami /1980 a 2000), Antonio R. Zamora
922-1	27 DE NOVIEMBRE DE 1871. FUSILAMIENTO DE OCHO ESTUDIANTES DE MEDICINA, William A. Fountain
926-4	GUANTÁNAMO Y GITMO (Base naval de los Estados Unidos en Guantánamo), López Jardo
929-9	EL GARROTE EN CUBA, Manuel B. López Valdés (Edición de Humberto López Cruz
931-0	EL CAIMÁN ANTE EL ESPEJO. Un ensayo de interpretación de lo cubano, Uva de Aragón (segunda edición revisada y ampliada)
934-5	MI VIDA EN EL TEATRO, María Julia Casanova
937-x	EL TRABAJO FORZOSO EN CUBA, Efrén Córdova
939-6	CASTRO Y LAS GUERRILLAS EN LATINOAMÉRICA, Enrique Ros
942-6	TESTIMONIOS DE UN REBELDE (Episodios de la Revolución Cubana 1944-1963), Orlando Rodríguez Pérez

944-2	DE LA PATRIA DE UNO A LA PATRIA DE TODOS, Ernesto F. Betancourt
945-0	CRONOLOGÍA HISTÓRICA DE CUBA (1492-2000), Manuel Fernández Santalices.
946-9	BAJO MI TERCA LUCHA CON EL TIEMPO. MEMORIAS 1915-2000, Octavio R. Costa
949-3	MEMORIA DE CUBA, Julio Rodríguez-Luis
951-8	LUCHAS Y COMBATES POR CUBA (MEMORIAS), José Enrique Dausá
952-3	ELAPSO TEMPORE, Hugo Consuegra
953-1	JOSÉ AGUSTÍN QUINTERO: UN ENIGMA HISTÓRICO EN EL EXILIO CUBANO DEL OCHOCIENTOS, Jorge Marbán
955-8	NECESIDAD DE LIBERTAD (ensayos-artículos-entrevistas-cartas), Reinaldo Arenas
956-6	FÉLIX VARELA PARA TODOS / FELIX VARELA FOR ALL, Rabael B. Abislaimán
957-4	LOS GRANDES DEBATES DE LA CONSTITUYENTE CUBANA DE 1940, Edición de Néstor Carbonell Cortina
965-5	CUBANOS DE ACCIÓN Y PENSAMIENTO, Octavio R. Costa (65 biografías de protagonistas y hacedores de la historia de Cuba)
967-1	HISTORIA DE LA VILLA DE SAGUA LA GRANDE Y SU JURISDICCIÓN, Antonio Miguel Alcover y Beltrán
968-x	AMÉRICA Y FIDEL CASTRO, Américo Martín
974-4	CONTRA EL SACRIFICIO / DEL CAMARADA AL BUEN VECINO / Una polémica filosófica cubana para el siglo XXI, Emilio Ichikawa
975-2	VOLVIENDO LA MIRADA (memorias 1981-1988), César Leante
979-5	CENTENARIO DE LA REPÚBLICA CUBANA (1902-2002), William Navarrete y Javier de Castro Mori, Editores.
980-9	HUELLAS DE MI CUBANÍA, José Ignacio Rasco
982-5	INVENCIÓN POÉTICA DE LA NACIÓN CUBANA, Jorge Castellanos
983-3	CUBA: EXILIO Y CULTURA. / MEMORIA DEL CONGRESO DEL MILENIO, Asociación Nacional de Educadores Cubano-Americanos y Herencia Cultural Cubana. Julio Hernández-Miyares, Gastón Fernández de la Torriente y Leonardo Fernández Marcané, Editores
987-6	NARCOTRÁFICO Y TAREAS REVOLUCIONARIAS. EL CONCEPTO CUBANO, Norberto Fuentes
988-4	ERNESTO CHE GUEVARA: MITO Y REALIDAD, Enrique Ros
991-4	CARUCA (1917-2000), Octavio R. Costa
995-7	LA MIRADA VIVA, Alberto Roldán
8-000-6	LA POLÍTICA DEL ADIÓS, Rafael Rojas
8-006-5	FIDEL CASTRO Y EL GATILLO ALEGRE. LOS AÑOS UNIVERSITARIOS, Enrique Ros
8-011-1	REFLEXIONES SOBRE CUBA Y SU FUTURO, Luis Aguilar León (3ª.edición revisada y ampliada /2003/)
8-014-6	AZÚCAR Y CHOCOLATE. HISTORIA DEL BOXEO CUBANO, Enrique Encinosa

8-022-7 CONTEXT FOR A CUBAN TRANSITION. An argument in favor of democracy and a market economy, Ernesto F. Betancourt
8-025-1 EL FIN DE LA IDIOTEZ Y LA MUERTE DEL HOMBRE NUEVO, Armando P. Ribas
8-021-9 LAS TERRIBLES CONSECUENCIAS DEL MANIFIESTO COMUNISTA, Joaquín Clavería
8-026-x LA UMAP: EL *GULAG* CUBANO, Enrique Ros
8-027-8 LA CUBA ETERNA, Néstor Carbonell Cortina
8-028-6 CONTRA VIENTO Y MAREA, José Ignacio Rivero
8-035-9 CUBA: REALIDAD Y DESTINO. PRESENTE Y FUTURO DE LA ECONOMÍA Y LA SOCIEDAD CUBANA, Jorge A. Sanguinetty
8-038-3 MUJERES EN LA HISTORIA DE CUBA, Antonio J. Molina
8-043-x MIS MEMORIAS, Mario P. Landrían M.D.
8-045-6 TRES CUESTIONES SOBRE LA ISLA DE CUBA, José García de Arboleya
8-047-2 LA REVOLUCIÓN DE 1933 en cuba, Enrique Ros
8-046-4 P'ALLÁ Y P'ACÁ, Mario G. De Mendoza III
8-051-0 MEMORIAS DE UN ESTADISTA. FRASES Y ESCRITOS EN CORRESPONDENCIA, Carlos Márquez-Sterling (Edición de Manuel Márquez-Sterling)
8-052-9 INSPIRADORES (300 biografías de personajes fascinantes), Luis Mario
8-053-7 ANATOMÍA Y FISIOLOGÍA DEL TERRORISMO (comentado para la Revolución Cubana), Salvador E. Subirá
8-055-3 AVENTURAS DE UN TAXISTA EN LA HABANA, Noel Silva-Ricardo
8-057-x EL RESCATE DE LA CUBA ETERNA, José Sánchez-Boudy
8-058-8 DE LAS FILOSOFÍAS DESTRUCTIVAS CONTEMPORÁNEAS: BERGSON, SARTRE Y OTROS ENSAYOS, José Sánchez-Boudy y Hortensia Ruiz del Vizo
8-059-6 MEMORIAS CUBANAS DE UN ASTURIANO CALIENTE, José Sánchez-Priede
8-061-8 LA HABANA EN EL SIGLO XXI. URBANISMO ACTUAL, Osvaldo de Tapia-Ruano
8-062-6 EL EXILIO HISTÓRICO Y LA FE EN EL TRIUNFO, José Sánchez-Boudy
8-064-2 MORIR DE EXILIO, Uva de Aragón
8-067-5 CUBA: INTRAHISTORIA. UNA LUCHA SIN TREGUA, Rafael Díaz-Balart
8-069-3 ELIÁN Y LA CUBA ETERNA, José Sánchez-Boudy
8-070-7 PÁGINAS CUBANAS II, Hortensia Ruiz del Vizo
8-071-5 LA VERDADERA CUBA ETERNA. José Sánchez-Boudy
8-072-3 ENCUENTRO EN 1898. TRES PUEBLOS Y CUATRO HOMBRES (Cuba-España-Estados Unidos /Cervera-T. Roosevelt-Calixto García-Juan Gualberto Gómez). Jorge Castellanos
8-075-8 FÉLIX VARELA: PROFUNDIDAD MANIFIESTA I: Primeros años de la vida del padre Félix Varela Morales: infancia, adolescencia, juventud (1788-1821), P. Fidel Rodríguez

8-076-6	PÁGINAS CUBANAS III, Hortensia Ruiz del Vizo
8-077-4	LA CUBA ETERNA: POR LA ERRADICACIÓN DEL COMUNISMO, José Sánchez-Boudy
8-079-0	EL CLANDESTINAJE Y LA LUCHA ARMADA CONTRA CASTRO, Enrique Ros
8-084-7	LA CUBA ETERNA IV. QUE HABLE LA HISTORIA, José Sánchez-Boudy
8-087-1	PÁGINAS CUBANAS IV: VALOR Y VIGENCIA DE LA HISTORIA, Hortensia Ruiz del Vizo
8-088-8	PÁGINAS CUBANAS V: HAN SITIADO A LA PRESIDENCIA. LA DETENTE COMO FRACASO, Hortensia Ruiz del Vizo
8-089-8	LA CUBA ETERNA V: EL DESTRUCTIVO PROTAGONISMO, José Sánchez-Boudy
8-097-9	ACU. 75 ANIVERSARIO A.M.D.G. (Historia de la Agrupación Católica Universitaria), Salvador E. Subirá
8-098-7	LA CUBA ETERNA VI: NO EL REGRESO AL PASADO SINO LA PATRIA ETERNA, José Sánchez-Boudy
8-075-8	FÉLIX VARELA: PROFUNDIDAD MANIFIESTA I: Primeros Años de la Vida del Padre Félix Varela Morales: infancia, adolescencia, juventud (1788-1821), P. Fidel Rodríguez
8-095-2	MISCELÁNEA CUBANAS, Instituto Jacques Maritain de Cuba
8-098-7	CUBA ETERNA VI. No el regreso al pasado sino a la Patria Eterna, José Sánchez-Boudy
8-099-5	MÁS MEMORIAS DE UN ASTURIANO CALIENTE. CON LA ESCOPETA AL HOMBRE, José Sánchez-Priede
8-100-2	JOSÉ ANTONIO ECHEVERRÍA: VIGENCIA Y PRESENCIA, Julio Fernández-León.
8-107-x	LA FUERZA POLÍTICA DEL EXILIO CUBANO I (1952-1987), Enrique Ros
8-117-7	MOMENTOS ESTELARES EN LA HISTORIA DE CUBA, Emilio Martínez Paula
8-119-3	CUBA ETERNA VII. La Cuba Eterna y el Siglo XXI
8-115-0	LUCES Y SOMBRAS DE CUBA (Reflexiones sobre la República, la Revolución Comunista, el Exilio y la Añorada Libertad), Néstor Carbonell Cortina
8-129-0	VIVIDO AYER (Leyendas y misterios de Cuba y La Habana), Sergio San Pedro
8-131-2	LA VERDADERA REPÚBLICA DE CUBA, Andrés Cao Mendiguren
8-135-5	RETOS DEL PERIODISMO, Alberto Muller
8-136-3	PÁGINAS CUBANAS VI. HISTORIA DE LA PATRIA GRANDE, Hortensia Ruiz del Vizo
8-140-1	LA FUERZA POLÍTICA DEL EXILIO CUBANO II. CUBANOS EN LAS ALCALDÍAS. EN LA LEGISLATURA ESTATAL, EN EL CONGRESO FEDERAL. ESPERANZAS Y FRUSTRACIONES, Enrique Ros

8-146-0 CUBA ETERNA VIII. LOS HOMBRES QUE NO SE RINDEN, José Sánchez-Boudy
8-147-9 CUBA ETERNA IX: CUBA Y SU DESTINO ANTIHISTÓRICO, José Sánchez-Boudy
8-152-5 POR AMOR A LA PELOTA. HISTORIA DEL BÉISBOL AMATEUR CUBANO, Marino Martínez Peraza
8-143-6 CRÓNICAS DE LA REPÚBLICA. CUBA: 1902-1958, Uva de Aragón

www.ingramcontent.com/pod-product-compliance
Lightning Source LLC
Chambersburg PA
CBHW030512080526
44586CB00011B/154